Kohlhammer

Organisation und Führung

Herausgegeben von
Dietrich von der Oelsnitz
Jürgen Weibler

Thomas Kuhn
Jürgen Weibler

Führungsethik in Organisationen

Verlag W. Kohlhammer

Gesamtherstellung:
W. Kohlhammer Druckerei GmbH + Co. KG, Stuttgart
Printed in Germany

ISBN 978-3-17-022331-8

Geleitwort der Herausgeber

Diese Lehrbuchreihe befasst sich in ihren verschiedenen Einzelbänden mit ausgewählten Fragen der Organisation und Führung. Die Verbindung von wissenschaftlicher Problembehandlung und praktischer Anschaulichkeit soll ihre Ausführungen leiten. Darüber hinaus sind unterschiedliche Zugänge ausdrücklich erwünscht – denn hierdurch wird ein inhaltlich wie methodisch vielfältiges Spektrum für die Behandlung von Organisations- und Führungsfragen ermöglicht. Denn auch die Probleme, denen wir im Rahmen des Nachdenkens über und des Handelns in Organisationen begegnen, tragen keine disziplinären Etiketten.

Die jeweiligen Einzelbände wenden sich dabei zunächst an Dozenten und Studierende in der grundständigen wie weiterbildenden Lehre. Praktiker können von den anwendungsorientierten Ausführungen jedoch ebenfalls profitieren. Diese letzte Behauptung wird durch das hier vorgelegte Buch von Kuhn und Weibler auf das Trefflichste untermauert – widmet es sich doch einem Themenfeld, in dem es sich sowohl die Forschung als auch die Praxis der Personalführung lange Jahre zu einfach gemacht haben. Denn gerade in diesem anwendungsorientierten Gebiet der Managementlehre herrschte nicht selten ein etwas naives Verständnis von Führung. Man war durchdrungen vom Harmoniegedanken, also der These, dass sich ohne Führungsethik letztlich auch kein Führungserfolg einstellt. Man muss nicht den an dieser Stelle immer wieder gern bemühten Machiavelli – oder wer es moderner mag: Steve Jobs – heranziehen, um die Zweifelhaftigkeit dieser These erkennen zu können.

In diesem Sinne bereichert das Buch eine Debatte in der Führungsforschung, die schon längst nicht mehr randständig bzw. zum Monopol populärer Führungsratgeber à la »Und morgen bringe ich ihn um« oder »Egomanen in der Führungsetage« verkommen ist. Vielmehr sind unsere Autoren in ihrem stringent gegliederten Buch zunächst um ein solides Fundament bemüht. Wenn sie im weiteren Verlauf ihrer Analyse die »helle« und die »dunkle« Seite der

Führung kontrastierend gegenüberstellen, dann leitet sie dabei immer der Gedanke, dass Führung, gleich in welcher Institution, neben der Erfolgs- immer auch eine Humanverantwortung hat. Zur Effizienz gehört die Ethik. In diesem Spannungsfeld operieren alle Leader, sie müssen es immer wieder zum Wohle aller Anspruchsgruppen ausbalancieren. Dass es dabei auch um den Einsatz von Macht geht, übersehen Kuhn und Weibler ebenso wenig wie die Tatsache, dass man bei der dunklen Seite der Führung gelegentlich auch Anleihen bei der Psychologie oder gar Psychiatrie nehmen muss.

Das vorliegende Buch ist gründlich gearbeitet und durchdacht. Es bezieht sowohl empirische Befunde als auch wichtige konzeptionelle Denkmuster ein. Die in den letzten Jahren deutlich angewachsene Zahl der Publikationen zum Thema »Bad Leadership« zeigt, dass dieser Text einen wichtigen Platz in unserer Lehrbuchreihe füllt.

Ich wünschen dem Werk daher eine positive Aufnahme und weite Verbreitung.

Braunschweig, im Mai 2012

Dietrich von der Oelsnitz
Technische Universität Braunschweig
Leiter des Instituts
für Unternehmensführung

Inhaltsverzeichnis

Abbildungsverzeichnis

1 Einleitung – oder: Warum Führungsethik (k)ein relevantes Thema ist

> *»The ultimate question is not ›What is leadership?‹ but ›What is good leadership?‹«*
> (Ciulla 1995, S. 5)

Was eigentlich heißt Führungsethik? Und worauf kommt es an, um Führung als ethisch gut bewerten zu können? Und warum ist Führungsethik wichtig? – bzw.: Für wen ist Führungsethik wichtig? Für die Führenden? Für die Geführten? Für die Organisation, in der Führung stattfindet? Für die Gesellschaft als Ganzes? Oder ganz allgemein gefragt: Was wissen wir über Führungsethik?

Die Antwort auf die letzte Frage muss lauten: Wenig! Denn die wissenschaftliche Auseinandersetzung mit dem Thema Führungsethik ist noch sehr neu und zudem auch nicht sehr ausgeprägt. Sprich: Es gibt schlicht wenig einschlägige Literatur zum Thema, kaum empirische Untersuchungen, kaum konzeptionelle Ansätze (vgl. Ciulla 2005, S. 323; Stouten et al. 2012, S. 1). Wie aber ist dieser juvenile Forschungsstand zu erklären? Legt man diesbezüglich zugrunde, dass die Führungsforschung eine anwendungsorientierte Wissenschaft ist, und geht man ferner davon aus, dass die Ausmaße, in denen bestimmte Themenbereiche von anwendungsorientierten Wissenschaften beforscht werden, deutlich mit den (Erkenntnis-)Interessen der Praxis an eben diesem Themenbereichen korrespondieren, dann ließe sich schlussfolgern: Der Forschungsstand zum Thema Führungsethik ist deshalb so gering, weil das Interesse der Führungspraxis am Thema sehr gering ist! Warum aber sollte ein solches Desinteresse bestehen? Die Antwort auf diese Frage kann im Grunde nur lauten: ... weil das Thema Führungsethik *keine hohe Praxisrelevanz* besitzt! – wobei diese Einschätzung zweierlei Lesarten zulässt:

- Zum einen: Die Praxisrelevanz des Themas Führungsethik ist deshalb gering, weil Führende in aller Regel ethisch korrekt mit den Geführten umgehen – und Führungsethik so gesehen in der Praxis kein *Problem* darstellt und insofern auch nicht beforscht werden muss!

- Zum anderen: Die Praxisrelevanz des Themas Führungsethik ist deshalb gering, weil eine ethisch korrekte Führung für die Praxis kein wesentliches *Ziel* darstellt – was genauer gesprochen meint: Das Interesse der Praxis richtet sich im Kontext der Führung weniger auf Erkenntnisse zur *ethischen*, sondern vielmehr auf Erkenntnisse zur *erfolgreichen* Führung!

Zur Feststellung der Richtigkeit der zweiten Lesart genügt ein kurzer Blick auf die Führungsforschung als Ganzes (vgl. dazu Weibler 2012). Dieser zeigt, dass dieses Forschungsfeld alles andere als juvenil und randständig ist, sondern vielmehr eine lange Tradition hat, eine schier unüberschaubare Vielfalt an Erkenntnissen geliefert hat – und sich als (anwendungsorientierte) Wissenschaft dabei stets am (praxisrelevanten) Ziel orientierte, *erfolgreiche* Führung zu beschreiben, zu erklären und nicht zuletzt auch gestaltbar zu machen. In diesem Sinne stellen beispielsweise Shaw et al. (2011, S. 575; H.d.V.) fest: »Trait approaches of leadership (…), Behavioral approaches (…), Contingency theories (…), dyadic theories (…), Neo-Charismatic theories (…), social network theory (…) and complexity theory (…) all examine the various requirements for *effective* leadership.«

Wenn Theorie und Praxis nun aber tatsächlich nur das Ziel einer *effektiven* respektive *erfolgreichen* Führung fokussieren, besteht dann nicht die Gefahr, dass das Ziel einer *ethischen* Führung nolens volens vernachlässigt oder verfehlt wird? Diese Gefahr wird bis heute in aller Regel ausgeschlossen. Der Grund hierfür ist das vorherrschende Führungsverständnis, das die Führungsforscherin Barbara Kellerman (2004, S. 7 ff.) treffend auf den Begriff der »light side of leadership« bringt und das schlicht davon ausgeht, dass, wenn man nicht ethisch führt, man auch nicht erfolgreich führen kann. Umgekehrt gesprochen, gleichsam in »helles Licht« getaucht, bedeutet dies: »We presume that to be a leader is to do good and to be good« (Kellerman 2004, S. 10). Folgt man dieser Überzeugung, der gemäß Führungserfolg per se Führungsethik impliziert, dann ist es nur noch ein kleiner Schritt bis zu der »Einsicht«, dass eine gesonderte Auseinandersetzung mit dem Thema Führungsethik eigentlich überflüssig ist: Denn die Suche und das Streben nach erfolgreicher Führung beinhaltet dann ja in hinreichender Weise auch die Suche und das Streben nach ethischer Führung. Und so fügt es sich schlussendlich (scheinbar) auf wundersame Weise, dass ethische Führung kein Ziel sein muss – und dennoch nicht zum Problem werden kann!

Diese harmonische Sichtweise wird seit einigen Jahren nun allerdings zunehmend kritisch bedacht – sprich: die »helle Seite« der Führung wird mit einer

»dunklen Seite« konfrontiert. Unter Stichworten wie »bad leadership«, »destructive leadership«, »toxic leadership« oder »abusive supervision« und mit Verweis auf zahlreiche Befunde und Beispiele aus der Führungspraxis wird dabei letztlich eines betont: Erfolgreiche Führung ist nicht notwendigerweise gleichbedeutend mit ethischer Führung. Vielmehr ist davon auszugehen: Führung kann hocheffizient – und zugleich ethisch absolut verwerflich sein! Wenn dem aber tatsächlich so ist – und manches sprich dafür, dass dem so ist –, dann kann Führungsethik nicht länger als Implikation des Erfolgszieles gewertet (und vernachlässigt) werden, sondern muss vielmehr als eigenständiges und bedeutsames Praxisziel verstanden werden. Und dann wird es gleichsam zur Aufgabe der Wissenschaft, *unethische Führung* hinsichtlich ihrer Entstehung und bezüglich ihrer Vermeidung genauer zu untersuchen und auf diesen Erkenntnissen aufbauend darzulegen, was *ethische Führung* bedeutet, wie sie befördert werden kann und warum sie unverzichtbar ist. Eben dieses beschreibt das Ziel der vorliegenden Arbeit, die hierzu wie folgt aufgebaut ist:

Im Anschluss an diese Einleitung wollen wir in *Kapitel 2* zunächst kurz die Begriffe *Führung* und *Führungserfolg* (bzw. Führungseffizienz) erläutern, um kontrastierend hierzu die *ethische Dimension der Führung* herauszuarbeiten. Diese resultiert unmittelbar aus der mit Führung denknotwendig verbundenen *Macht*, die grundsätzlich in der Person und/oder der Position des Führenden begründet sein kann und deren Ausübung verschiedene (potenziell negative) Führungsfolgen bei den Geführten zeitigen kann. Die führungsethisch relevante Erkenntnis lautet damit: Je größer die Macht, über die eine Führungsperson verfügt, desto verantwortungsbewusster sollte das Denken und Handeln dieser Person sein.

Kapitel 3 widmet sich dem vorherrschenden Führungsverständnis, gleichsam der »hellen Seite« der Führung (*»light side of leadership«*). Diese Sichtweise wird einerseits hinsichtlich ihrer hohen Bedeutung in Theorie und Praxis näher ausgeführt, andererseits aber auch bezüglich ihre *zentralen Aussage* bedacht, die da lautet: Wer erfolgreich führen will, der muss ethisch führen! Und wer unethisch führt, der wird nicht erfolgreich führen!

In *Kapitel 4* wird diesem Führungsverständnis grundsätzlich widersprochen, indem ausführlich auf die Erkenntnisse zur »dunklen Seite« der Führung (*»dark side of leadership«*) eingegangen wird. Diese verdeutlichen, dass erfolgreiche Führung häufig mit ethisch fragwürdigen oder gar verwerflichen Mitteln und Zielen verbunden ist. Hierzu werden zunächst einschlägige Ansätze dieser Diskussion vorgestellt, die sodann in einen umfassenden Bezugsrahmen überführt werden. Jedes Element dieses Bezugsrahmens wird schließlich einer eingehenden Betrachtung unterzogen. Insgesamt wird auf diese Weise verdeutlicht, dass *schlechte* (unethische) *Führung* aus dem Zusammenspiel schlechter Führer, schlechter Geführter sowie schlechter Situationen resultiert und sich in destruktivem Führungsverhalten sowie auch in illegitimen Führungszielen manifestiert.

Kapitel 5 unternimmt schließlich den Versuch, die Grundlagen einer *ethikbewussten Führung* näher zu bestimmen. Dazu wird nicht nur auf vorliegende Erkenntnisse zur Führungsethik, sondern vielmehr auch auf die zuvor gewonnenen Erkenntnisse zur »dunklen Seite der Führung« Bezug genommen – dies insbesondere dadurch, dass der in diesem Kontext entwickelte Bezugsrahmen sozusagen um 180-Grad gewendet wird. Hieraus ergibt sich, dass *gute* (ethische) *Führung* sich aus einem Zusammenspiel von guten Führern, guten Geführten und guten Situationen ergibt und sich in ethisch überzeugenden (legitimen) Verhaltensweisen und Zielsetzungen der Führenden vergegenwärtigen sollte.

Die Ausführungen schließen mit einigen zusammenfassenden Bemerkungen zum Begriff und zur Bedeutung ethikbewusster Führung in Organisationen (*Kapitel 6*).

2 Führungsmacht und Geführten-Beeinflussung: Die ethische Dimension der Führung

»All leaders face the challenge of how to be both ethical and effective in their work.«
(Ciulla 2009, S. 3)

Führung bezeichnet ganz allgemein ein soziales Phänomen, das in nahezu allen gesellschaftlichen Kontexten zu beobachten ist, so etwa im Rahmen der Politik, der Kirche, der Schulen und Hochschulen, der Familie, des Sports und so fort. Die faktische Allgegenwart von Führung wird vielleicht dadurch am deutlichsten, wenn man einmal gesellschaftliche Bereiche zu identifizieren sucht, in denen *keine* Führung stattfindet – und feststellt, dass sich solche tatsächlich schwerlich finden lassen.[1]

Von besonderer Bedeutung ist das Führungsphänomen (bzw. -problem) natürlich in organisationalen Kontexten jedweder Art, wo Führung (unter dem Signum der Personal- oder Mitarbeiterführung) dann vor allem als eine *erfolgsrelevante* und *effizient zu bewältigende* (Management-)Aufgabe (Funktion) angesehen wird (vgl. bspw. Schreyögg/Koch 2007, S. 9 ff.). Was aber genau ist unter Führung in Organisationen zu verstehen? Betrachten wir zur Klärung dieser Ausgangsfrage zunächst einige typische *Führungsdefinitionen* (vgl. dazu ausführlich Neuberger 2002, S. 11 ff.):

- »Führung in Organisationen: zielorientierte soziale Einflussnahme zur Erfüllung gemeinsamer Aufgaben in/mit einer strukturierten Arbeitssituation« (Wunderer/Grunwald 1980, S. 62).

---

1 *»Nicht-Führen«* erscheint so gesehen weniger als ein empirisches Phänomen, sondern – wenn überhaupt – eher als ein theoretisches Konstrukt, das in höchst verschiedenen normativen Idealen mitschwingt (z. B. »antiautoritäre Erziehung«, »herrschaftsfreier Diskurs«, »freie Marktwirtschaft«, »Web 2.0«, »Anarchismus« u. Ä. m.).

- »Führung bezieht sich allgemein auf Beeinflussungsversuche in Organisationen, mit denen beabsichtigt wird, das Handeln und Verhalten von Personen in bestimmter Weise auszurichten« (Bartölke/Grieger 2004, Sp. 778).
- »Unter Personalführung ist eine soziale (interpersonelle) Beziehung zu verstehen, die es Mitgliedern einer (wirtschaftlichen oder administrativen) Organisation ermöglicht, einen intendierten und (zumindest positionell) legitimierten Einfluss auf das Verhalten anderer Organisationsmitglieder im Interesse der Verwirklichung vorgegebener Organisationsziele auszuüben« (Kossbiel 1990, S. 1140).
- »Führung ist jede zielbezogene, interpersonelle Verhaltensbeeinflussung mit Hilfe von Kommunikationsprozessen« (Baumgarten 1977, S. 9).
- Führung wird verstanden »als systematisch-strukturierter Einflussprozess der Realisation intendierter Leistungs-Ergebnisse; Führung ist damit im Kern zielorientierte und zukunftsbezogene Handlungslenkung, wobei sich diese Entwicklung auf Leistung und Zufriedenheit richtet« (Steinle 1978, S. 27).
- »Führung heißt, andere durch eigenes, sozial akzeptiertes Verhalten so zu beeinflussen, dass dies bei den Beeinflussten mittelbar oder unmittelbar ein intendiertes Verhalten bewirkt« (Weibler 2012, S. 19).

Analysiert man diese Definitionen, so lassen sich deutlich einige »Schnittmengen« ausmachen, die damit – zumindest nach klassischer Lesart – auch den *Kern des Führungsbegriffs* darstellen: So gehen zunächst einmal alle Definitionen davon aus, dass Führung sich in *sozialen* (Interaktions-, Kommunikations-) *Beziehungen* vergegenwärtigt – einfach gesprochen also stets zwischen einem Führenden und einem (oder mehreren) Geführten stattfindet. Sucht man in den genannten Definitionen überdies nach einem (Schlüssel-)Begriff, der gleichsam als Synonym für Führung fungieren könnte, dann drängt sich vor allem ein Begriff auf, nämlich: *Verhaltensbeeinflussung* (oder kritischer formuliert: Verhaltenssteuerung, -lenkung, -manipulation). Führung bedeutet somit, dass Führende das Verhalten (Denken und Handeln) der Geführten entschieden zu beeinflussen (zu steuern, zu lenken, zu manipulieren) suchen.[2] Einig-

2 Wichtig erscheint hier der Hinweis, dass Führende das Verhalten der Geführten nicht nur auf dem Wege der interaktiven bzw. direkten Führung (»Mitarbeiterführung«) zu beeinflussen suchen, sondern Führung in Organisationen stets auch in Form einer kontextuellen bzw. indirekten Führung (»Personalmanagement«) erfolgt, von der ebenfalls stark verhaltenssteuernde Wirkungen ausgehen (z. B. Anreiz-Systeme, Arbeitsstrukturen, Organisationskultur) und welche die Führenden entsprechend regelmäßig zu nutzen suchen (vgl. Wunderer 2011, 5 ff.). Hinsichtlich dieser Führungsdimension ist zum einen festzustellen, dass selbstverständlich auch das (kontextuelle, indirekte) Personalmanagement von relevanten ethischen Fragestellungen begleitet ist (z. B. Gerechtigkeit der Einkommen,

keit besteht in den Begriffsbestimmungen schließlich dahingehend, dass die angestrebte Verhaltensbeeinflussung natürlich einen bestimmten *Zielbezug* haben muss. Folgt man jenen Definitionen, die sich diesbezüglich konkreter äußern, dann besteht das Ziel der Führung in Organisationen in der Erreichung „intendierter Leistungs-Ergebnisse" (Steinle) und der damit verbundenen Verwirklichung „vorgegebener Organisationsziele" (Kossbiel). Etwas punktgenauer ließe sich auch sagen: Für Führende geht es im organisationalen Führungsprozess im Wesentlichen darum, dass Verhalten der Geführten so zu beeinflussen, dass die personale (Arbeits-)*Leistung* (in all ihren Facetten) *gesteigert* und der organisationale *Erfolg* (z.B. Gewinnmaximierung, Wertsteigerung) auf diese Weise *befördert* wird. Führende in Organisationen tragen so gesehen regelmäßig eine *Erfolgsverantwortung*, der sie dann gerecht werden, wenn die (organisations-)zielorientierte Beeinflussung (Verbesserung) des (Leistungs-) Verhaltens der Geführten gelingt und Führung damit gleichsam durch eine hohe (wirtschaftliche) *Effizienz* ausgezeichnet ist (vgl. Abb. 1).[3]

An genau diesem Punkt stoßen wir nun auf die übliche Weise der Auseinandersetzung mit dem Führungsphänomen respektive -problem, die sich auf die einfache Frage bringen lässt: *Worauf kommt es an, damit Führung erfolgreich ist?* Oder in gleichem Sinne, nur etwas differenzierter gesprochen: *Wie kann ich (als Führender) das Verhalten anderer Menschen (der Geführten) effizient im Hinblick auf bestimmte (Erfolgs-)Ziele (formal die der Organisation, informal wohl aber auch meine eigenen) beeinflussen bzw. steuern?* Eine (möglichst eindeutige) Beantwortung dieser Frage ist das, was die Führungspraxis von der Führungsforschung

---

Humanität der Arbeit, Verantwortbarkeit der Beschäftigungspolitik), welche allerdings im Kontext einer speziellen Personalmanagement-Ethik (vgl. bspw. Wittmann 1998; Kozica 2011; Kaiser/Kozica 2012) diskutiert werden und vom Bereich Führungsethik entsprechend abzugrenzen sind. Zu vermerken ist zum anderen, dass das (kontextuelle, indirekte) Personalmanagement – im Sinne einer Situationsvariablen – in aller Regel und in zweifellos bedeutsamer Weise auf die interaktive Führung einwirkt, indem sie eine Art „Führung der Führungskräfte" repräsentiert und insofern auch von hoher Bedeutung für die Führungsethik ist. Wir werden hierauf noch ausführlicher zu sprechen kommen (vgl. Abschnitte 4.3.3 sowie 5.4).

3 Zu vermerken ist an dieser Stelle, dass mehrere der obigen Definitionen durchaus auch die ethische Dimension der Führung erkennen und ansprechen, dies allerdings eher am Rande und womöglich auch eher in der Absicht, die ethische Bedeutung (Problematik) der Führung erst gar nicht „groß" werden zu lassen. So gehen Wunderer/Grunwald davon aus, dass Führung immer auf die Erfüllung „gemeinsamer Aufgaben" abziele (sprich: Zielkonflikte sind ausgeschlossen!); Kossbiel vermerkt, dass die Einflussnahme auf das Verhalten anderer stets „(zumindest positionell) legitimiert" sei (sprich: Legitimität ist gesichert!); und Steinle bedeutet, dass die führungsinduzierte „Handlungslenkung" sich tatsächlich nicht nur auf „Leistung", sondern immer auch auf „Zufriedenheit" richte (sprich: Unzufriedenheit kann nicht entstehen!).

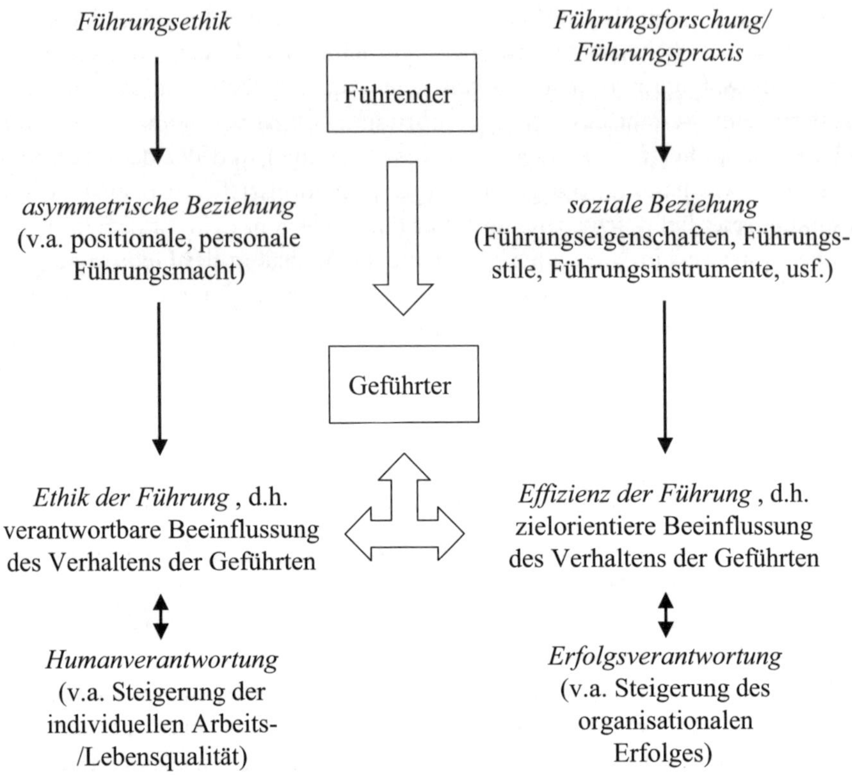

Abb. 1: Führung im Spannungsfeld von Ethik und Effizienz

erwartet – weshalb die Auseinandersetzung mit der Kategorie der Führungseffizienz respektive des Führungserfolges quasi den Archimedischen Punkt der tradierten, anwendungsorientierten Führungsforschung darstellt. Es ist hier nun jedoch nicht der Ort, die schiere Vielfalt der bisher gefundenen Antworten auf diese (Schlüssel-)Frage nachzuzeichnen, die von eigenschaftstheoretischen und tiefenpsychologischen Überlegungen, über Fragen eines situativ angepassten Führungsstiles und geeigneter Führungsinstrumente, bis hin zu Ansätzen der individuellen Motivierung und Qualifizierung sowie einer leistungsförderlichen Arbeits- und Kulturgestaltung reichen. All dieses ist sozusagen »der Stoff«, aus dem die einschlägigen (Lehr-)Bücher zur Personal- oder Mitarbeiterführung sind, den wir hier nicht weiter rezipieren und diskutieren wollen (vgl. dazu umfassend Neuberger 2002; Wunderer 2011; Weibler 2012).

Wir wollen an dieser Stelle vielmehr den Fokus wechseln – sozusagen von der Frage nach der *Effizienz der Führung* absehen und stattdessen den Blick auf die Frage nach der *Ethik der Führung* richten. Welche anderen und neuen Sichtweisen ergeben sich, wenn man die »soziale Beziehung« zwischen Führenden und Geführten aus Sicht der Ethik beleuchtet? Nun, diesbezüglich ist zunächst ganz allgemein festzustellen, dass jede »normale« *soziale Beziehung* unweigerlich eine *ethische Dimension* besitzt. Dies deshalb, weil praktisch jedes individuelle (Nicht-)Handeln von (positiven, negativen) Konsequenzen für *andere* Menschen begleitet sein kann, gleichsam also von sozialer Relevanz[4] ist. Aus ethischer Sicht ist der Mensch deshalb (kategorisch) dazu aufgerufen, sein eigenes Tun (oder Unterlassen) so zu bestimmen, dass es nicht nur möglichst (eigen-)nützlich, sondern stets auch sozialverträglich und verantwortbar ist. Dass die hieraus resultierenden (Güter-)Abwägungen allzu häufig recht komplex, konfliktbehaftet und schlicht nicht einfach zu bewerkstelligen sind, dürfte das Wesen moralischer Entscheidungsprozesse sein (vgl. Treviño/Brown 2004, S. 69 ff.). Für den Führungskontext folgt hieraus: Führende und Geführte sind als Protagonisten einer spezifischen Form der sozialen Beziehung gleichermaßen dazu aufgefordert, ihre Verhaltensweisen ethisch zu reflektieren und zu legitimieren. Es bedarf so gesehen einer Führungsethik – und einer »Geführten-Ethik«.

Dass die Forderung nach einer »Geführten-Ethik« (vgl. dazu Abschnitt 5.3) eher relativiert werden muss, ergibt sich aus dem überaus bedeutsamen – von den genannten Führungsdefinitionen gleichwohl völlig unerwähnten – Umstand, dass Führung keine »normale« soziale Beziehung darstellt, sondern tatsächlich ja nur als *asymmetrische* soziale Beziehung verstanden werden kann (vgl. Abb. 1). Das heißt: Von Führung ist generell nur dann zu sprechen, wenn die Beziehung zwischen zwei Personen (Führender und Geführter) asymmetrisch (vor-)strukturiert ist, sprich: wenn der eine (Führer) systematisch auf *Machtpotenziale* zurückgreifen kann, die dem anderen (Geführter) verwehrt bleiben. Führung basiert folglich immer auf Macht, welche Max Weber prominent definierte als »... jede Chance, innerhalb einer sozialen Beziehung den eigenen Willen auch gegen Widerstreben durchzusetzen, gleichviel worauf diese Chance beruht« (Weber 1980, S. 28). Im Hinblick auf die Frage, worauf diese »Chance« (zur Machtausübung) konkret beruhen kann, werden üblicherweise zwei grundlegende *Machtbasen* unterschieden (vgl. French/Raven 1959; Yukl/Falbe 1991; Weibler 2012, S. 148 ff.):

---

4 Der Vollständigkeit halber ist hier anzufügen, dass Ethik selbstverständlich und berechtigterweise natürlich auch um die Verantwortung des/der Menschen gegenüber nichtmenschlichen Lebewesen respektive gegenüber der Natur als Ganzes kreist und menschliche Verhaltensweisen insofern auch von *ökologischer Relevanz* sein können (vgl. dazu beispielsweise Birnbacher 1980; Krebs 1997; Hoerster 2004).

Eine erste Machtgrundlage ist die sogenannte *personale Macht*, die dem Führenden aus einer Besonderheit seiner Person erwächst, wobei diese Besonderheit sehr verschiedene Ursachen haben kann. Im Einzelnen bedeutet dies, dass Führende das Verhalten von Geführten zielorientiert beeinflussen können,

- wenn sie aufgrund der ihnen zugeschriebenen Fähigkeiten und Kenntnisse von den Geführten als vertrauenswürdige Experten wahrgenommen werden (*Expertenmacht*),
- wenn sie über besondere Fähigkeiten zur rationalen Argumentation verfügen und bei den Geführten insofern Verhaltensänderungen infolge kognitiver Einsicht bewirken können (*Überzeugungsmacht*),
- wenn sie von den Geführten emotional als eine Identifikationsfigur bzw. als ein Vorbild angesehen werden, dem zu folgen man (v. a. gefühlsmäßig) gerne bereit ist (*Identifikationsmacht*), und/oder
- wenn sie von den Geführten als eine höchst außergewöhnliche, gleichsam geborene oder gar begnadete Führungspersönlichkeit angesehen werden, der mit großem Enthusiasmus – bis hin zur Aufopferungsbereitschaft – zu folgen als eine moralische Pflicht erscheint (*charismatische Macht*).

Eine zweite Machtgrundlage ist die sogenannte *positionale Macht*, die dem Führenden von Seiten der Organisation verliehen wird[5] und die unmittelbar mit der hierarchisch übergeordneten Position des Führenden korrespondiert. Führende können das Verhalten der Geführten demnach deshalb zielorientiert beeinflussen,

- weil sie hierarchisch »Vorgesetzte« sind, deren Anweisungen zu folgen Geführte (v. a. aufgrund ihrer Erziehung/Werte) schlicht als Normalität empfinden (*Amtsautorität*),
- weil sie kraft ihrer Position in der Lage sind, die Geführten in eine (aus deren Sicht) vorteilhafte Lage (z. B. durch Zuweisung interessanter Aufgaben oder Empfehlung für eine Beförderung) zu versetzten (*Belohnungsmacht*),
- weil sie kraft ihrer Position in der Lage sind, die Geführten in eine (aus deren Sicht) nachteilige Lage (z. B. durch Zuweisung uninteressanter Aufgaben oder Nichtberücksichtigung bei Beförderungen) zu versetzten (*Bestrafungsmacht*), und/oder

---

5 Positionale Macht wird den Führenden von der Organisation allerdings nicht einfach nur *verliehen*; vielmehr wird der Führende gleichzeitig auch darauf *verpflichtet* (z. B. durch entsprechend ausgerichtete Führungskräftebeurteilungs- und Führungskräftebelohnungssysteme), diese Macht im Sinne der institutionellen (Erfolgs-)Ziele respektive gemäß einer definierten und evaluierten *Erfolgsverantwortung* zu verwenden.

- weil sie aufgrund ihrer Position die Kontrolle über die Nutzung und Verteilung von Informationen besitzen, die für die Geführten unzugänglich, aber wichtig sind (*Informationsmacht*).

Führungsmacht	
Positionale Macht	Personale Macht
• Amtsautorität • Belohnungsmacht • Bestrafungsmacht • Informationsmacht	• Expertenmacht • Überzeugungsmacht • Identifikationsmacht • Charismatische Macht

Abb. 2: Grundlagen der Führungsmacht (nach Yukl/Falbe 1991)

Mit Blick auf den Konnex zwischen Führungsmacht und Führungsethik ist dabei im Grundsatz davon auszugehen, dass der Grad der ethischen Verantwortung eines Führenden positiv mit dem Ausmaß der (personalen, positionalen) Macht dieses Führenden korreliert – gewissermaßen also die »Faustformel« gilt: »The more power the leaders have, the greater their responsibility for what they do and do not do« (Ciulla 2005, S. 326). Hinterlegt man diese »Faustformel« mit den unterschiedenen Grundlagen der Führungsmacht, dann lässt sich dies wie folgt ausführen:

- Geht man davon aus, dass die *positionale Macht* eines Führenden umso grösser ist, je höher seine hierarchische Position ist, dann sind die führungsethischen Herausforderungen respektive die »moral burdens of leadership« (Ciulla 2005, S. 328) für oberste Führungskräfte in der Regel umfassender als beispielsweise jene für Führungskräfte des unteren Managements. Pointiert gesprochen könnte man auch sagen: Führungsethik ist mehr ein Thema für CEOs als für Gruppenführer! (– wobei diese Aussage in ihrer Pauschalität nicht zu dem Fehlschluss verleiten sollte, dass das Führungsverhalten von Gruppenführern ethisch vernachlässigbar oder gar irrelevant wäre).
- Geht man überdies davon aus, dass realiter auch der Grad der *personalen Macht* zwischen Führenden erheblich variieren kann, dann ist Führungsethik vor allem ein Thema für solche Führer, die über ein hohes Maß an personaler (z. B. Identifikations- oder charismatischer) Macht verfügen. Dies würde im Übrigen erklären, warum führungsethische Aspekte bis dato vorrangig im Rahmen jener Führungstheorien mitberücksichtigt werden, die auf besonders umfassende personale Machtpotenziale verweisen, sprich: vor allem im Rahmen der Charismatheorie bzw. der Theorie der transformationalen Führung (vgl. dazu bspw. Bass/Steidlmeier 1999; Price 2003; Tourish/Vatcha 2005).

Damit ist festzustellen, dass Führung zweifellos eine *außergewöhnliche* ethische Dimension hat, die über die lebenspraktisch »normale« Verantwortung (für andere) insofern weit hinausreicht, als Führung denknotwendig mit besonderer *(Führungs-)Macht* (über andere) einhergeht (vgl. Brown et al. 2005, S. 119; Ciulla 2005, S. 326 f.), welche Führende in die Lage versetzt, das Verhalten anderer Menschen effektiv zu beeinflussen und zu verändern. Aus dieser Erkenntnis resultiert unmittelbar der etwas andere Fokus der führungsethischen Reflexion, der eben nicht (wie die tradierte Führungsforschung und Führungspraxis) danach fragt: *Wie kann ich das Verhalten anderer beeinflussen?*, sondern stattdessen fragt: *Inwieweit darf ich das Verhalten anderer beeinflussen?* Führungsethik kreist so gesehen um die Frage nach (den Grenzen) der Verantwortbarkeit einer (machtinduzierten und zielorientierten) Beeinflussung des Verhaltens anderer (geführter) Menschen (vgl. Abb. 1). Aus Sicht der Führungsethik stellen sich damit typischerweise Fragen wie die Folgenden:

- Dürften Führende – vor allem solche, die über eine hohe Identifikations- bzw. charismatische Macht verfügen – *Veränderungen im Denken* (gleichsam in den handlungsleitenden Werten und Zielen) der Geführten vornehmen? Darf ein Charismatiker eine tiefgreifende »Transformation« der Werte und Ziele seiner Anhänger anstreben? Und welches könnten Werte und Ziele sein, die ein Führender als »Vorbild« legitimerweise seinen Untergebenen vermitteln darf – und soll?
- Inwieweit dürfen Führende – vor allem solche, die über eine ausgeprägte Amtsautorität oder Sanktionsmacht verfügen – Handlungsweisen anordnen oder »anreizen«, die den Bedürfnissen und Interessen der Geführten tendenziell oder offenkundig entgegenstehen? Unter welchen Voraussetzungen ist es beispielsweise legitim, Mitarbeiter (vorübergehend, dauerhaft) zu überlasten und zu überfordern? Wie viele Überstunden und welche Ausmaße einer »work-life-*imbalance*« darf die Führungskraft ihren Mitarbeitern zumuten? Und wie reagiert sie verantwortungsbewusst auf Anzeichen eines Burnouts bei einem überforderten Mitarbeiter?
- Welche Mittel darf Führung legitimerweise einsetzen – und welche Mittel verbieten sich aus ethischer Sicht? Dürfen »gute« Führungskräfte ihre Mitarbeiter niemals verbal anfahren, keinesfalls öffentlich bloßstellen und/oder nie zu etwas nötigen (vgl. Tepper 2000)? Sind Führende, die mit »eiserner Hand« führen, in jedem Falle moralisch schlechte Führer (vgl. Ma et al. 2004)? Und ist ein »laissez-faire«-Führungsstil eher ethisch – oder doch eher unethisch (vgl. Aasland et al. 2010)?
- Nicht zuletzt ist aber auch (komplex) zu fragen: Darf man »unethische« Mittel nicht zumindest dann einsetzen, wenn der Zweck diese Mittel heiligt? Muss sich ein Führender in Führungsbeziehungen nicht ab und zu die

»Hände schmutzig machen« und »notwendige Sünden« begehen, um höherwertige Ziele zu erreichen (vgl. Temes 2005)? Oder an einem Extrembeispiel verdeutlicht: Musste man als *verantwortungsbewusster* Vorgesetzter in Tschernobyl nicht die Gesundheit und das Leben der »Liquidatoren« opfern, um Schlimmeres zu verhindern?

Diese wenigen Fragestellungen verdeutlichen bereits, dass das Problem der ethisch »richtigen« Führung letztlich kaum weniger komplex sein dürfte als jenes der »erfolgreichen« Führung. Sie verdeutlichen vor allem aber auch, dass Führung – neben ihrer tradierten *Erfolgsverantwortung* – stets auch eine *Humanverantwortung* in sich trägt, die im Kern besagt, dass Führung eben nicht nur auf eine fortgesetzte Verbesserung des Leistungsverhaltens und damit verbunden auf eine kontinuierliche Steigerung des organisationalen Erfolges abzielen darf, sondern daneben immer auch als ein (machtinduzierter) Eingriff in das Denken und Handeln von (unterstellen) Menschen zu verstehen ist, der mit mehr oder minder tiefgreifenden und nachhaltigen Auswirkungen auf die *Arbeits- und Lebensqualität* dieser Menschen einhergeht und insofern möglichst (human-)verantwortlich zu erfolgen hat (vgl. Kuhn/Weibler 2003). Führungsmacht und Geführten-Beeinflussung sollten aus ethischer Sicht also (auch) in einer »lebensdienlichen Weise« (vgl. Ulrich 2010, S. 28 ff.) dem »Wohlergehen der zu Führenden« (Pless/Maak 2008, S. 237) förderlich sein.

Führung erweist sich damit als ein zweidimensionaler Prozess, der einer *Erfolgsverantwortung* ebenso obliegt wie einer *Humanverantwortung* – und also, wie auch gesagt wird, zwischen *Sachgerechtigkeit* und *Menschengerechtigkeit* (vgl. Rich 1991, 1992), zwischen *ökonomischer Effizienz* und *sozialer Effizienz* (vgl. Marr/Stitzel 1979; Wunderer/Kuhn 1993) und/oder zwischen *Effizienzziel* und *Humanziel* (vgl. Fischer/Fischer 2007, S. 22) vermitteln sollte. In Anbetracht dieses führungsethischen *»Verantwortungsdualismus«* stellt sich nunmehr die Frage, als wie »spannungsreich« die Beziehung zwischen den Verantwortungsdimensionen im Allgemeinen anzusehen bzw. inwieweit realiter von bedeutsamen Konflikten zwischen Erfolgs- und Humanverantwortung auszugehen ist. Hinsichtlich dieses Fragenkomplexes erscheint in Theorie und Praxis traditionell ein Verständnis vorherrschend, demzufolge *Führungserfolg* und *Führungsethik* letztlich immer weitestgehend harmonieren (müssen) – denn, so das allgemeine Credo: Ohne Führungsethik kein Führungserfolg! Wir wollen diese – treffend auch als »helle Seite« der Führung bezeichnete – Sichtweise im Folgenden ausführlicher darstellen und diskutieren.

3 Die »helle Seite« der Führung: Die harmonische Prägung unseres Führungsverständnisses

»Die Berücksichtigung der Sehnsüchte der Mitarbeiter bringt Wertschöpfung durch Wertschätzung.«
(Frey et al. 2010, S. 642)

Das allgemeine Führungsverständnis ist traditionell stark harmonisch geprägt. Das heißt, es wird in aller Regel von keiner sonderlichen Spannung bzw. keinem größeren Konflikt zwischen der Erfolgs- und der Humanverantwortung des Führenden ausgegangen. Vielmehr wird üblicherweise zu Grunde gelegt, dass – zumindest auf mittlere oder längere Sicht – nur eine *ethische* Führung auch eine *erfolgreiche* Führung sein kann. Barbara Kellerman spricht in diesem Zusammenhang von der *»light side of leadership«* (Kellerman 2004, S. 7 ff.), die sie kurz und treffend charakterisiert, indem sie festschreibt: »We presume that to be a leader is *to do good* and *to be good*« (Kellerman 2004, S. 10; H.d.V.). Erfolgreiche Führung korrespondiert so gesehen regelmäßig mit Führungspersonen bzw. -persönlichkeiten, die mit besonderen (charakterlichen) Eigenschaften ausgezeichnet sind (»to be good«) und die aufgrund dieser guten Eigenschaften stets auch in einer verantwortungsvollen und mitarbeitergerechten Weise denken und handeln (»to do good«). Diese Einschätzung dominiert nach Kellermans Ansicht weite Bereiche der »Leadership-Industrie« (vgl. Kellerman 2004, S. 10). Dies bestätigt Smith (1995, S. 1), der die einschlägige Literatur bezüglich der Frage untersucht, durch welche Eigenschaften erfolgreiche Führungskräfte gemeinhin ausgezeichnet sind, und dabei feststellt: »Books on leadership, from the popular ›how to‹ books through scholary research studies, stress that integrity and trustworthiness are essential for leaders at all levels«. Und auch Ciulla (1995, S. 5) vermerkt in diesem Zusammenhang: »Somewhere in almost any book devoted to the subject, there are either a few sentences, paragraphs, pages, or even a chapter on how integrity and strong ethical values are crucial to leadership.« Als typische Protagonisten einer »hellen« Sicht auf die Führung erscheinen beispielsweise Frey et al. (2002, S. 138), wenn sie mit Bezug auf das (allein) erfolgversprechende Führungshandeln postulieren, dass eine (humanverantwortliche) »Wahrung von Menschenwürde im Führungsstil« stets eine »höhere Leistungsbereitschaft« bzw. eine »Leistung auf hohem Niveau« bewirkt, derweil eine (humanunverantwortliche) »Verletzung der Menschenwürde« unweigerlich innere Kündigungen, Burnouts, Aggressionen, Intrigen, Konkurrenzkämpfe, höheren Absentismus, höhere Fluktuation und damit gleichsam drastische Verluste an personaler Leistung nach sich ziehen wird. Mit gleichem Tenor liest sich auch Höhler (2002), der zufolge Führende, die Leistung wollen, den Geführten Sinn, Selbstverwirklichung, Selbständigkeit, Spaß, gleichsam also (immer) höhere Arbeits- und Lebensqualität bieten müssen. Im Grunde wird damit bedeutet: Wer als Führender eine »performance beyond expectations« (Bass 1985) seiner Mitarbeiter anstrebt oder erreicht, der muss aus ethischer Sicht einfach »gut sein« und »Gutes tun«! (vgl. Abb. 3).

Führender

↓

Ethische Führung
(„to be good and to do good“)

↓

Erfolgreiche Führung
(„performance beyond expectations“)

Abb. 3: Die »helle Seite« der Führung

Gewissermaßen als »Speerspitze« der harmonisch geprägten »light side of leadership« lassen sich verschiedene *normative Führungstheorien* interpretieren (vgl. Brown/Mitchell 2010, S. 586; Ciulla 1995, S. 14 ff.), die allesamt nicht nur außergewöhnlichen Führungserfolg verheißen, sondern diesen regelmäßig an eine starke ethische Ausrichtung bzw. Legitimität der Führung rückbinden. In diesem Zusammenhang stellen beispielweise Brown und Treviño (2006, S. 598 ff.) heraus, dass die *transformationale Führung* (vgl. bspw. Kanungo/Mendonca 1996), die *authentische Führung* (vgl. bspw. Luthans/Avolio 2003) sowie auch die *spirituelle Führung* (vgl. bspw. Fry 2003) erhebliche Gemeinsamkeiten mit einer ethischen Führung aufweisen. Dies insofern, als »all of these types of leaders (…) are altruistically motivated, demonstrating a genuine caring and concern for people. All of them also are thought to be individuals of integrity who make ethical decisions and who become models for others« (Brown/

Treviño 2006, S. 600). In vergleichbarer Weise geht auch die *Charisma-Theorie der Führung* davon aus, dass charismatische Führer einerseits den »Traum einer besseren Zukunft« verkünden und verfolgen müssen, »auf die Menschen einen moralischen Anspruch haben« (House/Shamir 1995, Sp. 882), und dass die Führung dafür mit einem Geführten-Verhalten belohnt wird, das durch die »Bereitschaft länger zu arbeiten, freiwillig unangenehme oder mühevolle Aufgaben zu übernehmen, eigene Interessen zu Gunsten jener der Gemeinschaft hintenanzustellen sowie auch geringere Abwesenheit« (House/Shamir 1995, Sp. 889 f.) bestimmt ist. Auf den quasi unverbrüchlichen Zusammenhalt von Ethik und Erfolg stellt schließlich auch das sogenannte *»servant leadership«* (Greenleaf 2002) ab, das sich selbst als »journey into the nature of legitimate power and greatness« versteht und von Führenden ausgeht, die den Geführten *dienen* wollen – und von Geführten, die eben deshalb den Führenden (leistungs-)bereitwillig *folgen* wollen (vgl. Ciulla 1995, S. 17).

Der Glaube an die »helle Seite« der Führung wird zudem aber auch von einer Vielzahl empirischer Untersuchungen gestützt (vgl. bspw. Neubert et al. 2009; Toor/Ofori 2009; Brown/Mitchell 2010; Peus et al. 2010), die insgesamt zeigen, dass ein »ethical leadership is related to important follower outcomes, such as employees' job satisfaction, organizational commitment, willingness to report problems to supervisors, willingness to put in extra effort on job, voice behavior (i.e., expression of constructive suggestions intended to improve standard procedures)« (Brown/Mitchell 2010, S. 586). Im Umkehrschluss zeigen diese Studien, dass eine unethische Führung die Einstellungen der Mitarbeiter negativ beeinflusst und Widerstandsverhalten provoziert (vgl. Brown/Mitchell 2010, S. 588 ff.). Damit geht schließlich auch die Empirie recht eindeutig davon aus, dass die *ethische Qualität der Führung* ein klassischer *Erfolgsfaktor* ist – sprich: ethische Führung zahlt sich aus (vgl. Ciulla 2005, S. 327) und unethische Führung kostet Geld (vgl. Brown/Mitchell 2010, S. 588).

Fragt man nach den Erklärungen für den harmonischen Zusammenhang zwischen Führungsethik und Führungserfolg, so wird auf verschiedene Theorien bzw. soziale Wirkungsmechanismen verwiesen. Brown und Mitchell (2010, S. 585) führen die positiven Effekte ethischer Führung auf das Leistungsverhalten der Mitarbeiter insbesondere auf die *Theorie des sozialen Lernens* (Bandura 1977, 1986) sowie auf die *Theorie des Sozialen Austauschs* (Blau 1964) zurück, die im Kern besagen, dass Individuen sich verpflichtet fühlen, wohlwollendes Verhalten zurückzugeben (vgl. Brown/Mitchell 2010, S. 585). Fischer und Fischer (2007, S. 23) argumentieren mit der Austauschtheorie von Homans (1958), der zufolge eine ethische Führung eine hohe Mitarbeiterzufriedenheit nach sich zieht, die ihrerseits eine starke Leistungsbereitschaft hervorruft. Diesen, von der *Human-Relations-Bewegung* (vgl. Kieser 1999) erstmals herausgestellten positiven Zusammenhang zwischen der Zufriedenheit und der Leistung von Mitarbeitern, hat Roth (1987) auf die wohl kürzest mögliche Formel gebracht: *»Mehr Zufriedenheit – höhere Leistung – größerer Gewinn«*. Eine Studie von Ehrlich/Lange (2006) zeigt diesbezüglich, dass mehr als Dreiviertel der Personalfachleute, nämlich 77 Prozent, der Aussage zustimmen, dass die Leistung der Mitarbeiter umso höher ist, je zufriedener die Mitarbeiter sind – eine Annahme, die im Übrigen von erkennbar weniger, nämlich 50 Prozent der Fachwissenschaftler, geteilt wird (vgl. Abb. 4).

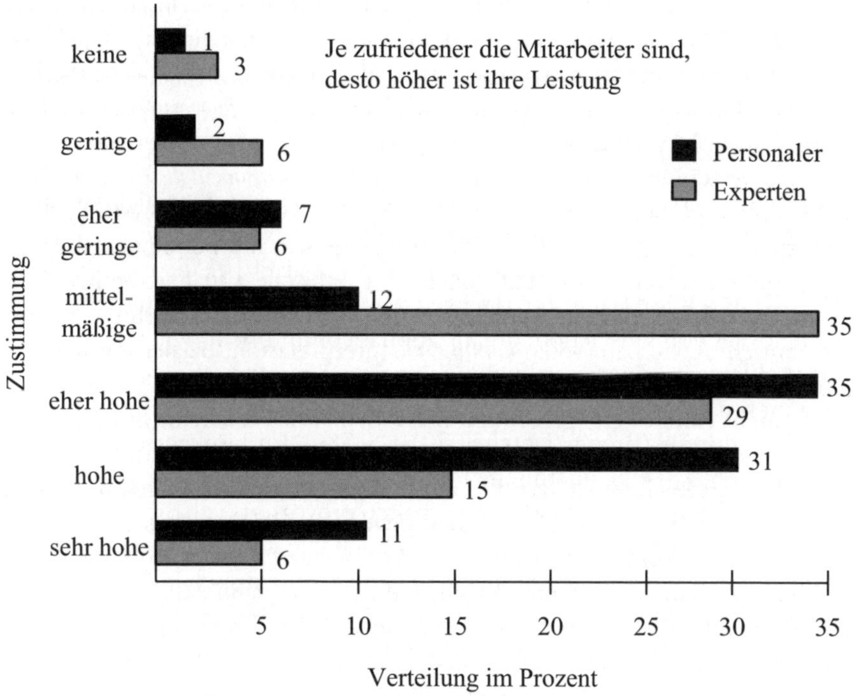

Abb. 4: Zufriedenheit und Leistung (Ehrlich/Lange 2006, S. 25)

Die bisherigen Ausführungen zeigen, dass relevante normative Theorien, aber auch diverse empirische Untersuchungen, bestätigen, wovon das allgemeine Verständnis üblicherweise auch ausgeht – dass nämlich eine *erfolgreiche Führung* grundsätzlich eine *ethische Führung* voraussetzt. Geht man des Weiteren davon aus, dass Führende in aller Regel *erfolgreich* führen wollen, dann ist die Praktizierung einer *ethischen Führung* gleichsam als eine *conditio sine qua non* einzustufen. Und damit ist schließlich auch festzustellen: Die traditionelle Führungsforschung sowie die erfolgsorientierte Führungspraxis erscheinen vor dem Hintergrund der »light side of leadership« als nahezu identisch mit Führungsethik

– was mit Blick auf das Thema der vorliegenden Schrift letztlich bedeutet, dass eine originäre Auseinandersetzung mit dieser Thematik eigentlich überflüssig ist, denn: Führungsethik ist ein unvermeidlicher Bestandteil jeder theoretischen Erklärung und praktischen Umsetzung erfolgreicher Führung!

Wir wollen uns mit diesem Stand der Erkenntnis allerdings nicht begnügen, sondern an dieser Stelle zunächst einige Auffälligkeiten der »light side of leadership« ansprechen und dieses Führungsverständnis im Weiteren vermittels einiger Fragen kritisch bedenken:

Eine erste Auffälligkeit der »hellen Seite« der Führung ist darin zu sehen, dass *Führungsethik* hier weniger als ein Selbstzweck (Legitimität der Führung, Wohlergehen der Geführten), sondern vielmehr als ein Mittel zum Zweck (Steigerung von Leistung und Erfolg) bzw. schlicht als ein *erfolgversprechender Führungsstil* (vgl. Frey et al. 2010, S. 639) interpretiert wird – weshalb diesem Führungsverständnis (zumindest) die Gefahr einer *Instrumentalisierung der Ethik* innewohnt (vgl. Sims/Brinkmann 2003, S. 243; Kuhn 2009, S. 315 f.). Hier wäre zu fragen, ob eine »ethische« Führung, die man nur betreibt, weil sie erfolgversprechend erscheint, tatsächlich eine ethische Qualität besitzt. Eine zweite, fast noch wichtigere Auffälligkeit der »light side of leadership« ist deren harmonische, gleichsam völlig *konfliktfreie* Interpretation sozialer Realität, der gemäß es für erfolgsorientierte Führende praktisch unmöglich sein soll, Geführte nicht (interessen-)gerecht zu behandeln. Dies erscheint umso bemerkenswerter, als Führung ja, wie in Kapitel 2 bereits ausgeführt, im Besonderen dadurch ausgezeichnet ist, dass Führende über bedeutsame Machtpotenziale verfügen, die jedoch »irgendwie« nicht gegen die Geführten eingesetzt werden können. Warum aber sollten, mit Max Weber (1980, S. 28) gesprochen, Führende angesichts evidenter Macht niemals den *eigenen Willen* auch *gegen Widerstreben* der Geführten durchsetzen können? Wie bereits angedeutet, werden Vertreter der »light side of leadership« diese Frage im Wesentlichen wohl wie folgt beantworten: … weil die Geführten dann *unzufrieden* werden! Etwas ausführlicher gesprochen meint dies: Werden die Geführten führungsseitig nicht ethisch bzw. nicht (interessen-)gerecht behandelt, dann verlieren sie ihre Motivation und Identifikation, gleichsam ihre Leistungsbereitschaft, verlassen womöglich die Organisation (hohe Fluktuation, »brain drain«) und gefährden damit – als zentraler Erfolgsfaktor – den nachhaltigen Erfolg der Institution (vgl. Kuhn 2009, S. 316). Die »helle Seite« der Führung gründet damit auf einem sehr *speziellen Machtverständnis*[6], welches im Grunde davon ausgeht, dass

6 …welches notabene auch als prägend für die Diskussion über Unternehmensethik (vgl. Kuhn/Weibler 2011) sowie Personalethik (vgl. Kuhn/Weibler 2012) anzusehen ist.

jeder Macht (hier: der Führenden) immer auch eine adäquate Gegenmacht (hier: der Geführten) gegenüber steht, weshalb Vorteilsnahmen der einen (Steigerung des organisationalen Erfolgs) auf Kosten der anderen (sinkende Arbeits- und Lebensqualität der Geführten) praktisch unmöglich und innerhalb sozialer (Führungs-)Beziehungen deshalb im Grunde nur »win-win«-Situationen denkbar seien (getreu dem Motto: höhere Wertschöpfung durch mehr Wertschätzung; vgl. Frey et al. 2010, S. 642). Die »light side of leadership« korrespondiert damit in gewisser Weise mit dem sogenannten *»iron law of responsibility«* (Davis/Blomstrom 1971, S. 95), das behauptet, dass jede Institution (oder Person) auf Dauer diejenige Macht verliert, die sie nicht ethisch verantwortlich einsetzt. Auf die Führung übertragen bedeutet dies gewissermaßen: Wenn Führende sichergehen wollen, dass sie ihre Führungsmacht nicht verlieren, dann dürfen sie diese Führungsmacht schlicht nicht nutzen – und müssen folglich »gut sein« und »Gutes tun«!

Wie alle allzu harmonischen – oder *harmonistischen* – Grundverständnisse von sozialen Kontexten, so ist auch diese »helle Sicht« der Führung als durchaus fragwürdig einzustufen. Diese Fragwürdigkeit lässt sich vorab anhand einiger einfacher und kurzer Fragen veranschaulichen:

- So ist mit Blick auf die *charismatische Führung* beispielsweise – und fast schon rhetorisch – zu fragen, ob die (historischen) Erfahrungen mit diesem Führungsstil nicht auch zeigen, dass Führer schlecht sein und Schlechtes tun können – und trotzdem einen hohen Führungserfolg im Sinne einer effektiven Beeinflussung des Verhaltens anderer erreichen?
- Und wie verhält es sich mit dem angenommenen Zusammenhang zwischen Zufriedenheit und Leistung? Kann wirklich ausgeschlossen werden, dass Mitarbeiter infolge ethischer Führung zwar zufriedener, womöglich aber gar nicht leistungsbereiter werden? Und wenn es so wäre, müsste die ethische Führungskraft dann nicht auf »unethische« Weise hierauf reagieren?
- Wie realistisch ist die Annahme, dass Geführte ihre personale Leistungsverausgabung stets in Abhängigkeit von ihrem persönlichen Zufriedenheitsgrad (mit der Führung) – gleichsam fakultativ – bestimmen können? Ist es wirklich unrealistisch, dass Mitarbeiter führungsseitig schlecht behandelt (z. B. ausgebeutet) werden, angesichts dessen hoch unzufrieden sind – und trotzdem (z. B. aus Angst vor einem Arbeitsplatzverlust) überdurchschnittlich viel leisten?
- Überhaupt ist angesichts der These, dass nur Menschen mit guten Eigenschaften und integerem Charakter erfolgreiche Führer sein können, kritisch nachzufragen, was dann eigentlich mit den »schlechten« menschlichen Eigenschaften ist? Konkreter gefragt: Müssen »gute« Führer vollkommen frei

von »schlechten« Eigenschaften sein? Gibt es solche Persönlichkeiten realiter überhaupt? Und was ist mit den Menschen, die überwiegend »schlechte« Eigenschaften haben? Können sie dann letztlich nur Geführte sein?

Diese wenigen (Reflexions-)Fragen nähren den Verdacht, dass es mit der Harmonie, die die »Leadership-Industrie« mit Blick auf den Führungskontext im Allgemeinen zeichnet, gegebenenfalls gar nicht so weit her ist – und das die »helle Sicht« der Führung womöglich weniger die Realitäten als vielmehr ein gutes Stück Wunschdenken (oder Ideologie) widerspiegelt (vgl. Ciulla 2005a, S. 7). Oder nochmals als Frage formuliert: Was wäre, wenn sich weisen würde, »that you do not have to be kind and considerate to other people to run a country or a profitable organization?« (Ciulla 1995, S. 14). Diese Frage korrespondiert aufs Engste mit einer neuartigen Forschungsrichtung, die systematisch die »dunkle« – und nicht per se erfolglose – Seite der Führung fokussiert und die dazu angetan ist, den verbreiteten Glauben an die unverbrüchliche Harmonie von Ethik und Erfolg im Führungskontext zumindest ansatzweise zu erschüttern. Den Erkenntnissen dieser Forschungsrichtung wollen wir uns im Folgenden ausführlicher zuwenden, um hieraus schließlich Schlussfolgerungen für die Führungsethik abzuleiten.

4 Die »dunkle Seite« der Führung: Die unethischen Verwerfungen in der Führungspraxis

4.1 Ansätze zur »dunklen Seite« der Führung

> *»Effective leaders can promote terrible things.«*
> (Clements/Washbush 1999, S. 174)

Der historisch prominenteste Protagonist für die – aktuell eher unübliche bzw. unpopuläre (vgl. Kapitel 3) – Vorstellung, dass Führungserfolg und Führungsethik nicht notwendigerweise Hand in Hand gehen müssen, ist vermutlich Niccolò Machiavelli (1469-1527). Dessen klassische Schrift »Der Fürst« (1990) steht bis heute für die These, dass Führung auch erfolgreich sein kann, wenn sie vollständig »befreit« von ethischen Betrachtungen und Bedenken erfolgt. Im Gegensatz zu den gegenwärtig vorherrschenden ethisch-normativen Führungstheorien ging Machiavelli davon aus, dass Führungserfolg (im Sinne einer Erreichung der persönlichen Ziele des/der Führenden; vgl. Brown/Treviño 2006, S. 604) nicht nur auf »ethischen« Wegen zu erreichen, sondern dass hierzu je nachdem auch ein »vernünftiger Einsatz von Härte und Grausamkeit« (Kellerman 2004, S. 5) ins Kalkül zu ziehen sei. In Entsprechung dessen war die Frage, ob Führer in ethischer Hinsicht gut oder schlecht sind, für Machiavelli schlicht irrelevant; sein Augenmerk galt allein der Frage, was in erfolgsbezogener Hinsicht *starke Führung* von *schwacher Führung* unterscheidet (vgl. Kellerman 2004, S. 5).

Machiavelli kann so gesehen als Spiritus Rector einer neuartigen Forschungsrichtung (vgl. dazu übersichtsartig Neider/Schriesheim 2010; Schyns/Hansbrough 2010; Conger 1990; Clements/Washbush 1999) betrachtet werden, die insofern die »dunkle Seite« der Führungspraxis betrachtet, als davon ausgegangen wird, dass Führung grundsätzlich auch ethisch fragwürdige oder kaum zu rechtfertigende Mittel einsetzen kann, um erfolgreich zu wirken.

Einen solchermaßen rein effizienzorientierten – und insofern ethikfreien – Blick auf die Führung eröffnen beispielsweise Ma et al. (2004, S. 40), die festschreiben: »(W)e believe that the best leadership style is the one that produces the desired results.« Zeitgenössische »dark-side«-Betrachtungen der Führung wurden dabei zunächst vor allem im Kontext der *charismatischen Führung* angestellt (vgl. bspw. Sankowsky 1995; Price 2003). Dies deshalb, weil Führende gerade in charismatischen Führungsbeziehungen über eine *außergewöhnliche Macht* verfügen und hervorstechende Beispiele verdeutlichen, dass Führer diese Macht häufig nicht im Sinne der Geführten, sondern auf unethische oder schlicht unmenschliche Weise nutzten. Kellerman (1999) bezeichnet diesen Problembereich treffend als *»Hitler's ghosts«*. Einen besonderen Schub hat die Deskription und Diskussion der *»dark side of leadership«*, die bislang insbesondere in den USA stattfindet, jedoch erst in den frühen 2000er Jahren erhalten, als namhafte und bedeutende Unternehmen infolge unmoralischer Führungspraktiken auf überaus aufsehenerregende und folgenreiche Weise untergingen (v. a. Enron, WorldCom). Anzumerken ist in diesem Zusammenhang allerdings,

Begriff	*Definition*
Petty tyranny	Führungskräfte, „die ihre Macht und Autorität in einer unterdrückenden, unberechenbaren und möglichweise auch rachsüchtigen Weise nutzen" (Ashforth 1997, S. 126)
Supervisor undermining	beschreibt ein Vorgesetztenverhalten, „das darauf abzielt, die Möglichkeit guter zwischenmenschlicher Beziehungen, arbeitsbezogener Erfolge sowie des Aufbaus eines guten Rufes" unterstellter Mitarbeiter dauerhaft zu verhindern (Duffy et al. 2002, S. 332)
Managerial tyranny	gründet „… auf einer eigentümlichen, zwanghaften und glasklaren Vision des Führenden" und äußert sich „in der Anwendung unerbittlicher und konsequent durchgesetzter Methoden, die die Organisation zügig zur Verwirklichung der Vision veranlassen soll" (Ma et a. 2004, S. 34)
Toxic leaders	„… Führende, die ernsthaften und nachhaltigen Schaden für Individuen, Gruppen, Organisationen, Gemeinschaften oder sogar ganze Nationen anrichten" (Lipman-Blumen 2005a, S. 2)
Destructive archievers	„.... Führende, die Ethik für Effizienz und persönlichen Erfolg opfern" (Kelly 1988)

Abb. 5: Begriffe und Begriffsbestimmungen im Kontext der »dunklen Seite« der Führung

dass diese Forschungen sich ausdrücklich nicht nur auf einige wenige Ausnahmefälle bzw. die sogenannten »bad apples« (Cook 2005, S. 135) beziehen, sondern unethische Führungspraktiken vielmehr als weitverbreitetes Phänomen erachten (vgl. Lipman-Blumen 2005, S. 3 ff.). Es wird, jenseits der häufig herausgestellten Einzelbeispiele (zuvorderst vermutlich die Enron-Manager Kenneth Lay, Jeffrey Skilling und Andrew Fastow), also eine empirische Relevanz von »everyday organizational tyrants« (Lipman-Blumen 2005, S. ix) diagnostiziert bzw. insgesamt auf eine »untidy world of human relations« (Kellerman 2004, S. xv) rekurriert.

Die Beiträge zu diesem Forschungsgegenstand sind inzwischen recht zahlreich, stehen dabei allerdings noch weitgehend unverbunden nebeneinander, firmieren unter sehr verschiedenen Begrifflichkeiten und korrespondieren (v. a. implizit) schließlich auch mit recht unterschiedlichen Grundannahmen und Schlussfolgerungen. Als exemplarisch für diesen Diskussionsstrang innerhalb der Führungsforschung können zunächst einmal die in *Abbildung 5* genannten und hier auch definitorisch kurz bestimmten Begriffe angesehen werden. Darüber hinaus wollen wir im Folgenden aber auch einige ausgewählte Ansätze zur »dunklen Seite« der Führung ausführlicher darstellen, die für die weiteren Überlegungen von grundlegender Bedeutung sein werden.

4.1.1 »Bad leadership« als Folge schlechter Führer und schlechter Geführter: Der Ansatz von B. Kellerman

Die Arbeit der Harvard Professorin Barbara Kellerman stellt sich dezidiert gegen die konventionelle *»light side of leadership«*, indem sie eine erhebliche Spannung zwischen der oftmals »schlechten« Führung in der Praxis und der durchweg »guten« Sicht auf die Führung in der Theorie diagnostiziert (vgl. Kellerman 2004, S. 4). Diese Diskrepanz erachtet sie als problematisch insofern, als sie davon ausgeht, dass Führungsprozesse und -beziehungen letztlich nur dann besser werden können, wenn auch und gerade das Phänomen der »schlechten« Führung in seiner Entstehung, Ausprägung und Bekämpfung umfassender untersucht und verstanden wird. Denn das allgemeine Ziel solle sein, schlechte Führung zu minimieren und gute Führung zu maximieren (vgl. Kellerman 2004, S. xvi).

Ihre Untersuchung beginnt Kellerman mit der Frage nach den *Gründen für schlechte Führung* (vgl. Kellerman 2004, S. 15 ff.), die sie insbesondere an schlechten Eigenschaften (v. a. Gier) sowie an schlechten Charakteren (v. a. Narzissmus) der Führenden festmacht. In diesem Zusammenhang bedeutet sie beispielsweise: »When leaders are unwilling or unable to control their desire for more, bad leadership will be the result« (Kellerman 2004, S. 20). Darüber hinaus betont sie aber auch die Bedeutung der Geführten im Zuge der Entstehung und Aufrechterhaltung einer schlechten Führung. Das Problem sei hier vor allem, dass Geführte schlicht gewohnheitsmäßig folgen, und zwar selbst dann, wenn ihnen bewusst ist, dass ihre Führer fehlgeleitet und übelwollend sind (vgl. Kellerman 2004, S. 21). Die Gründe hierfür können aus Sicht der Geführten »positiver« Natur (v. a. die Fähigkeit auch schlechter Führer, die Bedürfnisse der Geführten nach Sicherheit und Orientierung zu befriedigen), aber auch negativer Natur sein (v. a. die Angst der Geführten vor negativen Folgen im Falle eines Widerstandes gegen den Führer) (vgl. Kellerman 2004, S. 21 ff.). Die *Akzeptanz schlechter Führung* durch die Geführten kann dabei unterschiedliche Dimensionen annehmen, die vom weitgehend unbeteiligten Zuschauer (»bystander«) bis zum überzeugten Mittäter (»acolyte«) reichen (vgl. Kellerman 2004, S. 25 ff.).

Was aber genau ist unter »schlechter« Führung zu verstehen? Kellerman unterscheidet diesbezüglich zwei grundlegende Dimensionen: *Ineffektive Führung* und *unethische Führung* (vgl. Kellerman 2004, S. 32 ff.). *Ineffektive Führung* ist dadurch bestimmt, dass die angestrebten Führungsziele nicht erreicht werden, was insbesondere fehlenden Eigenschaften und Qualifikationen des Führenden zugeschrieben wird (Kellerman 2004, S. 33). *Unethische Führung* ihrerseits ist dadurch bestimmt, dass nicht richtig zwischen (moralisch) guten und schlechten Zielen unterschieden wird, was insbesondere auf eine Überhöhung der eigenen Ziele auf Kosten der Ziele der Geführten sowie der Gemeinschaft verweist (Kellerman 2004, S. 34 ff.). Im Konkreten ergibt sich hieraus beispielsweise die (Kombinations-)Möglichkeit, dass Führung einerseits höchst effektiv (i.S. der Zielerreichung) und gleichzeitig absolut unethisch (i.S. der Zielsetzung) sein kann.Vor dem Hintergrund dieser Dimensionen guter und schlechter Führung bestimmt Kellerman *sieben Idealtypen* eines »bad leadership«, wobei die drei erstgenannten eher auf *ineffektive* und die vier letztgenannten eher auf *unethische* Führung verweisen. Schlechte Führung (vgl. Abb. 6) kann demnach wie folgt charakterisiert sein (vgl. Kellerman 2004, S. 37 ff.):

- *Inkompetent* (»incompetent«), das heißt ein mangelhafter Wille und/oder eine mangelhafte Fähigkeit des Führenden zum effektiven Führungshandeln sowie zur Erreichung der Führungsziele.
- *Unbeweglich* (»rigid«), das heißt eine Unfähigkeit oder Nicht-Bereitschaft des Führenden zur Anerkennung neuer Ideen, neuer Informationen oder gewandelter Umstände.

- *Unbeherrscht* (»intemperate«), das heißt eine mangelhafte Selbstkontrolle des Führenden.
- *Gefühllos* (»callous«), das heißt ein mangelhaftes Interesse des Führenden an den Zielen und Bedürfnissen der Geführten.
- *Korrupt* (»corrupt«), das heißt eine unbedingte Verfolgung seiner eigenen Interessen seitens des Führenden unter Anwendung von Lüge, Betrug und Diebstahl.
- *Engstirnig* (»insular«), das heißt eine Gleichgültigkeit des Führenden gegenüber dem Wohlergehen all jener, die nicht unmittelbar zur geführten Gruppe bzw. Organisation gehören.
- *Böse* (»evil«), das heißt Nutzung von physischer wie psychischer Macht und Anwendung entsprechender Gewalt seitens des Führenden gegenüber anderen als Mittel der Führung.

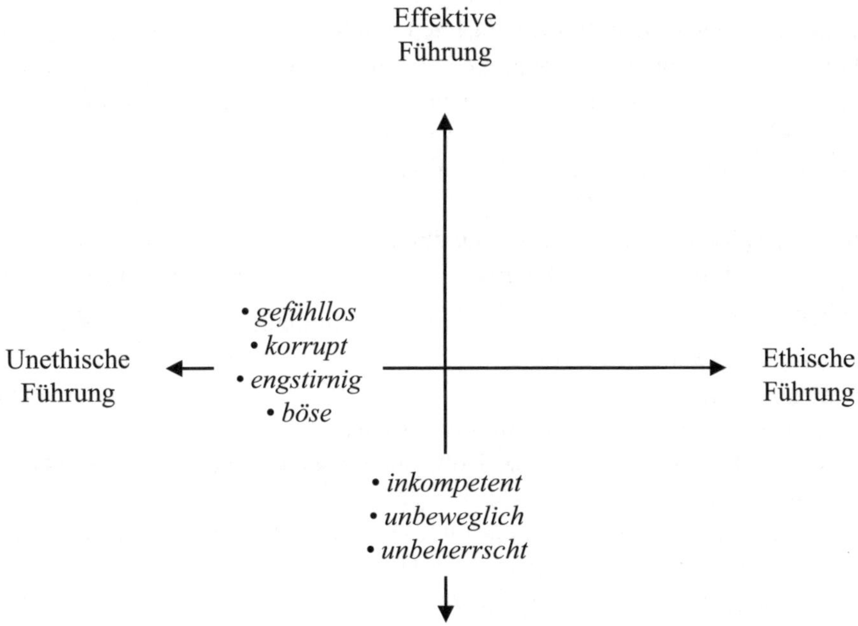

Abb. 6: Bad leadership: Dimensionen und Determinanten

Diese Idealtypen veranschaulicht Kellerman ausführlich anhand zahlreicher personen- bzw. führerbezogener Fallbeispiele (vgl. Kellerman 2004, S. 49 ff.). Als auf je spezifische Art schlechte Führer werden dabei unter anderem vorgestellt: Juan Antonio Samaranch (»incompetent«), Vladimir Putin (»rigid«), Al Dunlop (»callous«), Andrew Fastow (»corrupt«), Bill Clinton (»insular«) sowie schließlich auch Radovan Karadzic und Saddam Hussein (»evil«). Kellerman stellt vor dem Hintergrund dieser Fallbeispiele allerdings auch klar (vgl. Kellerman 2004, S. 38 f.), dass:

- die *Intensität* eines »bad leadership« stark *variieren* kann, das heißt »some leaders (…) are very bad, others are less bad« (Kellerman 2004, S. 38);
- die *Einschätzungen* interpersonal *divergieren* können, das heißt der Vorwurf des »bad leadership« kann in jedem Einzelfall natürlich auch von anderer Seite bezweifelt bzw. zurückgewiesen werden. Die Konsequenz dessen unterstreicht Lipman-Blumen (2005, S. 6), indem sie konstatiert: »Even Hitler (…) has still admirers«;
- Einschätzungen eines »bad leadership« schließlich auch einem *zeitlichen Wandel* unterliegen können, das heißt was früher einmal als schlechte Führung angesehen wurde, kann später als gute Führung gewertet werden – und umgekehrt.

Gemäß der eigenen Zielsetzung schließt Kellerman ihre Untersuchung mit konkreten Handlungsempfehlungen dahingehend, wie schlechte Führung (»unethical« und/oder »ineffective«) zu minimieren und gute Führung (»ethical« und »effective«) zu maximieren ist (vgl. Kellerman 2004, S. 219 ff.). Eingedenk des Umstandes, dass schlechtes *»Leadership«* ohne entgegenkommendes *»Followership«* im Grunde nicht zu erklären und zu vermeiden ist, formuliert Kellerman normative Handlungsempfehlungen sowohl an die *Führer* wie auch an die *Geführten*. Ersteren schreibt sie dabei unter anderem ins »Stammbuch« (vgl. Kellerman 2004, S. 233 ff.):

- Begrenze Deine Amtszeit!
- Begrenze Deine Macht!
- Verliere nicht den Kontakt mit der Realität!
- Widme Dich nicht nur Deinem Job, sondern auch Deiner Familie und Deinen Freunden!
- Kenne und kontrolliere Deinen ›Hunger‹ nach Macht, Geld, Erfolg und Sex!
- Glaube nicht an den ›Hype‹ um Deine Person!
- Stelle Dich selber in Frage!

Zur Wahrnehmung ihrer Verantwortung im Rahmen der Vermeidung bzw. Minimierung schlechter Führung gibt Kellerman den *Geführten* unter anderem folgende Aufforderungen mit auf den Weg (vgl. Kellerman 2004, S. 237 ff.):

- Ermächtige Dich selbst!
- Sei nicht nur einem Einzelnen, sondern stets dem Ganzen verpflichtet!
- Sei skeptisch und habe einen Standpunkt!
- Sei aufmerksam!

- Finde Verbündete!
- Informiere Dich unabhängig!
- Nimm die Führenden in die Verantwortung!

4.1.2 »Destructive leadership« als Folge eines »toxischen« Führungsprozesses: Der Ansatz von A. Padilla et al.

In definitorischer Hinsicht sehen Padilla et al. (2007, S. 176 ff.) die von ihnen diskutierte *destruktive Führung* zunächst durch *fünf wesentliche Charakteristika* gekennzeichnet, die sie wie folgt zusammenfassen (vgl. Abb. 7):

1. Destruktive Führung ist selten absolut oder ausschließlich destruktiv; in den meisten Führungssituationen gibt es gute und schlechte Ergebnisse.
2. Der Prozess der destruktiven Führung beinhaltet eher Dominanz, Zwang und Manipulation und weniger Einflussnahme, Überredung und Verpflichtung.
3. Der Prozess der destruktiven Führung hat eine eigennützige Orientierung; er fokussiert eher die Bedürfnisse des Führenden als die Bedürfnisse der Geführten.
4. Destruktive Führung gefährdet die Lebensqualität der Geführten und ist der Erreichung der Organisationsziele abträglich.
5. Destruktive Führung und ihre Folgewirkungen sind nicht ausschließlich das Resultat von destruktiv Führenden, sondern auch das Resultat von beeinflussbaren Geführten und einer begünstigenden Umwelt.

Abb. 7: Charakteristika destruktiver Führung (Padilla et al. 2007, S. 179)

Ähnlich wie Kellerman wenden sich Padilla et al. damit klar gegen eine simple führungsethische »Schwarz-Weiß-Sicht«, der zufolge Führung entweder gut oder schlecht sein muss und jede Führung diesen Bewertungen auch objektiv zugeordnet werden kann. Im Unterschied zu Kellerman, die »bad leadership« eher im Kontext von *schlechten Eigenschaften* der Führenden rekonstruiert (z. B. Unbeherrschtheit, Gefühllosigkeit, Bösartigkeit), sehen Padilla et al. »destructive leadership« zuvorderst als Ausdruck einer *egoistischen Interessenverfolgung* seitens des Führenden, die andere Interessen (v. a. die der Geführten sowie ggf. auch jene der Organisation) systematisch außer Acht lässt bzw. kalkuliert schädigt und zu einem Führungsverhalten tendiert, das eher auf Zwang und Manipulation denn auf Überzeugung und Verpflichtung setzt. Schließlich stimmen Padilla et al. mit Kellerman insoweit überein, als sie – neben der *Bedeutung der Führenden* – auch die *Bedeutung der Geführten* im Rahmen der Entstehung einer destruktiven Führung betonen. In diesem Zusammenhang gehen sie allerdings über Kellermans Analyse insofern hinaus, als sie auch den *situativen Rahmenbedingungen* eine hohe Bedeutung im Rahmen der Entstehung (und Vermeidung) destruktiver Führung zuschreiben. Insgesamt stellen Padilla et al. destruktive Führung damit in den Kontext eines *»toxischen Dreiecks«* (vgl. Abb. 8), das sie in den Mittelpunkt ihrer Betrachtung stellen (vgl. Padilla et al. 2007, S. 179 ff.) und dazu im Einzelnen ausführen:

Bedeutung der destruktiven Führer (»destructive leaders«)

Auf Grundlage einer Literaturanalyse bestimmen Padilla et al. (2007, S. 180 ff.) fünf kritische Faktoren, die Führer potenziell zu destruktiven Führern werden lassen. Im Einzelnen führen sie dazu aus, dass:

- destruktive Führung und charismatische Führung stark korrelieren – dies in dem Sinne, dass zwar nicht alle charismatischen Führer destruktive Führer sind, dass aber wohl die meisten *destruktiven Führer* über ein *besonderes Charisma* verfügen;
- destruktive Führer durch ein *starkes Bedürfnis nach personaler Macht* gekennzeichnet sind und ihre bereits erworbene Macht regelmäßig (nur) in den Dienst ihrer eigenen (Karriere-)Ziele stellen;
- destruktive Führer in der Regel stark *narzisstisch* geprägt sind, gleichsam also den Traum von Macht und Ruhm träumen und von Arroganz, Dominanz und Gefühlen der Besonderheit geleitet sind;
- destruktive Führer eine *negative Weltsicht* in sich tragen, die auf frühe und leidvolle Kindheitserfahrungen zurückzuführen sind;
- destruktive Führer eine *Ideologie des Hasses* verfolgen und deshalb (verbal oder real) ausgemachte Rivalen zu besiegen und verachtete Feinde zu vernichten trachten.

Bedeutung der beeinflussbaren Geführten (»susceptible followers«)

Mit Blick auf die Entstehung und Fortdauer destruktiver Führung unterstreichen Padilla et al. überdies die Bedeutung der Geführten. Unter ausdrücklicher Bezugnahme auf Kellermans Differenzierung zwischen (passiven) »bystanders« und (aktiven) »acolytes« (vgl. Kellerman 2004, S. 26 f.) unterscheiden Padilla et al. (2007, S. 182 ff.) ihrerseits zwischen:

- *Anpassern* (»conformers«), die durch eine unzureichende Befriedigung (selbst) ihrer (Grund-)Bedürfnisse, ein geringes Selbstwertgefühl sowie durch eine geringe psychologische Reife charakterisiert sind und – vor allem geleitet von Furcht – destruktive Führung deshalb dulden;
- *Konspirierenden* (»colluders«), die durch besonderen Ehrgeiz, Egoismus und Gier charakterisiert sind und destruktive Führung aktiv unterstützen, weil sie sich hiervon eine verbessere Befriedigung ihrer Bedürfnisse versprechen.

Bedeutung der begünstigenden Umwelten (»conductive environments«)

Im Unterschied zu Kellerman, die schlechte Führung vor allem im Kontext der beteiligten *Personen* (Führer und Geführte) betrachtet, betonen Padilla et al., dass auch und gerade die *Situation* von entscheidender Bedeutung für die Beförderung (und Begrenzung) einer destruktiven Führung sei. Relevante Situationsvariablen, die eine destruktive Führung begünstigen, sind demzufolge (vgl. Padilla et al. 2007, S. 185 f.):

- eine hohe (gesellschaftliche bzw. organisationsbezogene) *Instabilität*, die zentralisierte und führerexklusive Entscheidungsprozesse häufig unvermeidlich erscheinen lässt;
- wahrgenommene *Bedrohungen*, die ein unkritisches Gefolgschaftsverhalten befördern – und aufgrund dessen zuweilen auch von den Führenden (lediglich) inszeniert werden;
- *kulturelle Werte*, die sich in einem starken Bedürfnis nach Strukturen und Regeln manifestieren und eine Befriedigung dieser Bedürfnisse tendenziell einer starken Führung überantworten;
- wenige oder schwache *Kontrollinstanzen*, von denen insbesondere mit Blick auf obere Führungspositionen, kleinere oder neu gegründete Organisationen sowie auch in Bezug auf schnell wachsende bzw. sich stark wandelnde Institutionen auszugehen ist.

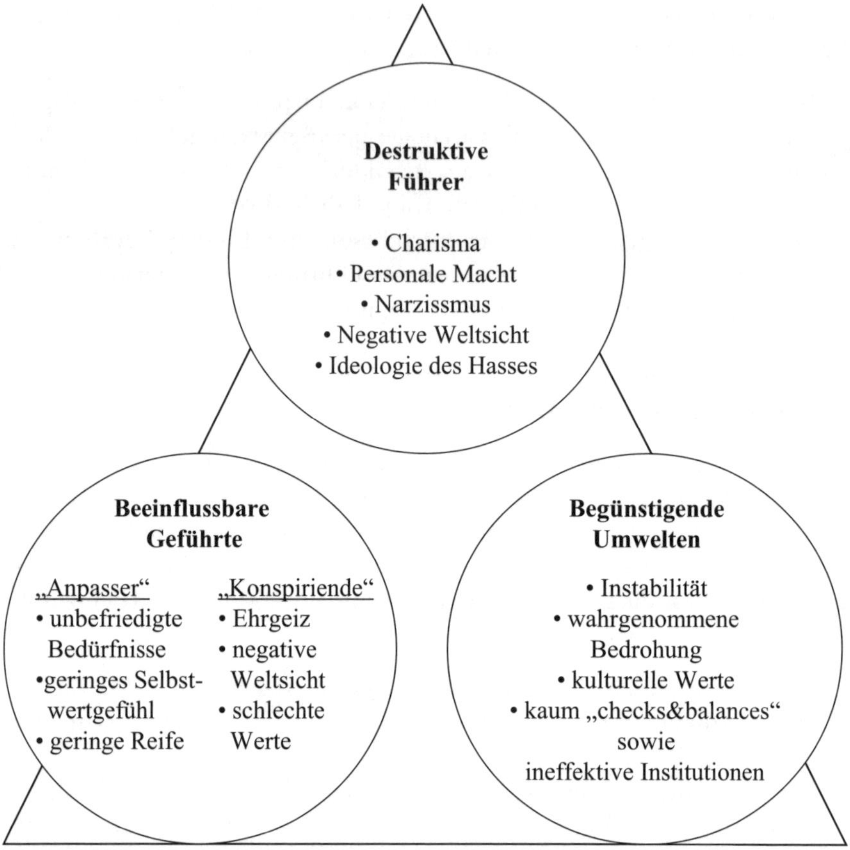

Abb. 8: Das »toxische Dreieck« der Führung (Padilla et al. 2007, S. 180)

4.1.3 »Abusive supervision« als Ausdruck ethisch fragwürdiger Führungsmittel: Der Ansatz von B. Tepper

Im Mittelpunkt des »dark side of leadership«-Ansatzes von Bennett Tepper steht ein Führungsverhalten, das er als *»abusive supervision«* bezeichnet und welches »refers to subordinates' perceptions of the extent to which supervisors engage in the *sustained display of hostile verbal and nonverbal behaviors, excluding physical contact«* (Tepper 2000, S. 178). Tepper fokussiert damit *feindselige* und *aggressive* Verhaltensweisen von Führungskräften, die sich verbal, aber auch nonverbal ausdrücken können (womit physische Übergriffe ausdrücklich von der Betrachtung ausgeschlossen sind), die von Mitarbeitern in wiederkehrender

Weise wahrgenommen werden (womit einmalige oder seltene »Ausrutscher« ebenfalls ausgeschlossen sind) und die von Seiten der Vorgesetzten gegebenenfalls auch bewusst und zweckorientiert (v. a. als Mittel der Leistungssteigerung) »eingesetzt« werden (vgl. Schreyögg 2009, S. 377). Als typische Ausdrucksformen eines feindseligen Führungsverhaltens gelten dabei insbesondere (vgl. Tepper 2000, S. 179; Tepper 2007, S. 262):

- lautes und ärgerliches Anschreien,
- öffentliche Kritik und öffentliches »zum Sündenbock« stempeln,
- öffentliches Bloßstellen und Lächerlich machen,
- taktlose und kränkende Bemerkungen,
- Herabsetzungen und Nötigungen,
- Unhöflichkeiten und Grobheiten,
- Darstellung von Leistungen und Ideen der Geführten als die eigenen.

Nach eigenen Untersuchungen geht Tepper (2007, S. 262) davon aus, dass derzeit rund 14 % der Beschäftigten in den USA von solchen feindseligen und aggressiven Verhaltensweisen ihrer Vorgesetzten betroffen sind und das *abusive supervision* deshalb durchaus als ein erstzunehmendes soziales Problem anzusehen ist. Denn derartige Führungspraktiken verweisen unmittelbar auf negative *Auswirkungen für die Geführten*, vor allem ein abnehmendes Selbstbewusstsein und Selbstwertgefühl verbunden mit zunehmenden Ängsten und Stresssituationen am Arbeitsplatz, die in Form von Kummer und Unbehagen zudem häufig auch auf das Familien- respektive Privatleben »überspringen«, dieses in Mitleidenschaft ziehen und im Endeffekt so auch die Entstehung einer Depression bzw. eines Burnout befördern können (vgl. Tepper 2000; Schreyögg 2009, S. 379 ff.). Daneben betont Tepper aber auch, dass feindseliges Führungsverhalten in aller Regel mit (langfristig) negativen *Auswirkungen für die Organisation* verbunden ist, die sich – neben einer erhöhten Fluktuation – intern an einem sinkenden commitment, einem abnehmenden extra role behavior sowie einem verstärkten Absentismus der Geführten festmachen lassen, die personale Leistung und organisationale Produktivität damit spürbar senken und – für die US-amerikanischen Unternehmen gerechnet – so letztlich Kosten in Höhe von geschätzten $ 23,8 Millionen p. a. verursachen (vgl. Tepper 2000, S. 186; Tepper 2007, S. 262).

Zu vermerken ist dabei, dass feindseliges Führungsverhalten zunächst sicherlich auf die *Person des Führenden* zurückgeführt, also beispielsweise als Folge einer narzisstischen Persönlichkeitsprägung oder auch als ein »Treten nach unten« infolge eigener Frustrationserlebnisse erklärt werden kann (vgl. Schreyögg 2009, S. 378). Da *abusive supervision* per definitionem allerdings von der *subjektiven Wahrnehmung* der Geführten abhängig ist, kann überdies aber auch die *Persönlichkeit des Geführten* ausschlaggebend dafür sein, ob ein bestimmtes Verhalten als »feindselig« oder als »angemessen« interpretiert wird (vgl. dazu ausführlich Martinko et al. 2011). Konkreter gesprochen heißt dies: Geführte, die persönlichkeitsbedingt leicht zu verletzen und eher kampfesunfähig sind und die generell »gerne« eine Opferhaltung einnehmen, werden (subjektiv) vermutlich öfter feindseliges Führungsverhalten *wahrnehmen* als anders geprägte (»stärkere«) Persönlichkeiten (vgl. Schreyögg 2009, S. 378 f.). Eine Studie von Tepper (2000, S. 181 ff.) belegt darüber hinaus, dass auch *situative Variablen* einen bedeutsamen Einfluss auf die Entstehung feindseligen Führungsverhaltens haben können. So korreliert beispielsweise eine hohe Mobilität am Arbeitsmarkt mit einer geringen Wahrnehmung feindseligen Führungsverhaltens – schlicht, weil Geführte dann (theoretisch wie praktisch) die Möglichkeit haben, diesem unerwünschten Phänomen zu »entkommen«. Umgekehrt gilt entsprechend: Je glücklicher man sich – aufgrund der Arbeitsmarktsituation – schätzen muss, einen Arbeitsplatz zu besitzen, desto schwieriger wird es fallen, diesen Arbeitsplatz aufgrund eines feindseligen Führungsverhaltens zu verlassen. »Hence, abusive supervision had broader effects on indexes of subordinates' attitudes and psychological distress when they had no viable means to escape« (Tepper 2000, S. 186).

4.1.4 »Destructive leadership behaviour« als Ausdruck ethisch fragwürdiger Führungsziele: Der Ansatz von S. Einarsen et al.

Die norwegische Forschergruppe um Stale Einarsen (vgl. Einarsen et al. 2007; Skogstad et al. 2007; Aasland et al. 2010) widmet sich der »dunklen Seite« der Führung unter dem Signum des *»destructive leadership behavior«* und definiert dieses als »the systematic and repeated behavior by a leader, supervisor or manager that violates the legitimate interest of the organization by undermining and/or sabotaging the organization's goals, tasks, resources, and effectiveness and/or the motivation, well-being or job satisfaction of his/her subordinates« (Einarsen et al. 2007, S. 207). Die Bestimmung ethisch fragwürdiger Führung erfolgt hier also – anders als bei den bisher skizzierten Ansätzen – durch eine Klärung der Frage, ob bzw. inwieweit Führungsverhalten geeignet ist, den (legitimen) *Zielen der Organisation* sowie den *Zielen der Geführten* dienlich zu sein. Einarsen et al. (2007, S. 208 ff.) bestimmen ihr Verständnis von destruktiver Führung dabei in folgenden Hinsichten näher:

- Sie verstehen ihre Definition als »all-inclusive«-Konzept, was bedeutet, dass sie *alle* Formen destruktiven Führungsverhaltens zu berücksichtigen suchen. Dieses kann, einer Definition von Buss (1961) folgend, (a) physisch und verbal, (b) aktiv und passiv, sowie (c) direkt und indirekt ausgeprägt sein. So würde destruktive Führung beispielsweise dann vorliegen, wenn Führende die von ihnen Geführten in einem Umfeld arbeiten lassen, das potenzielle Gesundheitsrisiken birgt (»physical-passive-indirect behaviour«) oder wenn Führende es versäumen, Mitarbeiter mit erforderlichen Informationen zu versorgen (»verbal-passive-indirect behaviour«) (vgl. Einarsen et al. 2007, S. 208 f.).
- Von einem destruktiven Führungsverhalten gehen sie ferner nur dann aus, wenn dieses Verhalten *systematisch* und *wiederholt* erfolgt. Ein seltener, ungerechtfertigter Wutausbruch ist somit nicht gleichbedeutend mit destruktiver Führung (vgl. Einarsen et al. 2007, S. 209).
- Destruktives Führungsverhalten bedarf gleichwohl *keiner bewussten Intention*, sondern kann auch das Ergebnis von Gedankenlosigkeit, fehlender Sensibilität oder auch geringer (z. B. sozialer) Kompetenz sein. Schlechte Führung hat so gesehen nicht zwingend mit dem – ohnehin schwer zu überprüfenden – *Willen* des Führenden als vielmehr mit den konkreten *Wirkungen* des Führungshandelns zu tun (vgl. Einarsen et al. 2007, S. 209 f.).
- Einarsen et al. spezifizieren schließlich auch die definitorisch angesprochene Kategorie der »legitimate interest of the organization« dahingehend, dass hierunter alles zu fassen ist, was jeweils als *»rightful and lawful«* gilt – was gleichsam impliziert, dass destruktives Führungsverhalten *keinen universellen Charakter* hat, sondern in unterschiedlichen Kulturen und zu unterschiedlichen Zeiten völlig anders bestimmt werden kann (vgl. Einarsen et al. 2007, S. 210 f.).

Zur differenzierten Analyse destruktiver Führung entwickeln Einarsen et al. im Weiteren ein Modell, das an das Konzept des Managerial Grid von Blake/ Mouton (1985) angelehnt ist und zwei grundlegende *Zieldimensionen der Führung* unterscheidet, nämlich geführtenorientierte sowie organisationsorientierte Verhaltensweisen, die ihrerseits jeweils positiv oder negativ ausgerichtet sein können (vgl. Einarsen et al. 2007, S. 211 ff.). Hieraus leiten die Autoren vier grundlegende Varianten des Führungsverhaltens ab (vgl. Einarsen et al. 2007, S. 212 ff.), die sie in anderen Arbeiten (Skogstad et al. 2007; Aasland et al. 2010) um eine fünfte Variante (»laissez-faire leadership behaviour«) ergänzen. Führungsverhalten kann demnach wie folgt ausgeprägt sein (vgl. Abb. 9):

- *Tyrannisches Führungsverhalten* (»tyrannical leadership behaviour«) bezeichnet ein Führungsverhalten, dass organisationale (Leistungs-)Ziele auf Kosten der Mitarbeiter(-ziele) zu erreichen sucht, dabei unter anderem Schikane, Mobbing, Demütigung und Bestrafung beinhaltet (vgl. Einarsen et al. 2007, S. 212) und in offenem Widerspruch zur »light side of leadership« steht.

- *Entgleistes Führungsverhalten* (»derailed leadership behaviour«) bezeichnet ein Führungsverhalten, das insofern völlig »entgleist« ist, als die Führung hier sowohl (z. B. aufgrund von Drohungen oder Einschüchterungen) gegen die Mitarbeiterziele als auch (z. B. aufgrund von Drückebergerei oder Absentismus) gegen die Organisationziele wirkt (vgl. Einarsen et al. 2007, S. 212 f.).
- *Unterstützend-disloyales Führungsverhalten* (»supportive-disloyal leadership behavior«) bezeichnet ein Führungsverhalten, das auf kameradschaftliche Beziehungen mit den Geführten ausgerichtet ist und im Zuge dessen die Verfolgung organisationaler Ziele vernachlässigt – wobei zu vermerken ist: »The intention of the supportive-disloyal leader may not necessarily be to harm the organization; rather he or she may be acting upon a different ›vision‹ or strategy in support of other values and goals than that of the organization, even believing that he or she acts with the organization's best interest at heart« (Einarsen et al. 2007, S. 214).
- *Laissez-faire Führungsverhalten* (»laissez-faire leadership behavior«) bezeichnet ein Führungsverhalten, das auf eine Führungskraft verweist, die zwar formal eine Führungsposition bekleidet, sich tatsächlich aber innerlich von allen Führungsverantwortungen und -verpflichtungen verabschiedet hat. Typische Ausdrucksformen eines solchen Führungsverhaltens sind die Verweigerung oder Verschiebung von Führungsentscheidungen, lediglich geringes Interesse an der Erreichung bestimmter (Erfolgs-)Ziele sowie auch eine abnehmende Verbundenheit und Kontakthäufigkeit mit den Geführten (vgl. Aasland et al. 2010, S.441).
- *Konstruktives Führungsverhalten* (»constructive leadership behaviour«) steht schließlich für ein – ideales – Führungsverhalten, bei dem die Führenden bestrebt sind, sowohl den Mitarbeitern und ihren Zielen wie auch den »legitimen« Zielen der Organisation gerecht zu werden (vgl. Einarsen et al. 2007, S. 214).

Aasland et al. (2010) zeigen in einer jüngeren empirischen Studie aus Norwegen auf, dass ihr konzeptioneller Zugriff die Vielfalt destruktiven Führungsverhaltens recht gut zu beschreiben vermag. Immerhin berichteten über 80 % der rund 2500 Befragten davon, eine der infrage stehenden Verhaltensweisen schon einmal in ihrer Organisation beobachtet zu haben; je nach Auswertungstechnik geben 35 % bis 61 % der Befragten sogar an, die verschiedenen Formen destruktiven Führungsverhaltens »des Öfteren« oder »nahezu regelmäßig« während der letzten sechs Monate beobachtet zu haben. Auch wenn das konstruktive Führungsverhalten in der Summe eindeutig dominiert, ist es vor

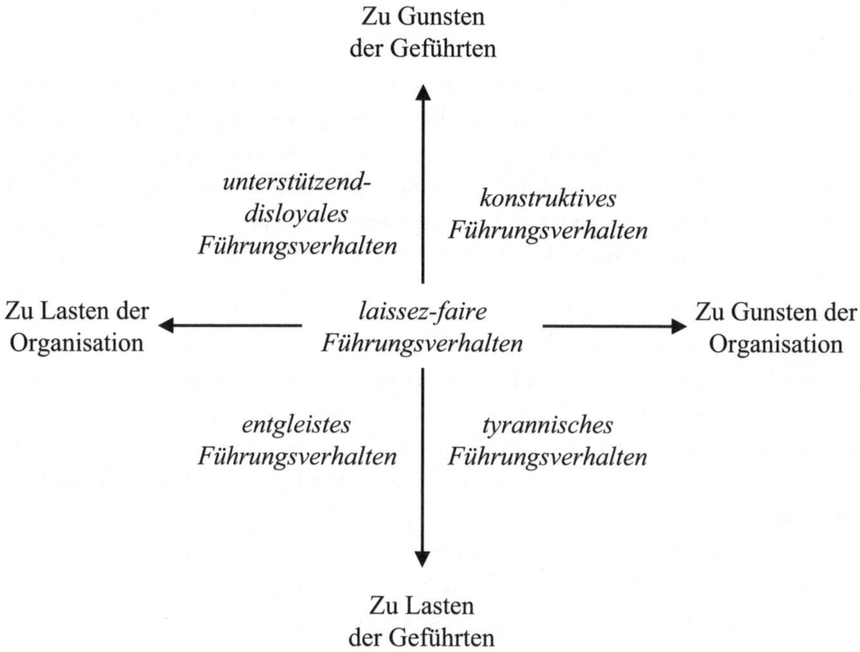

Abb. 9: Modell eines destruktiven bzw. konstruktiven Führungsverhaltens (vgl. Aasland et al. 2010, S. 440)

allem das laissez-faire Führungsverhalten, was die beobachtete Häufigkeit anführt (vgl. dazu auch Abschnitt 4.3.4). Von einer Anomalie im Führungsalltag kann im Zusammenhang mit destruktiver Führung so gesehen nicht gesprochen werden.

4.2 Entwicklung eines Bezugsrahmens zur »dunklen Seite« der Führung

> *»... what accounts for destructive leadership may be situational as well as dispositional«.*
> (Tierney/Pepper 2007, S. 172)

Auf der Grundlage der oben skizzierten Ansätze wollen wir nunmehr versuchen, die »dunkle Seite« der Führung systematisch zu erfassen und auch anschaulich abzubilden (vgl. Abb. 10). Hierzu erscheint es notwendig, zumindest zwei elementare Fragestellungen im Kontext des (Real-)Phänomens der *»dark side of leadership«* zu beantworten, nämlich erstens: Wie ist (ethisch) schlechte Führung grundsätzlich zu erklären? Wie kommt sie zustande? Welches sind die hierfür zentralen *Determinanten*? Und zweitens: Worin vergegenwärtigt sich (ethisch) schlechte Führung? Was muss vorliegen, damit berechtigterweise von schlechter Führung gesprochen werden kann? Welche zentralen *Dimensionen* hat eine schlechte Führung?

Insbesondere die Ansätze von B. Kellerman (2004) und A. Padilla et al. (2007) erscheinen uns geeignet, die erste Frage nach den *Determinanten (Bestimmungsgrößen) einer schlechten Führung* zu beantworten. Denn beide Ansätze (und hier zuvorderst sicher jener von Kellerman) erklären *bad* respektive *destructive leadership* zunächst einmal so, wie es gemeinhin und intuitiv (vom Laien) wohl auch vermutet werden würde – nämlich als Folge *schlechter Führer* bzw. als Folge von Führenden, die ganz überwiegend schlechte Eigenschaften in sich vereinen. Jenseits dessen machen beide Ansätze aber auch deutlich, dass schlechte Führung unweigerlich immer auch mit *schlechten Geführten* einhergeht, die als (passive) »Zuschauer« oder (aktive) »Mittäter« eine solche Führung evozieren, zumindest jedoch tolerieren. Und schließlich ist es der Ansatz von Padilla et al., der eine dritte – und in ihrer Bedeutung unseres Erachtens kaum zu unterschätzende – Bestimmungsgröße schlechter Führung herausstellt, nämlich die *»schlechte« Situation*. Mit Blick auf die zweite Frage nach den *Dimensionen (Ausdrucksformen) einer schlechten Führung* erscheinen uns vor allem die Ansätze von Tepper (2000, 2007) und Einarsen et al. (2007) aufschlussreich. Teppers' *abusive supervision* macht diesbezüglich deutlich, dass die Art und Weise, wie geführt wird – gleichsam die *Führungsmittel* – mehr oder minder *menschenunwürdig* und damit ethisch fragwürdig oder gar unzulässig (illegitim) sein können. Einarsen et al. stellen demgegenüber heraus, dass natürlich auch das »Wohin« der Führung – gleichsam das *Führungsziel* – ethische Relevanz besitzt und insofern »richtig« (legitim bzw. legitimierbar) sein muss. Eine Führung, die eine *Vermittlung* zwischen den je spezifischen Zielen des Führenden, der Geführten sowie auch den »übergeordneten« Zielen der Organisation und der Gemeinschaft als Ganzes systematisch *verfehlt*, indem sie Ziele der einen (z. B. des Führers und/oder der Organisation) *»auf Kosten«* der Ziele der anderen (z. B. der Mitarbeiter und/oder der Gemeinschaft) zu verwirklichen sucht, wird schwerlich als ethisch unproblematisch zu bewerten sein. *Schlechte Ziele* (»bad ends«) und *schlechte Mittel* (»bad means«) sind somit die wesentlichen Dimensionen schlechter Führung (vgl. dazu auch Nielsen 1991).

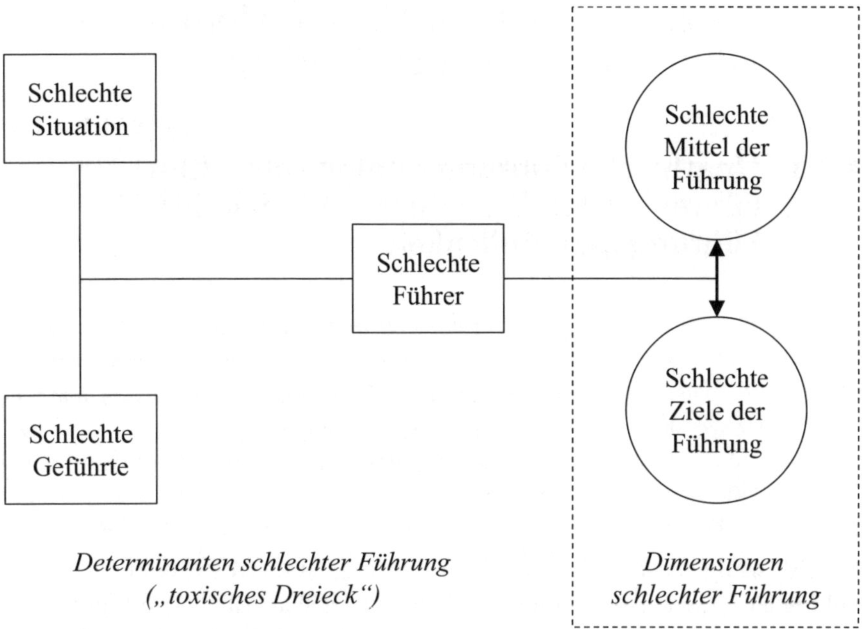

Abb. 10: Determinanten und Dimensionen der »dunklen Seite« der Führung – ein Bezugsrahmen

So hilfreich die obigen Ansätze zur Entwicklung unseres Bezugsrahmens waren, so ergänzungsbedürftig erscheinen sie allerdings auch – zumindest dann, wenn man die zwischenzeitlich durchaus beachtliche Vielfalt der Diskussion über die »dunkle Seite« der Führung zu Grunde legt. In Anbetracht dessen wollen wir die unterschiedenen Determinanten und Dimensionen schlechter Führung im Folgenden nochmals Punkt für Punkt mit relevanten Erkenntnissen der wissenschaftlichen Diskussion dieser Thematik anreichern, um so schließlich zu einer fundierten Gesamtwürdigung der »dark side of leadership« zu kommen (Abschnitt 4.4), die im Weiteren dann als Grundlage für die Reflexion einer ethischen Führung dienen kann (Kapitel 5).

4.3 Determinanten und Dimensionen der »dunklen Seite« der Führung

4.3.1 Unethische Führung infolge schlechter Führer – oder: Die »dunkle Triade« der Führungspersönlichkeit

> *»Of the offensive yet non-pathological personalities in the literature, three are especially prominent: Machiavellianism, subclinical narcissism, and subclinical psychopathy.«*
> (Paulhus/Williams 2002, S. 556)

Die Erklärung der »dunklen Seite« der Führung durch eine »dunkle Seite« der Führenden ist, wie bereits angesprochen, unmittelbar naheliegend und überaus weit verbreitet. Dieser Konnex hat dabei ohne Zweifel auch eine beachtliche Erklärungskraft und kann insgesamt als prägend für die einschlägige Diskussion über die »dark side of leadership« erachtet werden. Im Unterschied zu Kellerman (2004, S.51 ff.), die ihr »bad leadership« mit eher speziellen (Negativ-)Eigenschaften der Führenden in Verbindung bringt (z. B. Unbeweglichkeit, Engstirnigkeit, Unbeherrschtheit), fokussiert die Mehrheit der Diskussionsbeiträge drei deutlich andere Charakter- und Verhaltensprägungen, die Paulhus/Williams (2002) pointiert als *»dark triad of personality«* bezeichnen und die regelmäßig mit mächtigen Politiker bzw. erfolgreichen Unternehmensführern in Verbindung gebracht werden. Es sind dies der (subklinische) *Narzissmus*, die (subklinische) *Psychopathie* sowie der sogenannte *Machiavellismus*. Diese Facetten der »dunkle Seite« der (Führungs-)Persönlichkeit werden immer wieder – sei es in wissenschaftlichen Studien, sei es in populärwissenschaftlichen Managementbestsellern – als entscheidende Ursache für massive »Entgleisungen« in der Führung (vgl. Harms et al. 2011, S. 495) oder für den »ganz alltäglichen Wahnsinn« in Organisationen (vgl. Dammann 2007, S. 13) angeführt. Wir wollen diese Trias deshalb im Folgenden näher betrachten.

Narzissmus

Der Begriff des Narzissmus findet seinen Ursprung in der griechischen Mythologie, der gemäß der Jüngling Narziss sich aus Stolz der Liebe der Nymphe Echo entzog und als Strafe hierfür immerfort selbstverliebt sein eigenes Spiegelbild im Wasser betrachten musste – solange, bis er darüber verging und sich in eine Narzisse verwandelte. Seine moderne Bedeutung erhält der Begriff allerdings eher aus der Freudschen Psychoanalyse (vgl. dazu Rotmann 2000), die sich mit unbewussten, in der Regel kindheitsbezogenen psychischen Vorgängen auseinandersetzt und unter *Narzissmus* allgemein die *»Konzentration des seelischen Interesses auf das eigene Selbst«* (Dammann 2007, S. 37) versteht. Entgegen der landläufigen Meinung ist Narzissmus dabei zunächst einmal »kein Unwort« (vgl. Volkan 2006, S. 225), da die Konzentration auf das eigene Selbst nicht per se als schlecht, sondern vielmehr – im rechten Maß – als sinnvoll, wünschenswert und für ein gutes Leben nachgerade unverzichtbar erscheint. So gesehen gibt es einen zweifellos positiven, produktiven und normativen Narzissmus[7], der allerdings klar von einem negativen, pathologischen und potenziell destruktiven Narzissmus zu unterscheiden ist (vgl. Dammann 2007, S. 10).

Die Rede vom Narzissmus als »dunkle« Eigenschaft macht mithin eine Abgrenzung zum sozusagen »hellen« Narzissmus erforderlich, die bis dato auf recht verschiedenartige Weise versucht wird. So geht Dammann (2007, S. 18) ganz allgemein von einem *Kontinuum* aus, das von positiven bis zu destruktiven Formen des Narzissmus reicht und auf dem sich gewissermaßen jeder Mensch befindet (oder bewegt). Einen »klaren Schnitt« bevorzugt dagegen Lubit (2002, S. 128 ff.), der mit einem »gesunden Narzissmus« und einem »destruktiven Narzissmus« zwei eindeutige *Kategorien* unterscheidet. Kets de Vries/Miller (1985, S. 588 ff.) ihrerseits definieren drei *Idealtypen* des Narzissmus, nämlich den reaktiven, den selbstbetrügerischen und den konstruktiven Narzissmus, die sie jeweils auf frühe Kindheitserfahrungen zurückführen (z. B. »reaktiver Narzissmus« als Folge unbefriedigter Anerkennungsbedürfnisse während der Kindheit, die im Erwachsenenalter kontinuierlicher Kompensation bedürfen; »selbstbetrügerischer Narzissmus« als Folge einer Erziehung, die Kindern vermittelt, dass sie – völlig ungeachtet ihres jeweiligen Fehl-/Verhaltens – in jedem Falle perfekt und absolut liebenswert seien). Von herausragender Bedeutung bei der konkreten Bestimmung eines destruktiven Narzissmus dürfte vor allem jedoch ein *Kriterienkatalog* der American Psychiatric Association (2000) sein, der besagt, dass von einer narzisstischen Persönlichkeitsstö-

7 Ein solcher Narzissmus bewirkt im Führungskontext beispielsweise, dass »ein ›gesunder‹ Führer nicht darauf angewiesen ist, von allen Mitarbeitern vorbehaltlos ›geliebt‹ zu werden (…). Er kann ein gewisses Maß an Aggression gegen ihn tolerieren, ohne sich übermäßig beunruhigen zu lassen« (Kernberg, zit. nach Dammann 2007, S. 30). Vgl. zur »hellen Seite« des Narzissmus auch Kets de Vries/Miller 1985, S. 598; Lubit 2002, S. 1288 ff.

rung dann auszugehen ist, wenn mindestens fünf der neun folgenden Diagnosekriterien zu beobachten sind (Abb. 11):

	Kriterium
1.	Großartige Gefühle der Selbstherrlichkeit
2.	Vertiefung in Phantasien grenzenloser Macht und grenzenloser Erfolge
3.	Glaube an einen ‚speziellen' und einzigartigen Status der eigenen Person (inklusive einer Fixierung auf den Umgang mit hochgestellten Personen oder Institutionen)
4.	Bedürfnis nach grenzenloser Bewunderung
5.	Irrationale Annahme und Erwartung besonderer Rechte und Befugnisse
6.	Ausbeutung anderer Personen
7.	Fehlendes Einfühlungsvermögen
8.	Neid
9.	Arrogante Verhaltensweisen und Einstellungen

Abb. 11: Zusammenfassung diagnostischer Kriterien zur Bestimmung eines pathologischen Narzissmus (American Psychiatric Association 2000)

In enger Korrespondenz bestimmen Rosenthal/Pittinsky (2006, S. 619 ff.) die folgenden psychologischen und verhaltensrelevanten Merkmale einer narzisstisch »dunklen« Persönlichkeit:

- *Arroganz*, die üblicherweise als das hervorstechendste Merkmal narzisstischer Personen gilt;
- *Minderwertigkeitsgefühle*, welche die innere Gefühlslage des Narzissten dauerhaft beherrschen und vermittels ostentativer Arroganz und Selbstgefälligkeit sowie herablassender Verhaltensweisen gegenüber anderen kompensiert werden sollen;
- übersteigertes *Bedürfnis nach Anerkennung und Überlegenheit*, das ständig und immer aufs Neue zu befriedigen gesucht wird;
- *Überempfindlichkeit*, welche insbesondere in Situationen, in denen die eigene Überlegenheit von anderen in Frage gestellt wird, zu unkontrollierten Wutausbrüchen sowie auch nachhaltigen Wünschen nach Rache und Vergeltung führt;
- *fehlende Empathie*, das heißt eine weitgehende Unfähigkeit die Sicht anderer zu verstehen, woraus eine egozentrische Sicht der Dinge resultiert;
- *Amoralität*, die sich insbesondere in der Bereitschaft äußert, gegenüber wahrgenommenen Feinden, aber auch gegenüber vermeintlich unfähigen oder illoyalen Gefolgsleuten, auf rücksichtslose und mitunter brutale Weise zu agieren;

- *Irrationalität* und *Inflexibilität*, die bewirkt, dass Narzissten unfähig oder unwillig sind, subjektiv unpassende oder unangenehme Wahrheiten anzuerkennen bzw. sich in einer situativ angepassten Weise zu verhalten;
- *Paranoia*, die sich häufig darin äußert, dass narzisstische Personen auch und gerade ihre loyalsten Gefolgsleute als Feinde wahrnehmen, ihnen misstrauen, sie zurückweisen und sie gegebenenfalls sogar zu vernichten suchen.

Diese Merkmale verdeutlichen, dass Narzissmus seine »dunkle« respektive destruktive Wirkung insbesondere natürlich in *sozialen Beziehungen* entfaltet. Pathologisch wird Narzissmus hier im Grunde dann, wenn die Konzentration auf das eigene Selbst auch die Beziehung zu anderen Menschen dominiert (vgl. Dammann 2007, S. 37), das Individuum gleichsam von einer *»pathological preoccupation with himself«* (Maccoby 2000, S. 70) beherrscht ist. Typische Folgewirkungen dessen sind dann beispielsweise ein ständiger Vergleich mit anderen, ein starkes Bedürfnis nach Bestätigung von anderen, Neid auf andere, Entwertung von anderen (»alles Idioten«), das Kleinreden von Leistungen anderer bzw. das Beanspruchen von Verdiensten anderer für sich selbst (vgl. Dammann 2007, S. 37 f.). So gesehen ist der pathologische Narzissmus, wie Wirth (2006, S. 162) treffend bemerkt, wesentlich dadurch gekennzeichnet, »dass andere Menschen (…) funktionalisiert werden, um das eigene Selbstwertgefühl zu stabilisieren.« Krankhafte Narzissten befinden sich damit letztlich in einem (potenziell) fortwährenden Wechselbad der Gefühle, dass zwischen *Grandiositätsgefühlen* einerseits und *Minderwertigkeitsgefühlen* andererseits schwankt (Dammann 2007, S. 37, 47) – wobei erste natürlicherweise die erstrebenswerten, letztere die zu vermeidenden Gefühle darstellen. Seinen *emotionalen Idealzustand* erreicht der pathologische Narzisst folglich dann, wenn er *selbst überaus erfolgreich* ist, während gleichzeitig *alle anderen versagen* (vgl. Dammann 2007, S. 44). Dieser Idealzustand steht möglicherweise in einiger Nähe zum wiederholt beobachteten Realphänomen, dass Vorstände großer Unternehmen *Rekordgewinne* vermelden, die sie (alleine) erwirtschaftet haben (und für die man berechtigterweise *Rekordvergütungen* erwarten darf), und bei gleicher Gelegenheit auch *Massenentlassungen* (von all den vielen, die vermeintlich nichts zum Erfolg beigetragen haben und noch höheren Erfolgen eigentlich nur im Wege stehen) ankündigen. In Entsprechung dessen vermutet Dammann (2007, S. 87): »Möglicherweise können narzisstisch akzentuierte Persönlichkeiten den im Grunde konfliktbehafteten Spagat zwischen ethischen Prinzipien und höheren Profiten besser von sich fernhalten und (…) sogar den von Grandiosität zeugenden Anspruch erheben, dass selbst ungeheuer hohe Lohnsummen ihrer Leistung angemessen sind.«

Die *soziale Problematik* (und *Zerstörungskraft*) des Narzissmus steigt dabei denknotwendig in dem Maße, in dem pathologische Narzissten besondere *(Führungs-)Macht* erlangen. Hier gilt quasi die »Faustformel«: »The higher they are in an organization, the more power and opportunity they have to do harm« (Lubit 2002, S. 135). Als ganz alltägliche Beispiele für sozial destruktive Verhaltensweisen von narzisstisch geprägten Führungskräften gelten dabei (vgl. Dammann 2007, S. 38; Lubit 2002, S. 135 f.):

- als Witze getarnte Beleidigungen,
- öffentliche Demütigungen,
- ständig beißende Ironie,
- rüdes Unterbrechen anderer,
- Ignorieren bestimmter Personen bei Sitzungen,
- Verletzung der Privatsphäre.[8]

Diese Beispiele lassen bereits erkennen, worin die zentrale *führungsethische Problematik* des pathologischen Narzissmus besteht – nämlich in dem Umstand, dass solche Personen als Führer und Manager »allein durch ihr egoistisches Bedürfnis nach Bewunderung und Macht motiviert werden und weniger durch eine emphatische Verbundenheit mit der Organisation und den Menschen, die sie führen« (Dammann 2007, S. 93; vgl. i. d. S. auch Rosenthal/Pittinsky 2006, S. 629). Narzissmus kann aufgrund seiner egozentrischen und egoistischen Grundtendenz in der organisationalen Führung so gesehen bewirken, dass Führende nicht nur die Interessen und Bedürfnisse der Geführten vollständig missachten, sondern zudem auch ihre Leistungsverpflichtung gegenüber der Organisation weitgehend vernachlässigen (vgl. Kets de Vries 1998, S. 50 f.). Narzisstische Führer verspüren somit weder eine (geführtenbezogene) *Humanverantwortung* noch eine (organisations-bezogene) *Erfolgsverantwortung* (vgl. Abb. 1), sondern sehen sich letztendlich nur gegenüber dem Ausweis ihrer ganz persönlichen Grandiosität in der Pflicht.

Vor diesem Hintergrund sollte man nun annehmen, dass pathologische Narzissten lediglich in seltenen Ausnahmefällen einmal in gehobene Führungspositionen aufsteigen – sind sie doch *weder ethisch noch effizient* und insofern geradezu das Gegenteil dessen, was die »light side of leadership« in Aussicht stellt (vgl. Kapitel 3). Tatsächlich ist – auch und gerade pathologischer – Narzissmus jedoch eher als ein »Karriere-Treiber« einzustufen, denn Narzissten sind, kurz gesprochen, »charming and charismatic, at least for a time« (McFar-

8 Man beachte die Nähe dieser Verhaltensweisen zu den prototypischen Ausdrucksformen des »feindseligen Führungsverhalten« (*abusive supervision*; vgl. Abschnitt 4.1.3).

lin/Sweeney 2010, S. 247). Etwas ausführlicher gesprochen können insbesondere folgende karriereförderliche Merkmale narzisstischer Persönlichkeiten bestimmt werden (vgl. Abb. 12):

- oberflächlicher Charme,
- übersteigertes Selbstwertgefühl,
- Tendenz, sich zu überschätzen,
- charismatische Eigenschaften,
- suchtartiges Arbeitsverhalten,
- Fähigkeit, andere zu lenken, zu beeinflussen oder zu manipulieren,
- Fähigkeit, leicht zu lügen,
- Risikofreudigkeit,
- Verweigerung der Verantwortung für eigenes Verhalten,
- große innere „Flexibilität" aufgrund mangelhafter tatsächlicher Bindung und Identität.

Abb. 12: Karriereförderliche Merkmale narzisstischer Persönlichkeiten (auf der Grundlage von: Dammann 2007, S. 40)

Dieser Zusammenhang ist durch empirische Untersuchungen gut bestätigt. So zeigt eine Studie von Nevicka et al. (2011), dass »narcissistic individuals (…) are particulary skilled at radiating an image of a prototypically effective leader«, weshalb entsprechende Personen in Gruppenkontexten überdurchschnittlich häufig in Führungspositionen aufsteigen. In diesen Positionen sind Narzissten dann allerdings alles andere als effektive Führer; vielmehr zeitigen sie aufgrund ihrer zerstörerischen Verhaltensweisen signifikant negative Wirkungen auf die Gruppenleistung – ein Befund, den Nevicka et al. (2011, S. 1259) mit den Worten kommentieren: »perceptions and realities can be at odds«. In vergleichbarer Weise belegt eine Studie von Lubit (2002, S. 127), dass destruktiver Narzissmus »can simultaneously facilitate the rise of managers to positions of power and do significant damage to the organizations they work for.«

Das Bestreben von Organisationen muss es so gesehen – *paradoxerweise* – sein, genau jene Personen von Führungspositionen fern zu halten, die sich nach gängigen Vorstellungen gerade hierfür besonders eignen! Dass dieses Unterfangen kein leichtes sein dürfte, sollte unmittelbar klar sein. Damit es zumindest ansatzweise gelingen kann, erscheint es erforderlich, auch und gerade die *Rolle der Geführten* sowie die Bedeutung *situativer Rahmenbedingungen* für die Entstehung schlechter Führung näher zu betrachten, was wir an anderer Stelle tun wollen (vgl. Abschnitte 4.3.2 und 4.3.3). Einstweilen ist mit Blick auf die

Bedeutung und Verbreitung narzisstischer Persönlichkeiten in Wirtschaft und Gesellschaft mit Post (1993, S. 99) davon auszugehen: »It is probably not an exaggeration to state that if individuals with significant narcissistic characteristics were stripped from the ranks of public figures, the ranks would be perilously thinned«.

Psychopathie

Unter Psychopathie versteht man ganz allgemein eine *antisoziale Persönlichkeitsstörung*, die »durch eine ausgewählte Kombination von Verhaltensweisen und daraus gefolgerten Charaktereigenschaften definiert wird« (Hare 2005, S. ix). Eine gute Annäherung an die typischen Verhaltensweisen und Eigenschaften eines Psychopathen ermöglicht Robert Hare (2005), der seinem Buch über die »Psychopathen unter uns« bezeichnenderweise den Titel *»Gewissenlos«* gibt und hier eingangs festschreibt: »Zusammengesetzt ergeben die Einzelteile des Puzzles das Bild einer egozentrischen, gefühllosen und brutalen Persönlichkeit ohne jegliches Mitgefühl, unfähig, warmherzige Gefühlsbindungen einzugehen, eines Menschen, der ohne die Instanz des Gewissens ›funktioniert‹. Man muss feststellen, dass in diesem Bild genau jene Qualitäten fehlen, die es uns ermöglichen, in gesellschaftlicher Harmonie zusammenzuleben« (Hare 2005, S. 2). Für die USA geht Hare dabei von einer Zahl von bis zu zwei Millionen Psychopathen aus, wovon er allein in New York City 100.000 vermutet (Hare 2005, S. 2). Eine Studie von Babiak/Hare (2007) ergab überdies, dass der Anteil von Psychopathen bei oberen Führungskräften (»high-potential executives«) um das Dreieinhalbfache über dem gesellschaftlichen Durchschnitt liegt (vgl. dazu auch Gilbert et al. 2012, S. 33). Psychopathen als gesellschaftsfeindliche Persönlichkeiten sind dabei im Wesentlichen durch folgende Charaktereigenschaften bestimmbar (vgl. Dammann 2007, S. 93 ff.; Paulhus/Williams 2002; Hare 2005): Selbstbezogenheit, Unberechenbarkeit, Skrupellosigkeit, Emotionslosigkeit, Treulosigkeit, Verantwortungslosigkeit, Gewissenlosigkeit, Furchtlosigkeit, hohe Risikobereitschaft, Freude am Schikanieren anderer, sowie – nicht zuletzt – kriminelle Energie. Babiak/Hare (2007) differenzieren die verhaltensbestimmenden Eigenschaften des Psychopathen überdies im Hinblick auf vier verschiedenen Sphären (»domains«) und entwickeln auf diese Weise die folgende »Screening Checkliste« der Psychopathie (Abb. 13):

Stellt man den Narzissten und den Psychopathen vergleichend nebeneinander, so zeigt sich eine zweifellos große Nähe zwischen den Psychogrammen (vgl. i. d. S. Paulhus/Williams 2002, S. 560 ff.; Babiak/Hare 2007, S. 40 f.). Mit Blick auf die überlappenden Eigenschaften heißt dies, dass beide »dark side«-

Zwischenmenschliche Sphäre

Die Person ist:
• oberflächlich
• eindrucksvoll
• hinterlistig

Emotionale Sphäre

Die Person ist:
• gewissenlos
• gefühllos
• verantwortungslos

Sphäre der Lebenseinstellungen

Die Person ist:
• impulsiv
• ziellos
• verantwortungslos

Gesellschaftsfeindliche Sphäre

Die Person ist:
• unkontrolliert
• pubertär
• asozial

Abb. 13: Sphären und Eigenschaften von Psychopathen (Babiak/Hare 2007, S. 27)

Protagonisten als überaus selbstbezogen, emotionslos gegenüber anderen, manipulativ und opportunistisch sowie auch sozial verantwortungslos zu charakterisieren sind. Ähnlichkeiten besteht überdies aber auch in organisationalen Kontexten dahingehend, dass Psychopathen ebenso wie Narzissten:

- aufgrund ihres dominanten Charakters und ihrer manipulativen Fähigkeiten dem *Stereotyp des effektiven Leader* weitgehend entsprechen; deshalb sowie auch
- aufgrund ihres charmanten, eloquenten sowie charismatischen Auftretens leichthin in *Führungspositionen* aufsteigen, um
- in Führungspositionen dann *zerstörerische Wirkungen* zu entfalten, die im Allgemeinen sowohl zu Lasten der Geführten wie auch zu Lasten der Organisation gehen (vgl. Babiak/Hare 2007, S. x f.).

Obwohl ähnlich, sind Narzissten und Psychopathen allerdings auch nicht gleich, was sich im Führungskontext insbesondere an folgenden Aspekten festmachen lässt:

- Narzissten sind aufgrund ihrer Charakterprägung (Wunsch nach Anerkennung) stark in ihren Verhaltensweisen festgelegt; der Psychopath verfügt demgegenüber über mehr Möglichkeiten, sein Verhalten anzupassen, sprich: sein Verhaltensrepertoire ist wesentlich »flexibler« (vgl. Babiak/Hare 2007, S. 40 f.);
- Narzissten intendieren keine zerstörerischen Wirkungen, vielmehr ergeben sich diese erst mittelbar aus deren Bedürfnis nach sozialer Anerkennung

(z. B. Zerstörung all jener, die ihnen diese Anerkennung verweigern); Psychopathen sind dagegen unmittelbar antisozial, *wollen* so gesehen *zerstören* – und sind für Organisationen (und deren Mitarbeiter) damit letztlich vermutlich (noch) gefährlicher! (vgl. Paulhus/Williams 2002, S. 561).

Machiavellismus

Der Begriff des Machiavellismus geht zurück auf den italienischen Philosophen, Politiker und Dichter Niccolò Machiavelli (1469-1527) und dessen zentrale Schrift »Il Principe«/ »Der Fürst« (1990), aus dem Jahre 1513. Machiavellismus vergegenwärtigt zweifellos einen bis heute überaus schillernden, dabei stets allerdings auch sehr negativ besetzten Begriff (vgl. Gable/Topol 1991, S. 355), der regelmäßig auf politische Kontexte (Stichwort: Macht- oder »Realpolitik«) sowie auch auf interpersonale Führungsbeziehungen bezogen wird (vgl. dazu Harris 2010). Wir wollen den Machiavellismus hier zunächst in der Weise etwas auf den Grund leuchten, indem wir Machiavelli selbst kurz, aber auch prägnant und exemplarisch zu Wort kommen lassen. So findet sich in »Der Fürst« folgende, unseres Erachtens sehr charakteristische Aussage: »... die Art, wie man lebt, ist so verschieden von der Art, wie man Leben sollte, dass, wer sich nach dieser richtet statt nach jener, sich eher ins Verderben stürzt, als für seine Erhaltung sorgt; denn ein Mensch, der in allen Dingen nur das Gute tun will, muss unter so *vielen, die das Schlechte tun,* notwendig zugrunde gehen« (Machiavelli 1990, S. 78; H. d.V.). Mit Blick auf Führende (hier: Fürsten) schlussfolgert Machiavelli hieraus: »Daher muss ein Fürst, der *sich behaupten* will, *imstande sein, schlecht zu handeln,* wenn die Notwendigkeit es erfordert« (Machiavelli 1990, S. 78; H. d.V.). Wer dies beherzigt und befolgt, der wird, so Machiavelli, nicht untergehen, sondern *»Sicherheit und Wohlbefinden«* erlangen (vgl. Machiavelli 1990, S. 79; H. d.V.).

Dieses kurze Zitat erscheint uns angetan, das Wesen des Machiavellismus annäherungsweise zu verdeutlichen, und überdies vielleicht auch geeignet, dessen *wichtigste Merkmale* (vgl. Abb. 14) zu erkennen, die sich im Einzelnen wie folgt bestimmen lassen (vgl. Dahling et al. 2009, S. 227 ff.; sowie grundlegend Christie/Geis 1970):

- *Bedürfnis nach Status:* Der Machiavellist verfolgt eine strikte Maximierung seines eigenen Nutzens (*»Sicherheit und Wohlbefinden«*); er ist damit gleichzusetzen mit einem »reinen« Egoisten bzw. »Egomanen« (vgl. Dammann 2007). Von Nutzen sind ihm dabei weniger immateriell bzw. intrinsisch dimensionierte Zielverwirklichungen (z. B. Selbstentwicklung oder Selbstbestätigung), sondern vielmehr materielle und extrinsische Erfolgsausweise, sprich: Reichtum, Macht und Status! Zentrales Handlungsmotiv für den

Machiavellisten ist damit »a desire to accumulate external indicators of success« (Dahling et al. 2009, S. 228).

- *Misstrauen gegenüber anderen*: Der Machiavellist erlebt sich dabei als Einzelner (Einzelkämpfer) unter *»vielen, die das Schlechte tun«*, zeichnet sich folglich durch ein stark negatives Menschenbild[9] aus und lebt mithin in ständiger Sorge vor den negativen Auswirkungen, die das Vorteilsstreben der anderen auf sein eigenes Vorteilsstreben haben kann.
- *Bedürfnis nach Kontrolle*: Da der Machiavellist sich von anderen bedroht fühlt, muss er *sich* stets *behaupten*, indem er soziale Beziehungen dominiert, wozu er eigene Macht zu maximieren und die Macht der anderen (über ihn) zu minimieren sucht.
- *Unmoralische Manipulation*: In seinem Streben nach sozialer Dominanz und Macht über andere ist dem Machiavellisten jedes – ethische *und* unethische – Mittel recht. Er ist so gesehen »moralisch flexibel« (vgl. Dahling 2009, S. 227) und damit gleichsam immer *imstande, schlecht* (gegenüber anderen) *zu handeln*, wenn es gut für ihn ist. In diesem Zusammenhang wird vor allem die Fähigkeit des Machiavellisten zur Manipulation anderer herausgestellt, die sich auch und gerade auf (unmoralische) Verhaltensweisen wie lügen, betrügen, täuschen, stehlen, u. Ä. m. stützt (vgl. Christie 1970, S. 3; Gable/Topol 1991, S. 355; Dahling et al. 2009, S. 228). Die ethische Bedenklichkeit des Machiavellismus fußt somit auf der Bereitschaft des Machiavellisten, moralische Verhaltensstandards im Bedarfsfalle zu verletzten und auf der (damit verbundenen) Fähigkeit, auf manipulative Weise eigene Vorteile auf Kosten von anderen zu erreichen (vgl. Dahling 2009, S. 228).

Als Führender in Organisationen ist der Machiavellist dementsprechend dadurch gekennzeichnet, dass er – auf der Basis seines individuellen Nutzenkalküls – absolut flexibel (re-)agieren kann, also recht problemlos zwischen kooperativen und manipulativen Verhaltensweisen (vgl. Dahling et al. 2009, S. 228) bzw. zwischen direktiven und partizipativen Führungspraktiken (vgl. Drory/Gluskinos 1980, S. 85) zu changieren weiß. Ist die Aufgabe also beispielsweise einfach und überschaubar für ihn, so neigt der Machiavellist zu klaren Anweisungen; ist die Aufgabe dagegen komplex und ohne die Kompetenzen der Geführten nicht effektiv zu bewältigen, so sucht der Machiavellist die Unterstützung der Gruppe (vgl. Drory/Gluskinos 1980). Der Vergleich zwischen stark machiavellistischen Persönlichkeiten (»high Machs«) und wenig machiavellistischen Persönlichkeiten (»low Machs«) zeigt überdies,

9 »Denn man kann von den Menschen insgemein sagen, dass sie undankbar, wankelmütig, falsch, feig in Gefahren und gewinnsüchtig sind« (Machiavelli 1990, S. 83).

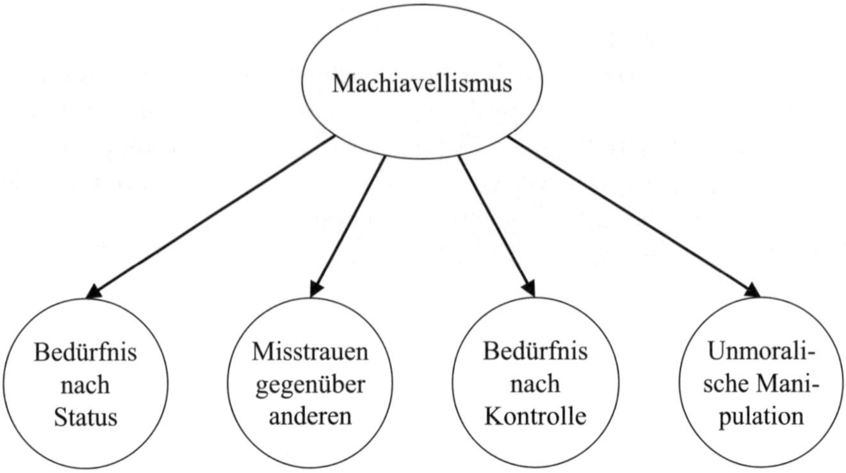

Abb. 14: Charakteristika des Machiavellismus (Dahling et al. 2009, S. 229)

dass »high Machs« signifikant häufiger in Führungspositionen aufsteigen und dort auch bessere Leistungsergebnisse erzielen als »low Machs« (vgl. Drory/Gluskinos 1980, S. 81).

Lässt man diese kurzen Ausführungen für einen Moment auf sich wirken – dann erscheint der Machiavellist manchem vielleicht als ein »alter Bekannter«, und dies womöglich gleich in zweierlei Hinsichten:

- Erstens: Wenn der Machiavellist für eine Persönlichkeit steht, die aufgrund ihrer Fähigkeit zur »successful manipulation« in der Lage ist, »getting someone to do something he wouldn't otherwise have done« (Geis 1970, S. 106), dann ist der Machiavellist nahezu identisch mit einem *effektiven Führer*! Die einzige Abweichung zur gängigen Vorstellung vom idealen Führer (vgl. Kapitel 3) wäre dann, dass der machiavellistische Führer eben nicht durch und durch moralisch gut (»light side of leadership«), sondern als »dark side«-Protagonist moralisch komplett »flexibel« – aber eben deshalb erfolgreich – ist!
- Zweitens: Wenn der Machiavellist für ein Individuum steht, dass ausschließlich eine Maximierung seines Eigennutzes anstrebt und zu diesem Zwecke alle Formen opportunistischen Verhaltens nutzt, dann ist der Machiavellist praktisch identisch mit dem *homo oeconomicus*, dem Menschenbild der ökonomischen Theorie. Unter Bezugnahme auf die (ökonomische) Principal-Agent-Theory (vgl. Jensen/Meckling 1976) könnte dann davon ausgegangen werden, dass der »Prinzipal« – die Organisation – sich die Füh-

rungsfähigkeiten des machiavellistischen (manipulativen, aber effektiven) »Agenten« dadurch sichert, indem die Interessen beider »Partner« aufeinander bezogen werden, beispielsweise durch leistungsorientierte Vergütungssysteme.

Folgt man diesen Überlegungen, dann stellt der (»dunkle«) Machiavellist für die Organisation und ihre Erfolgsziele eher eine Chance (auf Erhöhung der Führungseffizienz) denn eine Bedrohung dar. Die Gefahren, die aus einer machiavellistischen Führung resultieren, beziehen sich folglich mehr bzw. ausschließlich auf die Geführten. In diesem Sinne definierte Calhoon (1969, S. 211; H. d.V.) vor bereits längerer Zeit den »Machiavellian administrator« als jemanden, »who employs aggressive, manipulative, exploiting, and devious moves in order to achieve *personal and organizational* objectives.«

Die »dunkle Triade« der (Führungs-)Persönlichkeit: ein Fazit

Narzissten, Psychopathen und Machiavellisten sind sich, wie unsere Ausführungen verdeutlichen sollten, zweifellos *ähnlich*; allerdings: Sie sind sicherlich auch *nicht gleich*! Den Bereich ihrer Gemeinsamkeit bestimmen Paulhus/Williams (2002, S. 557) wohl treffend, wenn sie davon ausgehen: »... all three entail a socially malevolent character with behavior tendencies toward self-promotion, emotional coldness, duplicity, and aggressiveness«. Die Unterschiede lassen sich unseres Erachtens gleichwohl daran festmachen, dass für jeden Typus tatsächlich andere charakterliche (und verhaltensbestimmende) Grunddispositionen auszumachen sind: So speist sich der Narzissmus aus dem Prinzip der uneingeschränkten *Eigenliebe*, während der Machiavellismus dem Prinzip des grenzenlosen *Eigeninteresses* frönt, und die Psychopathie schließlich dem Prinzip einer grundlegenden *Gesellschaftsfeindlichkeit* unterliegt (vgl. Abb. 15). Diese These von der Unterschiedlichkeit der »dunklen« Führungspersönlichkeiten, aber auch unsere Annahme von einer besonderen Nähe zwischen Narzissten und Psychopathen wird von einer Studie von Paulhus/Williams gestützt, die Bezüge innerhalb der *»dark triad of personality«* untersuchen (vgl. Abb. 15) und dabei grundlegend »overlapping but distinct constructs« (Paulhus/Williams 2002, S. 556) erkennen. Im Besonderen weist die Studie einen hohen Korrelationskoeffizienten zwischen Narzissten und Psychopathen aus (.50), wohingegen die Zusammenhangsmaße zwischen diesen Persönlichkeitstypologien und dem Machiavellismus deutlich niedriger ausfallen (.25 bzw. .31).

Nicht zuletzt erscheint uns eine weitere Erkenntnis beachtenswert, nämlich jene, dass *narzisstische* und *psychopathische Führer* problematisch sowohl für die

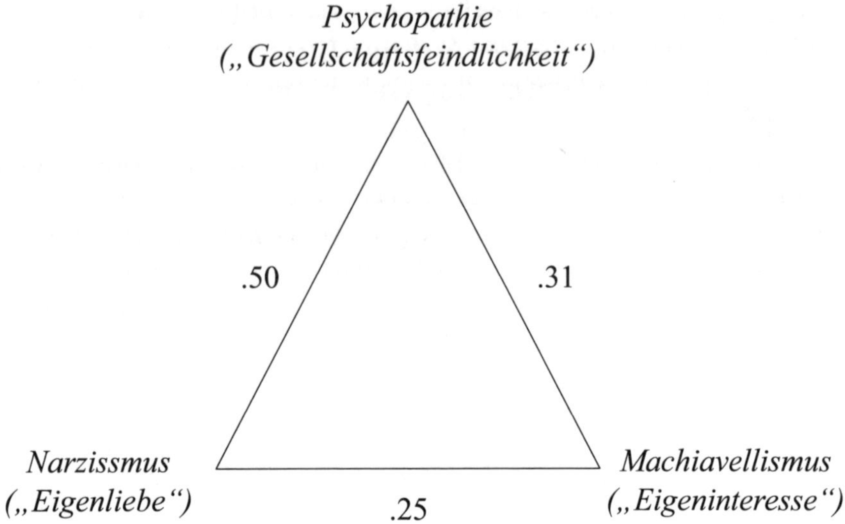

Abb. 15: Die »dunkle Triade« der Führungspersönlichkeit und ihre Korrelationen (auf der Grundlage von: Paulhus/Williams 2002, S. 559)

Geführten und deren (Human-)Ziele als auch für die *Organisation* und deren (Erfolgs-)Ziele sind, wohingegen *machiavellistische Führer* zwar problematisch für die *Mitarbeiter* und deren (Human-)Ziele sind, während sie für die *Organisation* und deren (Erfolgs-)Ziele – zumindest unter bestimmten Voraussetzungen (z. B. leistungsorientierte Vergütungssysteme) – absolut zweckdienlich sein können. Es gilt damit, wenn man so sagen darf, eine *völlig* »dunkle Seite« der Führung (unethisch und ineffizient) von einer nur *halb* »dunklen Seite« der Führung (unethisch, aber effizient) abzugrenzen! Insofern, als es bei schlechter Führung für die Geführten in jedem Falle – zumindest in the long run – »düster« aussieht, wollen wir nunmehr der Frage nachgehen, ob bzw. inwieweit (und warum) die Geführten gegebenenfalls selber mitverantwortlich sind bei der Entstehung und beim Fortbestehen schlechter Führung.

4.3.2 Unethische Führung infolge schlechter Geführter – oder: Auf der Suche nach der »dunklen Seite« der Geführten

»What are the forces that propel followers, again and again, to accept, often favor, and sometimes even create toxic leaders?«
(Lipman-Blumen 2005, S. 24)

Die Erklärung der »dunklen Seite« der Führung durch die »dunkle Seite« der *Führenden*, wie sie oben (vgl. Abschnitt 4.3.1) ausgeführt wurde, erscheint naheliegend und sicher auch begründet. Kann daraus nun allerdings gefolgert werden, dass allein die Führenden im Konnex einer schlechten Führung die »Täter« sind, während die Geführten stets und allesamt nur als »Opfer« von narzisstischen, psychopathischen oder machiavellistischen Führern angesehen werden müssen? Wir denken, dass diese Sichtweise in dieser Pauschalität nicht verficht. Denn, wie an anderer Stelle bereits vermerkt (vgl. Kapitel 2), ist Führung tatsächlich ja kein reiner »top-down« (Beeinflussungs-)Prozess, sondern vielmehr eine *soziale Beziehung*, in welcher auch die Geführten – wenngleich mit weniger (Führungs-)Macht ausgestattet – durchaus Einfluss auf die Führenden nehmen können und sollen. So gesehen bedarf eine ethische Führung in Organisationen eben auch einer »Ethik der Geführten« (vgl. dazu Abschnitt 5.3) – was im Umkehrschluss bedeutet, dass eine »dunkle« Führung auch auf *»dunkle Seiten« der Geführten* verweist. Diese Behauptung erscheint zunächst einigermaßen paradox, bedeutet sie doch, dass die Geführten mitschuldig daran sind, dass sie von schlechten Führern feinselig behandelt werden (vgl. Abschnitt 4.1.3) und/oder dass ihre Ziele von tyrannischen, »entgleisten« oder schlicht desinteressierten (»laissez-faire«) Führern vernachlässigt oder missachtet werden (vgl. Abschnitt 4.1.4). Genau dieses dürfte tatsächlich jedoch der Fall sein. Was aber »reitet« die Geführten, wenn sie schlechte Führer tolerieren, akzeptieren oder gar evozieren? Wir wollen dieser Frage im Folgenden nachgehen und uns auf die (alles andere als leichte) Suche nach der »dark side of followership« begeben, indem wir verschiedene Ansätze betrachten und bedenken, die sich mit dieser Problematik auseinandersetzen.

Schlechte Geführte infolge von »Furcht« oder »Bewunderung«: Typisierungen in der Literatur

Der Auseinandersetzung mit der »dunklen Seite« der *Geführten* erfährt – verglichen mit der Diskussion der »dunklen Seite« der *Führenden* – relativ wenig

Beachtung in der einschlägigen Diskussion. Betrachtet man die Beiträge, die das Thema schlechte Führung aus dieser Perspektive angehen, dann fällt auf, dass diese überaus häufig eine *zweigeteilte Typisierung* der Geführten vornehmen. Exemplarisch hierfür sind die bereits dargestellten (vgl. Abschnitte 4.1.1 und 4.1.2) Ansätze von Kellerman (2004) und Padilla et al. (2007), die die Bedeutung der Geführten für die Entstehung und Aufrechterhaltung schlechter bzw. destruktiver Führung betonen und dabei jeweils zwei verschieden Typen von Geführten unterscheiden: Einerseits die *Zuschauer* (»bystanders«; B. Kellerman) respektive *Anpasser* (»conformers«; A. Padilla et al.), die tendenziell schwach (geringes Selbstwertgefühl, geringe Reife) und ängstlich erscheinen, die schlechte Führung von daher (passiv) erdulden und deren Bestreben es vor allem ist, (noch) Schlimmeres zu vermeiden. Diesem Geführten-Typus stehen andererseits die sogenannten *Mittäter* (»acolytes«; B. Kellerman) respektive *Konspirierenden* (»colluders«; A. Padilla et al.) gegenüber, die vergleichsweise stärker und beherzter erscheinen und schlechte Führung (aktiv) unterstützen, da sie den Führenden hochschätzen und von dessen Führung auch positive Auswirkungen (Macht, Status, Autorität) für sich selbst erwarten. Dieses Muster findet sich – in anderen Begriffen und mit anderen Nuancierungen – beispielsweise auch bei Pierce/Newstrom (2008, S. 428), die zwischen einer *gelernten Hilflosigkeit* (»learned helpnessness«) und einem *blinden Gefolgschaftsverhalten* (»blind followership«) von Geführten unterscheiden, bei Sankowsky (1995, S. 62 f.), der zwischen einer (äußeren) *Fügsamkeit* (»compliance«) und einer (inneren) *Billigung* (»acceptance«) von Geführten differenziert, sowie auch bei Kets de Vries/Miller (1985, S. 585), die in dichotomer Weise festschreiben: »Followers, when under the ›spell‹ of certain types of leaders, often feel powerfully grandiose and proud, or helpless and acutely dependent«. Ma et al. (2004, S. 36) schließlich befinden, dass Geführte im Angesicht einer tyrannischen Führung auch eine Art Mischung aus Bewunderung und Furcht empfinden können, die es ihnen ermöglicht »to accept the difficulties of existing under tyranny«.

Für die Sinnhaftigkeit dieser Unterteilung spricht der Umstand, dass schlechte (v. a. narzisstische) Führer dazu neigen, die von ihnen Geführten klar einzuteilen in solche, die »mit ihnen« sind, und in solche, die »gegen sie« sind (vgl. Kets de Vries 1989, S. 10). Auch und gerade bei schlechten Führer ist mithin davon auszugehen, dass sie die Geführten höchst unterschiedlich behandeln, konkret: Jene, die *»gegen sie«* sind, schlecht behandeln und weitestmöglich ausbeuten, und jene, die *»für sie«* sind, gut behandeln und an Erfolgen teilhaben lassen. Die Tendenz, von zwei Typologien schlechter Geführter auszugehen (vgl. Abb. 16), kann so gesehen als Reflex auf die Neigung von schlechten Führenden verstanden werden, die von ihnen Geführten in dualer Hinsicht zu kategorisieren. Die Zweifachunterteilung schlechter Geführter kann darüber hinaus aber auch aus wesentlichen Machtquellen der Führenden abgeleitet werden, nämlich einerseits aus der *Bestrafungsmacht* und andererseits aus der *Belohnungsmacht*, wobei diese häufig in Verbindung mit der *charismatischen Macht* steht. Diese Machtbasen korrespondieren jedenfalls eng mit den spezifischen Motivationen, die Geführte im Umgang mit schlechten Führenden (zum »Stillhalten« oder zum »Mitmachen«) bewegen, nämlich: (a) *Furcht* vor Bestrafungen durch den Führenden (hier als *Typus F* bezeichnet) oder (b) *Bewunderung* für die (charismatischen) Fähigkeiten des Führenden, die gleichsam außergewöhnliche Führungserfolge in Aussicht stellen, an denen man zu gegebener Zeit dann in bedeutsamen Maße beteiligt zu werden glaubt, was auf eine Hoffnung auf *Belohnung* hinausläuft (hier als *Typus B* bezeichnet; vgl. Abb. 16).

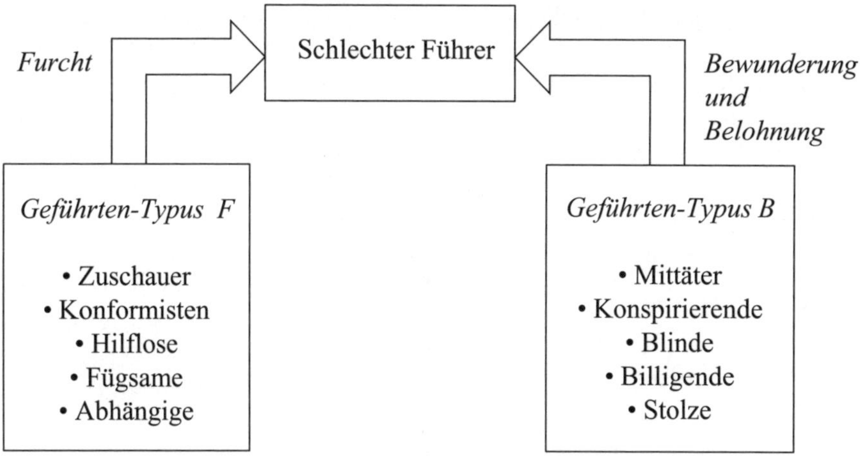

Abb. 16: Typologien schlechter Geführter

Schlechte Geführte infolge Kritiklosigkeit im Denken und/oder Passivität im Handel: Der Ansatz von R. Kelley

Ein korrespondierender, für unseren Kontext allerdings etwas interpretationsbedürftiger Ansatz zur Beschreibung und Erklärung (auch) der »dunklen« Seite der Geführten stammt von Robert Kelley, einem Führungsforscher, der das Führungsphänomen vorzugsweise aus Sicht der Geführten untersucht. In seiner wegweisenden (vgl. dazu Crossman/Crossman 2011) Schrift »The power of followership« (Kelley 1992) bestimmt der Autor – analog zu den vieldiskutierten Führungsstilen (vgl. dazu Weibler 2012, S. 337 ff.) – grundlegende *Geführten-Stile* (»followership-styles«), die sich auf zwei Dimensionen zuordnen lassen: Kritiklosigkeit bzw. Kritikfähigkeit im *Denken* und Passivität bzw. Aktivität im *Handeln* (vgl. Kelley 1992, S. 87 ff.). Je nach Zuordnung auf diese Dimensionen ergeben sich für Kelley daraus vier Geführten-Stile (vgl. Abb. 17):

- *Vorbildliche Geführte* (»exemplary followers«), die in der Lage sind, unabhängig und kritisch zu denken sowie auch aktiv und selbstständig zu handeln;
- *konformistische Geführte* (»conformist followers«), die zwar aktiv und selbstständig zu handeln vermögen, in ihrem Denken allerdings sehr unkritisch und stark vom Führenden abhängig sind;
- *entfremdete Geführte* (»alienated followers«), die zwar in der Lage sind, unabhängig und kritisch zu denken, in ihrem Handeln jedoch sehr passiv und unselbstständig (geworden) sind;
- *passive Geführte* (»passive followers«), die weder in der Lage sind, unabhängig und kritisch zu denken noch aktiv und selbstständig zu handeln – und insofern praktisch das Gegenteil zum vorbildlichen Geführten darstellen.

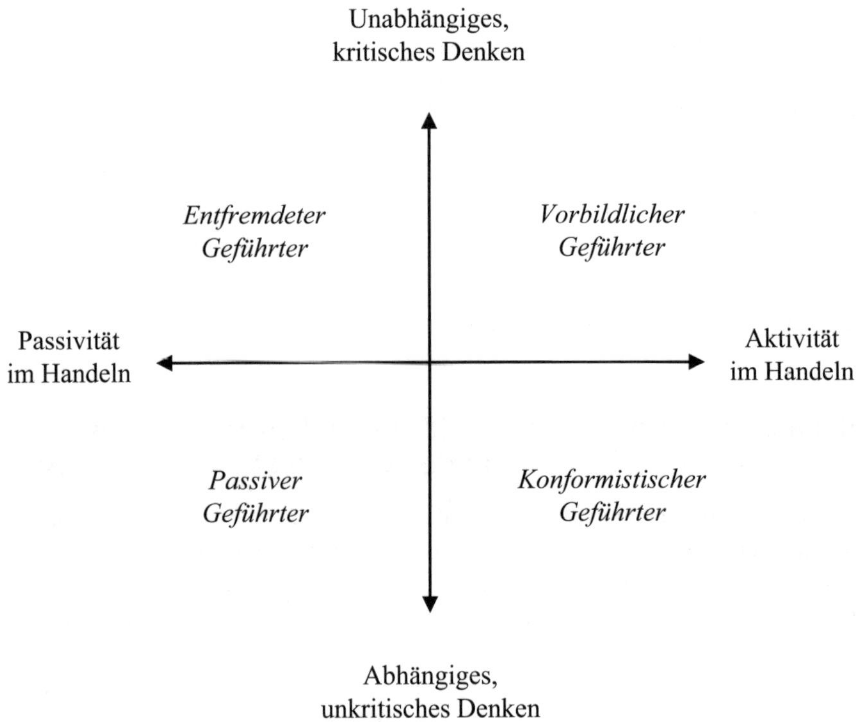

Abb. 17: Geführten-Stil-Typologie (Kelley 1992, S. 97)

Der Ansatz von Kelley ist insofern interessant, als er die womöglich zentralen Bestimmungsfaktoren eines schlechten Geführten-Verhaltens klar bestimmt, nämlich eine ausgeprägte *Passivität im Handeln* und eine umfassende *Kritiklosigkeit im Denken*. Legt man allerdings zugrunde, dass der Ansatz in seiner vorliegenden Form auf eine konstruktive, gleichsam »gesunde« (vgl. Clements/Washbush 1999, S. 173) bzw. »helle« Führungsbeziehung bezogen ist, dann ist er für den Konnex einer »dunklen« Führungsbeziehung interpretationsbedürftig, was im Einzelnen bedeutet:

- Der *vorbildliche Geführte*, der in »gesunden« Führungsbeziehungen den (einzig) erstrebenswerten Geführten-Stil repräsentiert, ist aus Sicht einer »dunklen« Führungskraft der absolut problematischste Geführten-Stil; dies deshalb, weil Geführte in diesem Falle eigenständig und kritisch ihre (schlechte) Führungsbeziehung reflektieren können und überdies in der Lage sind, aktiv gegen den (schlecht) Führenden zu opponieren. Die Entstehung und Aufrechterhaltung einer *schlechten Führung* setzt so gesehen eine weitgehende *Abwesenheit* »vorbildlicher Geführter« geradezu voraus.
- An die Stelle des *vorbildlichen Geführten* als (einzig) erstrebenswerten Geführten-Stil tritt aus Sicht einer »dunklen« Führungskraft unversehens der *konformistische Geführte*; dies deshalb, weil dieser Geführte zwar aktiv – engagiert, motiviert und innerlich verpflichtet – zu Handeln versteht, das Denken dabei allerdings bereitwillig dem Führenden überlässt und wie ein »braves Kind« beflissen den Vorgaben und Erwartungen des »vatergleichen« Führenden zu entsprechen sucht (vgl. Kelley 1992, S. 108 f.). Der »konformistische Geführte« entspricht damit im Kern dem oben (vgl. Abb. 16) skizzierten *Geführten-Typus B* (»Bewunderung«).
- Der *entfremdete Geführte* kann analog dazu mit dem *Geführten-Typus F* (»Furcht«) gleichgesetzt werden (vgl. Abb. 16), der die schlechte Führung zwar eigenständig-kritisch reflektiert und unter ihr leidet, aufgrund seiner handlungsbezogenen Passivität gleichwohl nicht in der Lage ist, ernsthaft dagegen vorzugehen.
- Der *passive Geführte* erscheint schließlich als jener Geführten-Stil, der für gute wie für schlechte Führer gleichermaßen unattraktiv sein dürfte.

Folgt man diesen Interpretationen des Ansatzes von Kelley, dann ist die Entstehung und Fortschreibung einer schlechten Führung vor allem zwei *»dunklen« Eigenschaften der Geführten* geschuldet – nämlich einer *Kritiklosigkeit des Denkens*, die bewirkt, dass die ethisch fragwürdigen Ziele und Mittel des Führenden nicht klar erkannt bzw. entschieden verurteilt werden, sowie einer *Passivität im Handeln*, die bewirkt, dass eine ethisch als schlecht erkannte Führung ohne echte Gegenwehr dauerhaft erlitten wird.

Schlechte Geführte infolge psychologischer Einflussfaktoren: Der Ansatz von J. Lipman-Blumen

Die unseres Wissens einzige Monografie, die die Entstehung und den Fortbestand schlechter Führung dezidiert als Folgewirkung *»schlechter« Geführter* diskutiert, stammt von Jean Lipman-Blumen (2005), ist mit »The allure of toxic leaders« überschrieben und geht systematisch der Frage nach, »why we follow destructive bosses and corrupt politicians« (so der Untertitel). Schlechte (toxische) Führer definiert die Autorin dabei als »leaders who engage in numerous destructive behaviors and who exhibit certain dysfunctional personal characteristics. To count as toxic, these behaviors and qualities of character must inflict some reasonably serious and enduring harm on their followers and their organizations« (Lipman-Blumen 2005, S. 18). Ausgehend von der Annahme einer weiten Verbreitung solcher »toxischen« Führung (vgl. Lipman-Blumen 2005, S. 3 ff.) fokussiert Lipman-Blumen die Frage, warum *toxische Führer* für die Geführten eine mitunter extrem *hohe Attraktivität* besitzen.[10] Im Zuge ihrer Beantwortung dieser Frage bestimmt sie insbesondere folgende *psychologische Einflussfaktoren* (vgl. Lipman-Blumen 2005, S. 29 ff.; 2005a, S. 2 ff.):

- *Autoritäts-Bedürfnisse*, die weitgehend unbewusst und frühkindlich angelegt sind und sich im *psychologischen Wunsch* nach (autoritären) Führungspersönlichkeiten äußern, die den Geführten Mut machen, Trost spenden und letztlich eine Befriedigung aller grundlegenden Bedürfnisse (Sicherheit, Schutz, soziale Wärme, Anerkennung und Selbstverwirklichung; vgl. Maslow 1971) versprechen (ohne dies freilich tatsächlich leisten zu können). Kets de Vries (1989, S. 9 f.) spricht in diesem Zusammenhang treffend von einem *Übertragungsprozess* (»transference«), in dessen Verlauf Geführte – mehr oder minder unbewusst – Führenden all jene Allwissenheit zuschreiben, die sie frühkindlich den Eltern, Lehrern oder anderen Autoritäten zugeschrieben haben. Geführte werden infolge dieser (regressiven) Übertragung zu unkritischen »Ja-Sagern«, die Führende bewundern, ihnen zu gefallen suchen und sie vorbehaltlos unterstützen – selbst dann, wenn sie von ihnen ausgenutzt werden.
- *Existenzielle Ängste*, die sich aus dem menschlichen Bewusstsein ergeben, sterblich zu sein, ohne allerdings zu wissen, wann und wie unser Sterben erfolgen wird. Aus dieser »existential angst« resultiert der Wunsch, zu Lebzeiten Bedeutendes und Überdauerndes zu schaffen. Toxische Führer greifen diesen Wunsch auf, indem sie Geführten das Gefühl vermitteln, beson-

10 Lipman-Blumen geht damit implizit davon aus, dass schlechte Führung immer eine Folge hoher *Attraktivität* bzw. regelrechter *Bewunderung* der Führenden ist – womit der oben erwähnte *Typus F* (»Furcht«) von der Analyse ausgeschlossen bleibt.

ders oder gar auserwählt zu sein (»to feel chosen or special«) und ihnen letztlich sogar »Unsterblichkeit« verheißen – »either *physically* here or in another world, or *symbolically*, in the memory of generations yet unborn« (Lipman-Blumen 2005a, S. 3; H. d.V.).

- *Situative Ängste*, die einer zunehmenden Wahrnehmung der Welt als unübersichtlich, unsicher und kaum mehr beherrschbar geschuldet sind (Stichworte hierzu wären beispielsweise 9/11 oder die Macht/Krisen der globalen Finanzmärkte) und die das individuelle Bedürfnis nach Sicherheit und Ordnung kontinuierlich (über-)steigern. Wem es in Anbetracht dessen gelingt, glaubhaft zu versichern, als Führender »Ruhe und Ordnung« wieder herstellen zu können, der könnte (auch heute noch) leichthin in eine exponierte Führungsposition aufsteigen – und dürfte hierin insofern toxische Wirkungen zeitigen, als derartige Versprechen zumindest in offenen Gesellschaften (vgl. Popper 1992) tatsächlich kaum einzuhalten sein werden.
- *Ängste des Scheiterns*, die der zunehmenden Wettbewerbs- und Erfolgsorientierung unserer (Markt-)Gesellschaft entwachsen, welche den Einzelnen mit immer weitgehenderen (Leistungs-)Anforderungen konfrontiert und auf diese Weise auch die individuelle Angst des persönlichen (sozialen, ökonomischen, psychischen) Scheiterns steigert. Toxische Führer stehen häufig – wenn auch nur scheinbar – über all dem, bestechen durch Stärke, Klugheit und Erfolge in all seinen Ausprägungen (Selbstsicherheit, Reichtum, Ausstrahlung) und wirken deshalb anziehend für jene, die sich eher oder bestenfalls als »durchschnittlich« empfinden. Oder in den Worten von Lipman-Blumen (2005a, S. 3) gesprochen. »When we join up with these outstanding individuals, (…) we can feel vicariously accomplished, powerful and protected.«

Der psychodynamisch inspirierte Ansatz von Lipman-Blumen steht damit in erkennbarer Nähe zu Theorien und Praktiken der charismatischen bzw. der transformationalen Führung, erklärt die Entstehung derartiger Führungsbeziehungen durch den Bezug auf verschiedene (allgemeingültige sowie situationsspezifische) Motivlagen der Geführten und verweist insofern auf die ethische Problematik einer solchen Führung, als ihr potenziell und tendenziell toxische Wirkungen zugeschrieben werden.

Schlechte Geführte infolge Gehorsamsbereitschaft: Der Ansatz von S. Milgram

Wer die »dunkle Seite« der Geführten – nicht zuletzt in sich selber – erkennen und verstehen möchte, der kann im Grunde einen klassischen Ansatz nicht aussparen, nämlich jenen des Sozialpsychologen Stanley Milgram. Dessen Arbeit fußt auf dem weltberühmten und bis heute immer wieder diskutierten *Milgram-Experiment*, das sich in notwendiger Kürze wie folgt zusammenfassen lässt (vgl. Milgram 2004; sowie: Schneider 2006, S. 163 ff.):

Das Experiment fand in den frühen 1960er Jahren an der Yale University statt. Die Teilnehmer rekrutierte Milgram mittels einer Zeitungsannonce, in der »Personen für eine Untersuchung über Gedächtnisleistungen« gesucht wurden und die den Teilnehmern eine Bezahlung von »4.00 Dollar für eine Stunde ihrer Zeit« anbot (vgl. die Originalanzeige, in: Milgram 2004, S. 32). Die Probanden selbst wurden für die Dauer des Experimentes dabei stets im Glauben gelassen, dass sie wirklich an einer wissenschaftlichen Studie über die Auswirkungen von Strafen auf den Lernerfolg teilnahmen, die von einem wissenschaftlichen Versuchsleiter (Milgram) »verantwortlich« durchgeführt wurde. Der Ablauf des Experimentes war so angelegt, dass es für jeden Probanden den Anschein hatte, dass zwei »Freiwillige« gleichzeitig geladen waren, die eingangs per Losentscheid auf die Funktion des »Lehrers« und des »Schülers« zugeteilt wurden. Tatsächlich war jedoch nur einer beiden ein »freiwilliger« Proband – der zweite war ein angestellter Schauspieler, der auch immer die Rolle des »Schülers« zugewiesen bekam (da der Losentscheid manipuliert war). Der »Schüler« wurde sodann in einem Nebenraum, der durch eine Glasscheibe gut einzusehen und per Mikrofon mit dem Hauptraum verbunden war, auf einer Art »elektrischen Stuhl« festgeschnallt und mit Elektroden verbunden, die ihrerseits an einen »Shock Generator, Type ZLB, Dyson Instrument Company, Mass., Output 15 Volts – 450 Volts« (so das offen angebrachte Typenschild) angeschlossen waren. Die Funktion des »Lehrers« (sprich: des Probanden) war es, dem »Schüler« vermittels dieses Generators und auf Anweisung des Versuchsleiters Stromschläge zu verabreichen. Die Verabreichung der Stromschläge erfolgte dabei immer dann, wenn der »Schüler« sich nicht an den zweiten Teil eines Wortpaares (z. B. »Blau-Schachtel« oder »Schön-Tag«) erinnern konnte (beispielsweise wenn der Versuchsleiter »Schön« sagte und der »Schüler« »Schachtel« antwortete). Es sollte also vermeintlich getestet werden, ob und in welcher Weise Bestrafungen (Stromschläge) das individuelle Lernverhalten beeinflussen. Wesentlich war dabei, dass die Stromschläge kontinuierlich gesteigert werden mussten – beginnend mit 15 Volt als niedrigster Stufe und (potenziell) 450 Volt als höchst möglicher Stufe. Die Stromschläge wurden jeweils in Stufen von 15 Volt gesteigert. Für den Verlauf des Experiments ergab sich somit, dass der »Schüler« in der Wahrnehmung des »Lehrers« immer höheren Stromschlägen ausgesetzt war (tatsächlich floss zu keiner Zeit Strom!), auf die der »Schüler« als Schauspieler entsprechend reagierte. So teilte er dem Hauptraum (inklusive dem hier eingesetzten »Lehrer«) nach dem 120 Volt-Schock über die Gegensprechanlage mit, dass dieser Schock »schmerzhaft« sei; beim 150 Volt-Schock weigerte er sich, weiterzumachen, und forderte, losgeschnallt zu werden (ohne dass der Versuchsleiter dem nachkam); bei 270 Volt brach der »Schüler« in »qualvolles Schreien« aus und verweigerte jede weitere Antwort (woraufhin der Versuchsleiter den »Lehrer« aufforderte, keine Antwort wie eine falsche zu behandeln, also mit den Stromschlägen fortzufahren); ab einer Stärke von 330 Volt verstummte der »Schüler«. Das Experiment wurde vom Versuchsleiter dennoch fortgesetzt und der »Lehrer« blieb weiterhin aufgefordert, Elektroschocks zu verabreichen – bis die höchste Stufe von 450 Volt erreicht war. (Unter dem 375 Volt- Kippschalter stand bereits deutlich zu lesen: »Gefahr: schwerer Elektroschock«). Das Experiment ergab, das *zwei Drittel* der insgesamt 1000 Probanden den Anweisungen des Versuchsleiters bis zum *450 Volt-Schock* folgten.[11]

Worum aber ging es Milgram in diesem Experiment und welche Erkenntnisse können hieraus für das Verhalten von Geführten gezogen werden? Im Zentrum des Experimentes steht die – situativ erzeugte und durch den Aufbau des Experimentes fortwährend gesteigerte – *innere Spannung* des Probanden zwischen den Instanzen *Autorität* (des Versuchsleiters) und dem eigenen *Gewissen*. Das Gewissen wird dabei dadurch gezielt angesprochen, dass der Proband als »Lehrer« einer offenkundig hilflosen Person (»Schüler«), die für ihn selbst weder bedrohlich noch schädlich ist, erhebliche Schmerzen zufügt, ja gegebenenfalls deren Gesundheit und Leben gefährdet (vgl. Milgram 2004, S. 30). Mit Blick auf diese eskalierende Spannung war es das Ziel des Experimentes herauszufinden, »… wann und auf welche Weise Menschen sich unter dem Eindruck eines deutlichen moralischen Imperativs gegen die Autorität auflehnen würden« (Milgram 2004, S. 20). Die Frage war mit anderen Worten, wie weit der *Gehorsam* von Menschen geht und ab wann dieser aus moralischen Gründen *verweigert* wird – der Proband also beispielsweise einfach aufsteht und das Laboratorium verlässt. Dass dieser Schritt für jeden Probanden einfach gewesen wäre, wurde dadurch befördert, dass das Experiment keinerlei Formen von offenem Druck und gar Drohungen beinhaltete (vgl. Milgram 2004, S. 11). Umso »bestürzender« (vgl. Milgram 2004, S. 21) erscheint das Ergebnis bzw. die Tatsache, dass zwei Drittel der Teilnehmer offenkundig nicht in der Lage waren, der Autorität den Gehorsam zu verweigern und deshalb hilflosen Drit-

---

11 Es sei hier erwähnt, dass das Milgram-Experiment sehr häufig in verschiedenen Variationen (z. B. Frauen statt Männer, zwei statt ein Versuchsleiter) durchgeführt wurde (vgl. Milgram 2004, S. 73 ff.) – in aller Regel jedoch mit ähnlichen Ergebnissen. Bemerkenswerte Abweichungen zeigten sich lediglich, als der »Schüler« und der »Lehrer« im gleichen Raum positioniert wurden (körperliche Nähe zum »Opfer«) und daraufhin »nur« noch ein Drittel der Probanden bis zum Höchstwert von 450 Volt ging, und als der Versuchsleiter seine Anweisungen per Telefon gab (Distanz zum »Verantwortlichen«) und daraufhin nur noch 20 Prozent der Probanden bis zum Höchstwert gingen.

ten, wohl aber auch sich selbst, erheblichen Schaden zufügten. Als »Schaden«, den die Probanden sich selbst zugefügt haben, soll hier der Umstand gewertet werden, dass die meisten »Lehrer« mehr oder minder große moralische Schwierigkeiten (»Gewissensbisse«) hatten, den »Schüler« zu bestrafen, was sich anhand zunehmender Unsicherheit, Nervosität, Schweißausbrüchen oder auch ständigem nervösen Kichern bemerkbar machte. Verdeutlicht werden kann dies durch folgende Beschreibung (Schwartz 1993): »Ich beobachtete einen reifen und anfänglich selbstsicher auftretenden Geschäftsmann, der das Labor lächelnd und voller Selbstvertrauen betrat. Innerhalb von 20 Minuten war aus ihm ein zuckendes, stotterndes Wrack geworden, das sich rasch einem Nervenzusammenbruch näherte. Er zupfte dauernd an seinem Ohrläppchen herum und rang die Hände. An einem Punkt schlug er sich mit der Faust gegen die Stirn und murmelte: ›Oh Gott lass uns aufhören‹. Und doch reagierte er weiterhin auf jedes Wort des Versuchsleiters und gehorchte bis zum Schluss.«

Das Milgram-Experiment macht deutlich, dass Geführte Führenden auch dann folgen, wenn letztere eindeutig moralisch schlecht sind und zerstörerisch auf Dritte, aber auch auf die Geführten selbst wirken. Die Führenden brauchen dabei offensichtlich nicht einmal über bedeutsame (Führungs-)Macht zu verfügen, sprich: sie müssen nicht Furcht einflössen (Bestrafungsmacht) oder persönliche Interessen ansprechen (Belohnungsmacht) können, noch müssen sie in irgendeiner Form vorbildlich oder außergewöhnlich erscheinen (Identifikations- und charismatische Macht). Sie müssen eigentlich gar keine Macht haben – außer eben jener unscheinbaren Macht, die gemeinhin als *Amtsautorität* (vgl. Abb. 2) firmiert. Und selbst diese kann, wie das Experiment zeigt, auf eine Stunde beschränkt sein – und trotzdem hinreichen, um Geführte zu Mördern zu machen. Das Experiment macht damit gleichsam deutlich, dass »(d)ie Kraft, die vom Moralgefühl des Individuums ausgeht, (...) weit weniger wirksam (ist), als gesellschaftliche Mythen uns glauben lassen möchten« (Milgram 2004, S. 23). In jedem Falle erscheint das *Moralgefühl* seltener handlungsleitend als die Bereitschaft zum *Gehorsam*. Diese »Erkenntnis« mag man natürlich bezweifeln, was tatsächlich auch häufig der Fall war (vgl. Milgram 2004, S. 196 ff.). Insbesondere kann wohl in Zweifel gezogen werden, ob die Laborergebnisse tatsächlich verallgemeinernd auf den gesellschaftlichen Bereich als Ganzes übertragen werden können. Milgram bedachte diese Kritik unter anderem mit folgendem Kommentar: »Ich wundere mich immer wieder, wenn ich bei Vortragsreisen im ganzen Land auf junge Männer treffe, die über das Verhalten der Versuchspersonen entsetzt waren und behaupteten, sie würden sich niemals so verhalten, und die wenige Monate später zum Militärdienst eingezogen wurden und ohne Gewissensbisse Handlungen begingen, die die Schockverabreichung an unser Opfer als harmlos erscheinen lassen« (Milgram 2004, S. 208).[12] Überdies mag man auch denken, dass die Ergebnisse des Experimentes in dem Sinne nicht mehr gültig sind, als Gehorsam eher ja auf einen tradierten und obsoleten Wert (Tugend) verweist, der im Zuge des Wertewandels (vgl. dazu Kuhn 2009a, S. 1199) längst von neuen und modernen Werten (z. B. Autonomie, Partizipation, Emanzipation) abgelöst wurde. Dem könnte man unseres Erachtens die Überlegung entgegen halten, dass das Problem von *schlechten Geführten* womöglich weniger ihre Gehorsamsbereitschaft ist, als vielmehr die die Unfähigkeit, den Gehorsam (aktiv) zu *verweigern* und mithin jenes (moderne) Verhalten zu zeigen, das treffend als *Zivilcourage* bezeichnet wird. Eben hierauf verweist auch Milgram, wenn er feststellt: »Aber zwischen Worten und Gedanken und dem entscheidenden Schritt des Ungehorsams gegenüber einer böswilligen Autorität liegt noch etwas anderes, nämlich die Fähigkeit, Überzeugungen und Wertmaßstäbe in Aktion umzusetzen« (Milgram 2004, S. 27).

Auf der Suche nach der »dunklen Seite« der Geführten: ein Fazit

»Dunkle« Führung, so die Erkenntnis unserer Ausführungen, ist kein Phänomen, das ausschließlich auf die »dunkle« Seite der Führenden zurückgeführt werden sollte, sondern dessen Erklärung auch das (Fehl-)Verhalten bzw. die »dunkle« Seite der Geführten mit zu berücksichtigen hat. Wie aber lässt sich diese »dunkle« Seite bestimmen? Einen wichtigen Hinweis für die Beantwortung dieser Frage liefert unseres Erachtens die Unterscheidung von Kelley, der zufolge schlechtes Geführten-Verhalten sich grundsätzlich aus zwei verschiedenen Quellen speisen kann, nämlich aus einer weitgehenden *Kritiklosigkeit im Denken* und/oder einer weitreichenden *Passivität im Handeln*. Zu dieser Unterscheidung passt im Wesentlichen die in der Literatur verbreitete Zweiteilung, wonach schlechtes Geführten-Verhalten zum einen auf die *Furcht* der Geführten vor Bestrafungen durch den Führenden zurückgeführt werden kann (*handlungspassiver Geführten-Typus F*), zum anderen aber auch auf einer irrationalen – tiefenpsychologisch erklärbaren (vgl. Lipman-Blumen) – *Bewunderung* der Führenden beruhen kann, die ihrerseits regelmäßig gekoppelt sein dürfte an die (mittel- oder langfristige) Erwartung bedeutsamer *Belohnungen* (»Unsterblichkeit«) infolge der Führung (*gedankenlos unkritischer Geführten-Typus B*). Mit Blick auf die Dimension der Passivität im Handeln ist schlechtes Geführten-Verhalten unseres Erachtens allerdings nicht allein durch die

12 Milgram stellte die Ergebnisse seines Experimentes notabene immer wieder in systematischen Zusammenhang mit den unvorstellbaren Greueltaten im Nationalsozialismus (vgl. Milgram 2004, S. 22) sowie im Vietnamkrieg (vgl. Milgram 2004, S. 208 ff.).

Furcht vor Bestrafungen erklärbar, sondern daneben auch – wie der Ansatz von Milgram verdeutlicht – durch eine »bestürzende« (S. Milgram) *Gehorsamsbereitschaft* bzw. (zumindest) eine bemerkenswerte Unfähigkeit der Geführten, Autoritäten (zivil-)couragiert den Gehorsam zu verweigern. Fasst man diese Überlegungen zusammen, dann kann – analog zur »dunklen« Führungspersönlichkeit (vgl. Abb. 15) – von einer *»dunklen Triade« der Geführten-Persönlichkeit* gesprochen werden (vgl. Abb. 18).

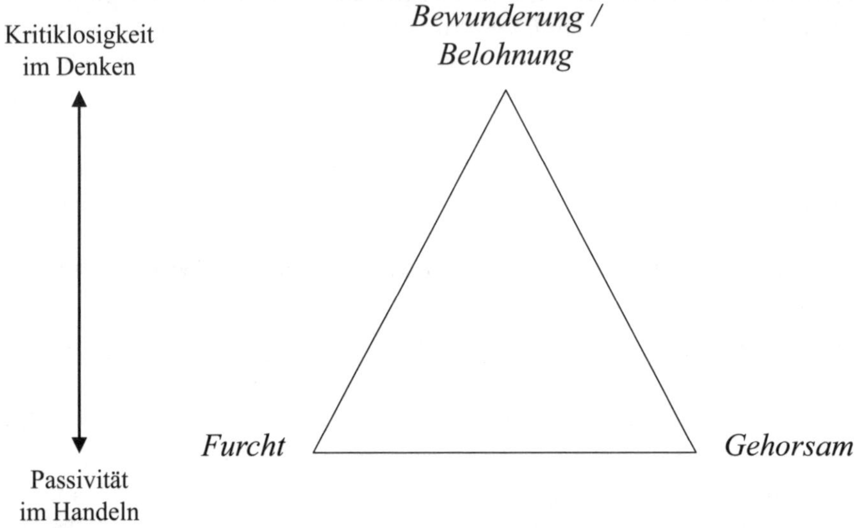

Abb. 18: Die »dunkle Triade« der Geführten-Persönlichkeit

4.3.3 Unethische Führung infolge schlechter Situationen – oder: Wie Organisationen gute Führer zu schlechter Führung verleiten

> *»Das SPE (Stanford Prison Experiment; A. d. V.) ist ein Fanfarenstoß, der dazu aufruft, sich von der allzu simplen Vorstellung zu verabschieden, dass das gute Selbst die böse Situation beherrschen könnte.«*
> (Zimbardo 2008, S. 207)

Wie der oben vorgestellte Ansatz von Padilla et al. (2007) bereits deutlich macht (vgl. Abschnitt 4.1.2), wäre es zu kurz gesprungen, schlechte Führung lediglich aus dem interaktiven »Zusammenspiel« von schlechten Führern und schlechten Geführten abzuleiten. Vielmehr ist – im Sinne eines »toxischen Dreiecks« (vgl. Abb. 8) – davon auszugehen, dass neben der *personalen Dimension* auch eine *»schlechte« Situation* innerhalb der Organisation von erheblicher Bedeutung für die Entstehung und Aufrechterhaltung schlechter Führung sein kann. Wir beziehen uns damit gleichsam auf die *allgemeine* verhaltenswissenschaftliche Formel (vgl. Lewin et al. 1939), der gemäß sich jedes menschliche Verhalten (V) aus Charakteristika der Person (P) *und* aus Charakteristika der Situation (S) erklären lässt [*V = (P, S)*] – wobei sich angesichts dieser Formel unmittelbar die Frage nach der *relativen* Bedeutung der beiden Verhaltensdeterminanten stellt. Pointiert gefragt: Ist das menschliche Verhalten letztlich stärker durch die Person (Erbanlagen, Charakter, Eigenschaften, freier Wille, Identität, Moralität, u. Ä. m.) geprägt oder stärker durch die Situation, in der der Mensch sich jeweils befindet? Unser Alltagsverständnis dürfte bezüglich dieser Frage eher dahin tendieren, beobachtetes Verhalten (das eigene sowie das von anderen) im Wesentlichen als Folge *individueller Prägungen* zu interpretieren, gleichsam also als ganz überwiegend durch die Person bestimmt zu erachten. Geradezu als ein Beleg hierfür kann das enorme Aufsehen gewertet werden, das das sogenannte *Stanford Prison Experiment* bis heute erregt, und das vor allem eines auf drastische Weise vor Augen führt: Normale (gute) Menschen können in bestimmten *Situationen* innerhalb kürzester Zeit in ihr völliges Gegenteil, nämlich in sadistische und destruktive Unmenschen verkehrt werden. Wir wollen dieses Experiment im Folgenden kurz nachzeichnen und hinsichtlich seiner zentralen Erkenntnisse erörtern, um auf dieser Grundlage schließlich der Frage nachzugehen, ob es nicht auch in »normalen« Organisationen Situationen bzw. Situationsgestaltungen gibt, die – wenngleich zumeist in weniger drastischer Weise – normale (gute) Führer zu einer schlechten Führung verleiten.

Wenn die Situation gute Menschen zu schlechten Dingen verleitet – das Stanford Prison Experiment

Das Stanford Prison Experiment (SPE) (vgl. dazu ausführlich Zimbardo 2008, S. 21 ff.; sowie zusammenfassend Schneider 2006, S. 211 ff.) wurde im Jahre 1971 auf Initiative und unter Leitung von Philip Zimbardo, einem Sozialpsychologen der Stanford University, durchgeführt. Ziel des Experimentes war es, die Situation in einem Gefängnis möglichst realistisch zu simulieren und auf diese Weise die *»Psychologie des Gefangenseins«* genauer zu studieren. Hierzu wurden die Kellerräume eines Universitäts-Gebäudes in der Weise umgebaut, dass drei vergitterte Zellen für die Gefangenen, Überwachungsräume für die Wärter sowie auch ein neun Meter langer Korridor für Inspektionen geschaffen wurden. Die Teilnehmer des Experiments wurden vermittels einer Zeitungsannonce rekrutiert, in der es hieß: »Männliche Studenten gesucht für psychologische Untersuchung des Gefängnislebens. $ 15 pro Tag für 1-2 Wochen vom 14. Aug. an.« Von den über 70 Bewerbern wählte Zimbardo die reifsten aus und teilte sie per Losentscheid in zwei Gruppen auf, nämlich elf Gefangene und zehn Wärter. Die Wärter wurden in kakifarbene Uniformen eingekleidet und mit einer Trillerpfeife, einem Gummiknüppel und einer reflektierenden Sonnenbrille ausgestattet. Die Gefangenen, die von der »Campus-Polizei« in ihren Wohnungen und unter lauten Sirenengeheul »verhaftet« wurden, erhielten nach ihrer Einlieferung sofort Gefängniskleider: weiße Schürzen mit Nummern vorne und hinten, unter denen sie keine Unterwäsche tragen durften, Plastiksandalen und einen Nylonstrumpf als Kopfbedeckung. Am ersten Tag ihrer »Haft« wurden ihnen siebzehn Regeln vorgelesen (z. B. absolutes Schweigen während der Ruhezeiten sowie außerhalb der Zellen; Reinigung der Zellen; Vorstellung der eigenen Person mit der zugeteilten Nummer; Anrede der Wärter mit »Mr. Correctionel Officer«; Toilettenbesuche von maximal fünf Minuten; Befolgung der Befehle der Wärter; Haltung annehmen gegenüber den Wärtern), wobei die Nichtbefolgung dieser Regeln bestraft werden konnte (Regel 17). Einige ausgewählte (und also längst nicht alle) bedenkenswerten Vorkommnisse und Entwicklungen des – bis zu seinem vorzeitigen Abbruch durch Zimbardo – lediglich sechstägigen Experiments lassen sich stichwortartig wie folgt zusammenfassen:

- Die anfänglich lediglich zehnminütigen Zählappelle, während derer die Gefangenen ihre Nummer sowie die vorgegeben Regeln des Gefängnislebens aufsagen mussten, wurden immer häufiger, zudem auch nachts durchgeführt und dauerten zum Ende hin mitunter mehrere Stunden.
- Eine Revolte der Gefangenen bereits am zweiten Tag des Experimentes wurde von den Wärtern niedergeschlagen. Die Rädelsführer dieser Revolte wurden zur Strafe in einen dunklen Kasten im Korridor eingeschlossen. Jenen Gefangenen, die sich nicht an der Revolte beteiligten, wurde eine Vorzugsbehandlung (bessere Zelle, besseres Essen) zuteil. Später wurden die revoltierenden und nicht-revoltierenden Gefangenen in Zellen zusammengelegt, wodurch das Misstrauen unter den Gefangenen stieg.
- Die Wärter erließen fortgesetzt und willkürlich neue Regeln, die zunächst absurd und sinnlos (z. B. Kisten hin und her tragen), später dann zunehmend menschenverachtend wurden (z. B. Reinigung der Toiletten mit bloßen Händen, Verhöhnung von Mitgefangenen, Nachstellen sexueller Handlungen unter den Gefangenen).
- Die Wärter mussten immer häufiger darauf hingewiesen werden, dass die Anwendung körperlicher Gewalt verboten war.

- Mehrere Gefangene zeigten Symptome extremer Depression, der erste bereits nach weniger als 36 Stunden.
- Externe Personen (v. a. die Eltern der Gefangenen sowie jeweils ein hinzugezogener Priester und Anwalt) akzeptierten die Simulation des Gefängnisses unaufgefordert als Realität und beratschlagten die »Gefangenen« wider besseren Wissens so, als wären sie tatsächlich Gefangene.
- Zimbaro selbst verlor zunehmend die wissenschaftliche Distanz zum Experiment und wähnte sich selbst immer mehr als »Gefängnisdirektor«.
- Als Zimbardos Freundin, Christina Maslach, schließlich am Abend des fünften Tages zu Besuch kam, sah sie, wie gerade Wärter aneinander gekettete Gefangene anschrien und ihnen Papiersäcke über die Köpfe steckten. Daraufhin kam es zu einem Streit zwischen Zimbardo und Maslach über die moralische Vertretbarkeit des Experimentes – mit dem Ergebnis, dass Zimbardo das Experiment am Morgen des sechsten Tages abbrach.

Welche Erkenntnisse können aus diesem berühmt-berüchtigten – hier aus Platzgründen tatsächlich nur ansatzweise skizzierten (vgl. zur detaillierten Darstellung Zimbardo 2008, S. 21-189) – Experiment gezogen werden? Wir denken, dass das SPE mit Blick auf das menschliche Verhalten insbesondere zwei wesentliche Erkenntnisse nahelegt, die mit Philip Zimbardo als *»Macht der Situation«* und als *»Luzifer-Effekt«* bezeichnet werden können:

- Die These von der *»Macht der Situation«* bezieht sich unmittelbar auf die bereits angesprochene verhaltenswissenschaftliche Formel, der zufolge sich jedes menschliche *Verhalten* durch die Bestimmungsgrößen *Person* und *Situation* erklären lässt, und besagt diesbezüglich, dass komplexes menschliches Verhalten keinesfalls ausschließlich durch die Analyse der individuellen Eigenschaften der Person erklärt werden darf, sondern dass daneben immer auch die »Macht externer situativer Kräfte« mit bedacht werden muss (vgl. Zimbardo 2008, S. xii). Die »Macht der Situation« kann dabei potenziell so groß werden, dass Verhaltensweisen *kaum mehr dispositionell*, sondern tatsächlich *weitestgehend situativ* bestimmt werden. Es kann mithin zu einem Triumph der »Macht der Situation« gegenüber der »Macht des Individuums« kommen (vgl. Zimbardo 2008, S. xvi), der in letzter Konsequenz auf eine Verkürzung der Verhaltensformel im Sinne eines V = (S) hinausläuft. Eben diese These stützt das SPE insofern, als es eine Situation beschreibt, die so mächtig war, dass aus den vormals mehr oder minder einheitlichen und normalen Verhaltensweisen der Studenten innerhalb kürzester Zeit zwei völlig verschiedenartige Verhaltensmuster – jenes von »sadistischen Wärtern« sowie jenes von »gebrochenen Gefangenen« – entstand. Hierauf stellt auch Zimbardo (2008, S. 193) ab, wenn er für das SPE resümiert: »Am Anfang des Experiments gab es keine Unterschiede zwischen den beiden Gruppen; kaum eine Woche später gab es keine Ähnlichkeiten zwischen ihnen.«

- Der *»Luzifer-Effekt«* spezifiziert die »Macht der Situation« insofern, als er besagt, dass Situationen (allzu) häufig einen *transformativen Prozess* bewirken, in dessen Verlauf gute bzw. normale Menschen veranlasst werden, schlechte oder böse Dinge wider besseren Wissens zu tun (vgl. Zimbardo 2008, S. 3). Situationsgestaltungen haben so gesehen eher die Tendenz *gute* Menschen zu *schlechten* Verhaltensweisen zu verführen, als dass Situationen *schlechte* Menschen zu *guten* Verhaltensweisen veranlassen. Zimbardo versinnbildlicht diesen Effekt dadurch, dass er Personen mit »Äpfeln« und Situationen mit »Fässern« vergleicht und ausführt, dass es zweifellos immer »faule Äpfel« gibt (vgl. i. d. S. Abschnitt 4.3.1), dass es aber eben auch »schlechte Fässer« geben kann, in denen nahezu jeder »gute Apfel« schnell schlecht wird (vgl. Zimbardo 2008, S. xii).[13] Der »Luzifer-Effekt« verweist damit auf den Prozess einer situationsbegründeten *»Entmenschlichung«*, in dessen Verlauf Menschen andere (häufig andersartige) Menschen als weniger wertvoll oder zuweilen geradezu als Feinde (v)erachten, die es verdient haben, gequält, gefoltert oder vernichtet zu werden (vgl. Zimbardo 2008, S. xviii). Beispiele für den »Luzifer-Effekt« lassen sich nach Zimbardo überaus zahlreich finden und reichen vom SPE und den vergleichbaren, aber eben realen Vorkommnissen im irakischen Gefangenenlager Abu Ghraib (vgl. Zimbardo 2008, S. 311 ff.) bis hin zu all jenen ungezählten und unbegreiflichen Greueltaten im »Zeitalter des Massenmordes« (vgl. Zimbardo 2008, S. 10 ff.).

Vor dem Hintergrund dieser allgemeinen Erkenntnisse wollen wir nunmehr der Frage nachgehen, ob die »Macht der Situation« und vor allem der »Luzifer-Effekt« nicht auch in unseren heutigen Organisationen von Bedeutung sein können. Oder mit Zimbardo (2008, S. 191) als Frage formuliert: Gibt es »toxische Auswirkungen böser Systeme und böser Situationen« auf die Führenden in modernen Organisationen?

Wie organisationale Settings gute Führer zu schlechter Führung verleiten – oder: Wenn Leistungsziele und Leistungsanreize unverantwortlich werden

Die *»Macht der Situation«*, gleichsam die Erkenntnis, dass das Verhalten von Menschen nicht nur direkt über führende Personen, sondern grundsätzlich auch indirekt über handlungsleitende Situationen beeinflusst werden kann, ist

13 In diesem Zusammenhang betont Zimbardo (2008, S. 8 f.), dass es selbstverständlich auch Menschen (Eliten) sind, die die jeweiligen »Fässer« konstruieren (vgl. dazu Abschnitt 5.4.3).

in der Führungslehre und Führungspraxis alles andere als unbekannt. Wesentlicher Beleg hierfür ist fundamentale Unterscheidung in der Führungslehre zwischen einer *interaktiven* (direkten) und einer *kontextuellen* (indirekten) Führung der Organisationsmitglieder (vgl. Wunderer 1975; Rosenstiel 2003, S. 4 f.; Weibler 2012, S. 97 ff.). Charakteristisch für die *kontextuelle Führung* ist dabei, dass sie sich auf eine Personenmehrheit – im Grunde auf alle Organisationsmitglieder – bezieht (vgl. Abb. 19) und ihre Wirkung losgelöst von jenen der interaktiven Führung zu entfalten vermag, wobei natürlich auch die kontextuelle Führung durch Personen (letztlich die Organisationsleitung) veranlasst und gestaltet wird. Mit Blick auf diese »zweite Säule« der Führung gilt, dass sie verglichen mit der interaktiven Führung (als »erste Säule«) wesentlich anonymer und unmerklicher abläuft, mit ihr also mehr oder minder »unsichtbare Führungs-Kräfte« auf die verschiedenen Organisationsmitglieder einwirken. Türk (1995, Sp. 333) spricht in diesem Zusammenhang auch von *Medien entpersonalisierter Führung*, »hinter denen der Führende (...) zurücktreten, wenn nicht gar verschwinden oder sich verstecken kann«, und unterscheidet dabei wie folgt:

- *Differenzierung*[14] ist eine abstrakte Sammelbezeichnung für alle positions-, status- sowie auch einkommensbezogenen Unterscheidungen der Mitglieder einer Organisation. Beispielhaft hierfür ist die Herausbildung unterschiedlicher *hierarchischer Positionen*, die mit jeweils unterschiedlichen pekuniären *Vergütungen* und sozialem *Ansehen* verbunden sind. Die verhaltenssteuernde Wirkung resultiert dabei daraus, dass ein – in der Regel individuell erstrebenswerter – hierarchischer Aufstieg regelmäßig an ein erwartungskonformes (Leistungs-)Verhalten gekoppelt ist, woraus sich bedeutsame Führungswirkungen ergeben. Als aktuell höchst bedeutsame Variante der Differenzierung erscheint dabei der gesamte Bereich der *leistungsorientierten Vergütung*, auf den wir noch näher eingehen wollen.
- *Technologie* bezeichnet die Möglichkeit, personales (Leistungs-)Verhalten über technologisch strukturierte Prozesse zu beeinflussen. Sehr anschaulich wird dieses kontextuelle Führungsmedium am Beispiel des *Fließbandes*, das insofern ja wie eine (unpersönliche) Führungs-Kraft wirkt, als es jedem von ihm Geführten eindeutig »sagt«, welche Leistung in welcher (Takt-)Zeit von ihm erwartet wird und die individuelle Leistungserbringung dabei auch unmittelbar kontrolliert (Anhalten des Fließbandes bei ausbleibender/fehlerhafter Leistungserbringung).

---

14 Das Führungsmedium der Differenzierung vergegenwärtigt sich im SPE sehr deutlich in der Trennung zwischen »Wärtern« und »Gefangenen«.

- *Bürokratie* bezeichnet ein Medium kontextueller Führung, das insbesondere (im technologisch schwieriger erschließbaren) Bereich der Verwaltungstätigkeiten breite Anwendung findet und dessen Wesen darin besteht, den Organisationsmitgliedern die von ihnen erwarteten Verhaltensweisen auf dem Wege genereller *Regeln*, *Richtlinien* und *Anweisungen*, einzuhaltender *Dienstwege* u. Ä. m. vorzuschreiben und (sanktionsbewehrt) einzufordern.[15] Bürokratie ist dabei vom – negativ besetzten – Begriff der Bürokratisierung abzugrenzen, der im Grunde »nur« auf die Gefahren (und Tendenzen) einer übersteigerten bürokratischen Steuerung verweist. Als bürokratisch-strukturiertes Führungsmedium ist dabei auch das Instrument der *Zielvereinbarung* (management by objectives) anzusehen, auf das wir im Folgenden ebenfalls noch eingehen werden.
- *Kultur* verweist – im Sinne von Organisationskultur – schließlich auf die verhaltenssteuernden Wirkungen gemeinsamer Werte und Normen, die im Sinne *»ungeschriebener Verhaltenskodizes«* das Denken und Handeln der Organisationsmitglieder beeinflussen und – zumindest im Falle einer »gesunden« oder »exzellenten« Kultur – dadurch genau jenes (Leistungs-)Verhalten befördern, das organisationsseitig als erwünscht gilt (z. B. hohes zeitliches Arbeitsengagement, unternehmerisches Denken und Handeln, usf.).

Zu vermerken ist vor diesem Hintergrund zunächst, dass – wie die interaktive Führung – natürlich auch alle Medien der kontextuellen Führung einer *ethischen Reflexion* anheimgestellt sind. Besonders deutlich wird dies anhand der fortwährenden Diskussion der *Fließbandarbeit* als einer Führungspraxis, die grundlegenden menschlichen (körperlichen, geistigen, sozialen) Bedürfnissen entgegensteht und insofern als inhuman charakterisiert und kritisiert wird (vgl. Kreikebaum/Herbert 1988; Kuhn 2002). Auch wird das Bestreben einer gezielten Gestaltung der *Organisationskultur* durch das Management bezüglich seiner ethischen Vertretbarkeit hinterfragt (vgl. Schreyögg 1991; Ulrich 1990). Im Mittelpunkt der aktuellen Diskussion über die Ethik der kontextueller Führung steht sicherlich jedoch das Konzept einer *leistungsorientierten Vergütung* (pay for performance), deren schiere Höhe vielfach als nicht mehr rechtfertigungsfähig gilt (Verteilungsgerechtigkeit), deren verhaltenssteuernde Wirkungen (v. a. übersteigerte Risikobereitschaft) überdies aber auch zerstörerische Fehlsteuerungen in der Unternehmensführung (Stichwort: Bankenkrise) begründen können (vgl. Thielemann 2010). Korrespondierend hiermit werden derzeit aber auch dem Instrument der *Zielvereinbarung* erhebliche »ethische

15 Das Führungsmedium der Bürokratie vergegenwärtigt sich im SPE anhand der siebzehn Verhaltensregeln für Gefangene.

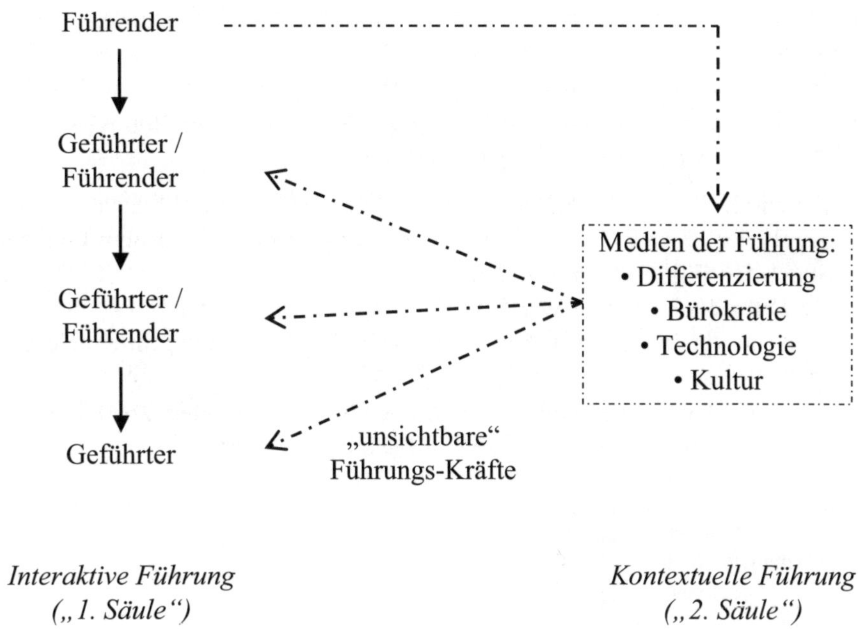

Abb. 19: Führung als zweidimensionale Konzeption

Kosten« zugeschrieben (vgl. Schweitzer et al. 2004; Ordonez et al. 2009). So geht beispielsweise Barsky (2008) davon aus, dass (a) infolge der Fokussierung auf Leistungsziele das moralische Bewusstsein des Einzelnen (z. B. bezüglich negativer Folgewirkungen des eigenen Handelns auf andere) tendenziell geschwächt oder verdrängt wird, und dass (b) Zielvereinbarungen Organisationsmitgliedern überdies häufig auch als Begründung für erkanntermaßen unethische Verhaltensweisen dienen, sie gleichsam also zur »Rationalisierung« moralisch falschen Handelns genutzt werden (»Es ist alles zum Besten der Organisation«; vgl. Barsky 2008, S. 65).

Mit Blick auf das Problemfeld einer schlechten Führung stellt sich schließlich die Frage, ob die kontextuelle Führung derartig auf die interaktive Führung einwirken kann, dass das Verhalten von Führenden »schlechter«, gleichsam also destruktiver, toxischer oder tyrannischer wird. Solche Wirkungen erscheinen prima vista deshalb möglich, weil die kontextuelle Führung ja auch und gerade einer (unsichtbaren) »Führung der Führenden« dient und das interaktive Führungsverhalten insofern vorzusteuern beabsichtigt (vgl. Weibler 2012, S. 97 ff.). Inwiefern aber könnte die kontextuelle Führung einen *»Luzifer-Effekt«* auf die Führenden haben?

Einen Erklärungsansatz für die Beförderung destruktiven Führungsverhaltens durch kontextuelle Rahmenbedingungen entwickeln Bardes/Piccolo (2010), die die situativen Variablen *Zielsetzung* und *Anreizstruktur* mit den personalen Phänomenen *Stress* und *destruktives Führungsverhalten* in Verbindung setzen (vgl. Abb. 20) und dabei von folgenden Annahmen ausgehen:

- Erstens: Der Grad der *Schwierigkeit*, den Führende bei der Erreichung vorgegebener *Zielsetzungen* wahrnehmen, korreliert positiv mit dem Grad an Stress, den Führende empfinden.
- Zweitens: Der Grad, in welchem die *Vergütung* des Führenden *leistungsorientiert* erfolgt, korreliert positiv mit dem Grad an Stress, den Führende empfinden.
- Drittens: Der Grad, in welchem Führende Stress empfinden, korreliert positiv mit dem Grad eines *destruktiven Führungsverhaltens.*

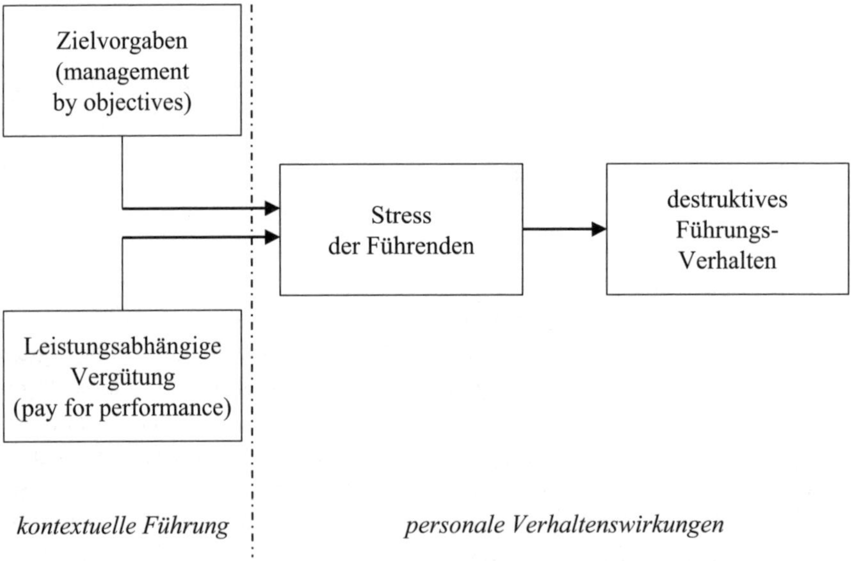

Abb. 20: Situative Stressoren als Ursache schlechter Führung (vgl. Bardes/Piccolo 2010, S. 12)

Bardes/Piccolo (2010, S. 11 ff.) beziehen sich in ihren Überlegungen dabei vor allem natürlich auf einen *(negativen) Stress*, der Emotionen wie Angst und Wut schürt und sich in der Regel einstellt, wenn »Dinge« (a) einen hohen Schaden verursachen können, und (b) nicht oder nicht sicher »gemanagt« werden können. Organisationale Zielvorgaben vermögen demzufolge dann negativen Stress zu verursachen, wenn sie den Führenden aufgrund in ihrer Höhe als unerreichbar erscheinen (beispielsweise Steigerung der Teamleistung um

25 % unter sonst gleichen Bedingungen) und/oder wenn sie aufgrund der zur Verfügung stehenden Ressourcen als unrealistisch wahrgenommen werden (z. B. gleiche Leistungen trotz eines Personalabbaus von 25 %). In diesem Sinne schwierig oder immer schwieriger zu erfüllende Zielvorgaben vermögen dann einen zunehmenden Stress bei Führenden zu begründen, der nochmals dadurch gesteigert (potenziert) werden kann, wenn – und je weitreichender – die eigene Vergütung von der Erreichung der vorgegebenen (und unerreichbaren) Ziele abhängig gemacht wird. Immer höhere Leistungsvorgaben (*management by objectives*) in Verbindung mit stark leistungsabhängigen Vergütungssystemen (*pay for performance*) können so zunehmenden *Stress bei Führungskräften* bewirken, der sich erfahrungsgemäß (vgl. dazu Hershcovis et al. 2007) auch und gerade in einem zunehmend destruktiven (unethischen) Führungsverhalten manifestieren kann. Dieser Zusammenhang (vgl. dazu auch Chandler/Fields 2010, S. 110; Spreier et al. 2006) verweist in bemerkenswerter Weise darauf, dass die derzeitige Bedeutung sowie auch eine potenziell zunehmende Verbreitung schlechter Führung nicht immer nur den schlechten Eigenschaften der Führenden (sowie den duldenden oder förderlichen Verhaltensweisen der Geführten) zugeschrieben werden sollte, sondern ein gutes Stück weit wohl auch dem situativen Realphänomen eines kontinuierlich steigenden *Leistungs- und Erfolgsdrucks*, einer zunehmenden Verbreitung von *leistungsorientierten Vergütungssystemen* sowie – als Resultante dessen – einem immer stärkeren Leistungsstress der Führenden geschuldet ist. Empirische Bestätigung findet diese Überlegung in einer Untersuchung, der zufolge 70 % der über 1000 befragten US-Manager und Führungskräfte angaben, dass der Druck zur Erreichung unrealistischer Zielvorgaben als wichtigste Erklärung für unethische Verhaltensweisen anzusehen sei (vgl. Chandler/Fields 2010, S. 111).

In diese Richtung weist auch ein konzeptioneller Ansatz von Tepper (2010), der eine ganz spezifische und in der Praxis durchaus verbreitete Form des destruktiven Führungsverhaltens fokussiert, nämlich den sogenannten *PBU (»pressure to behave unethically«)*. Hierunter versteht Tepper jede Form von Druck, den Geführte von Seiten übergeordneter Autoritäten (zumeist der direkt Vorgesetzten) verspüren und der darauf ausgerichtet ist, sich (zum »Wohle der Organisation«) in unethischer Weise zu verhalten (z. B. Übervorteilung von Kunden, Zurückhaltung kritischer Informationen). PBU ist dabei als ein Phänomen zu sehen, dass nicht nur in nahezu allen Unternehmensskandalen der jüngeren Vergangenheit (z. B. Enron, Arthur Andersen, Fannie Mae) gut nachgewiesen werden kann, sondern dass sich auch in Befragungen als bemerkenswert verbreitet bestätigt. So gaben 56 % der befragten US-Arbeitnehmer an, dass PBU von Vorgesetzten als Mittel zur Erreichung organisationaler (Erfolgs-)

Ziele ausgeübt wird; 29 % der Befragten gaben dazu weiter an, dass das zentrale Druckmittel die in Aussicht Stellung von persönlichen Vorteilen im Falle eines unethischen Verhalten bzw. die Androhung persönlicher Nachteile für den Fall einer Verweigerung unethischer Verhaltensweisen sei (vgl. Tepper 2010, S. 592). In seiner Beantwortung der Frage, warum es zur Ausübung eines solchen Drucks kommt, rekurriert Tepper zum einen auf Ursachen, die in der Person des Führenden bzw. in der Interaktion zwischen Führenden und Geführten begründet liegen (z. B. Mängel in der Persönlichkeit des Führenden oder auch soziale Akzeptanz von PBU); zum anderen betont er aber auch die hohe Bedeutung situativer Einflussgrößen, und hier insbesondere die der organisationalen Anreiz-Systeme, die die Führenden (vor allem implizit und dabei gegebenenfalls auch unbeabsichtigt) dazu ermuntern, Druck zu unethischen Verhaltensweisen auf ihre Mitarbeiter auszuüben (– dies nicht zuletzt dadurch, indem sie Führende, die eben hierauf verzichten, erkennbar benachteiligen). Ihren wesentlichen Ausdruck finden solche Systeme nach Tepper in einer fortgesetzten und undifferenzierten Übermittlung der Botschaft an alle Führenden, dass letztlich nur Erfolge (um jeden Preis) wertgeschätzt und belohnt werden und dass deshalb die Erreichung der Ziele (und nicht so sehr die hierfür eingesetzten Mittel) das Handeln bestimmen sollte (vgl. Tepper 2010, S. 594 ff.). In Anbetracht solcher »situativer Einflüsse« und quasi unter Bezugnahme auf den »Luzifer-Effekt« stellt Tepper fest: »decent people can be made to do horrible things« (Tepper 2010, S. 592).

Wir wollen in diesem Kontext jedoch noch eine weiteren Erklärungsansatz ansprechen, der weniger auf *strukturellen Druck* denn auf eine *strukturelle Korrumpierung* abstellt und bei Führenden denn auch weniger einen höheren Stress als vielmehr eine verstärkte Gier nach sich zieht, die einer schlechten Führung ebenfalls den Weg zu ebnen vermag (vgl. Abb. 21). Bezug genommen ist damit auf die gerade in der jüngeren Vergangenheit zunehmend »entgrenzte« *Kompensierung* und *Privilegierung* von (v. a. höheren) Führungskräften, die sich zum einen in »Lotterie-Einkommen« (vgl. Windolf 2003, S. 202 f.) vergegenwärtigt, die in ihrer schieren Höhe selbst für Top-Manager bis vor kurzem nicht vorstellbar waren (vgl. Reuter 2010, S. 73), die sich zum anderen aber auch in »Sozialleistungen« wie Privat-Jets, persönlichen AssistentInnen und anderen »Ressourcen« (vgl. Ciulla 2005, S. 330) sowie einer damit einhergehenden Transformation von CEOs in »celebrity CEOs« (vgl. Conger 2005, S. 86) äußert. Diese Entwicklungen sollen hier wiederum weniger mit Blick auf die – selbstverständlich berechtigte – Frage ihrer (Verteilungs-)*Gerechtigkeit* diskutiert werden (vgl. dazu bspw. Hartmann 2010; Thielemann 2006, 2010), als vielmehr hinsichtlich ihrer Wirkungen auf die *Moralität* und den *Charakter* der »Betroffenen« reflektiert werden. Obgleich eindeutige empirische Untersuchungen zu dieser Frage bislang nicht vorliegen, so stimmen doch zumindest einschlägige Insiderberichte (vgl. Anderson 2008; Ishikawa 2009; Freedman 2009), aber auch allgemeine Einschätzungen eher nachdenklich. So geht beispielsweise Price davon aus, »that when we grant these privileges to leaders, we create situations that make it easy for them to believe that they are beyond the scope of morality by which the rest of the society lives« (Price 2006, S. 152). In ähnlicher Weise diagnostiziert Conger (2005, S. 80 ff.), dass die aktuellen »Lotterie-Einkommen« die Integrität und Glaubwürdigkeit von Managern systematisch untergraben. Und Bowie (2005, S. 152) unterstreicht, »that as power and success increase, so too does the possibility that a person's character will suffer«. Auf diesen Zusammenhang zwischen *ökonomischer Privilegierung* und *charakterlicher Deprivation* verweist schließlich auch die neuere Motivationsforschung, die für den Fall übermäßiger extrinsischer (institutionalisierter) Leistungsanreize und -vergütungen eine »Verdrängung«, »Korrumpierung« und letztlich »Zerstörung« der intrinsischen (moralischen) Motivationen des Menschen (z. B. Integrität, Verantwortungsbewusstsein) bestätigt (vgl. Frey/Osterloh 2005; Frey 1997; Kohn 1999).

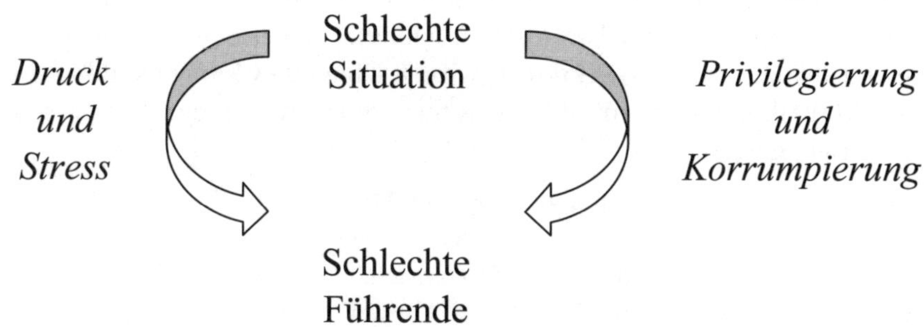

Abb. 21: Schlechte Führung infolge schlechter Führungssituationen

Ludwig/Longenecker (1993) sprechen in diesem Zusammenhang vom sogenannten *»Bathsheba Syndrom«*, das für die These steht, dass unethisches Führungsverhalten von (vor allem: Top-)Managern weniger auf steigenden Leistungsdruck, sondern vielmehr als »Nebenprodukt« eines enormen *persönlichen Erfolges* zu verstehen sei, mit dem moralisch richtig umzugehen viele scheitern. Sie hinterlegen diese These mit der biblischen Geschichte von König David, der ein bescheidener und ehrenwerter Mann und ein guter und gerechter Führer seines Volkes war. Im Moment seines höchsten Erfolges aber, als er sich absoluter Beliebtheit erfreute und sein Leben ihm alles bot, was er sich nur vorstellen konnte, entwickelt er ein unstillbares Bedürfnis nach etwas, das ihm moralisch nicht zustand – nämlich nach Bathsheba, der Frau seines Kriegers Uriah. Sie zu gewinnen wurde nunmehr zu seinem zentralen Trachten, das er unter Anwendung aller Macht verfolgte. Er vernachlässigte also seine Verantwortungen als Führender und missbrauchte seine Privilegien auf verschiedenste Weisen, bis er letztlich befahl, Uriah in vorderster Front in den Krieg zu schicken und ihn dort schutzlos vom übermächtigen Feind töten zu lassen. Das Bathsheba Syndrom steht damit für ein *moralisches Scheitern*, dass (guten) Führern aus einer (schlechten) Situation erwächst, welche den Einzelnen mit einem solchen (Über-)Maß an Macht, Einfluss, Reichtum, Status und Ansehen ausstattet, dass er einen unersättlichen Wunsch nach »immer mehr« entwickelt, jeden Bezug zur Realität verliert, innerlich zunehmend vereinsamt und schließlich einem egozentrischen Größenwahn verfällt (vgl. Ludwig/Longenecker 1993, S. 270 f.). Die Versuchungen eines (situativ) unbegrenzten Führungserfolges können so gesehen eine negative Dynamik entfalten, die in letzter Konsequenz den Führenden (hier: David), unschuldige Geführte (hier: Uriah) und schließlich auch die Organisation (hier: Davids Königreich) zerstören kann (vgl. Ludwig/Longenecker 1993, S. 272). Mit Blick auf alle dem »Bathsheba Syndrom« anheim gefallenen Führenden resümieren Ludwig/Longenecker (1993, S. 267): »But just the moment of seemingly ›having it all‹, they have thrown it all away by engaging in an activity which is wrong, which they know is wrong, which they know would lead to their downfall if discovered, and which they mistakenly believe they have the power to conceal«[16].

---

16 Eine alternative und sehr bedenkenswerte Interpretation des Ansatzes von Ludwig/Longenecker entwickelt Price (2006, S. 12 ff.), indem er bezweifelt, dass Führende, die dem Bathsheba Syndrom anheimfallen, *wissen*, dass ihr Handeln moralisch *falsch* ist, und also *willentlich* falsch handeln. Diesem »volitionalen Verständnis« setzt sie ein »kognitives Verständnis« gegenüber, das davon ausgeht, dass Führende, die dem Bathsheba Syndrom anheimfallen, tatsächlich *glauben*, dass ihr Handeln *richtig* sei – und zwar aufgrund ihrer exponierten Position innerhalb der Gesellschaft. Diese Interpretation verweist also darauf, dass überdurchschnittlich erfolgreiche (und dafür häufig bewunderte) »Führungspersönlichkeiten« davon ausgehen, dass jene moralischen Standards, die für »normale« Menschen Gültigkeit besitzen (sollten), für sie als »außergewöhnliche« Menschen weniger bedeutsam bzw. gänzlich außer Kraft gesetzt sind. In Bezug auf die (subjektive) Wahrnehmung von König David würde dies dann bedeuten: »Although David believed that what he did was *generally* wrong, he did not believe that these prohibitions applied to *him*« (Price 2006, S. 23; H. d.V.).

4.3.4 Unethische Führung in Form schlechter Führungsmittel und -ziele – oder: Wenn die Zwecke verfehlt und die Mittel nicht geheiligt sind

> *»Leaders driven by self-interest orient their behaviors toward ends that benefit themselves at the expense of followers, whose needs and interests are either ignored or trampled upon.«*
> (Liden 2010, S. x)

Vor dem Hintergrund obiger Ausführungen zu den wichtigsten *Bestimmungsgrößen* (Determinanten) schlechter Führung (Führer, Geführte, Situation; vgl. Abschnitte 4.3.1-4.3.3), wollen wir unsere Betrachtungen zur *»dark side of leadership«* nunmehr mit einigen Überlegungen und Erkenntnissen zu den *Ausdrucksformen* (Dimensionen) unethischer Führung beschließen, das heißt der Frage nachgehen, woran sich schlechte Führung im Einzelnen festmachen lässt. Wie an anderer Stelle bereits herausgearbeitet (vgl. Abb. 10), vergegenwärtigt sich schlechte Führung zum einen in spezifischen Verhaltensweisen des Führenden, die insbesondere aus Sicht der Geführten als unangemessen, ungerecht, unsinnig, unerträglich – und damit gleichsam als unethisch oder eben auch destruktiv empfunden werden. Als ein bedeutsamer Versuch zur Beschreibung solcher *schlechten Führungsmittel* kann Teppers Konzept (2007, S. 262 ff.) der *abusive supervision* angesehen werden, auf das wir bereits eingegangen sind (vgl. Abschnitt 4.1.3). Schlechte Führung vergegenwärtigt sich zum anderen in den *Zielen der Führung* und liegt – analog zum Ansatz von Einarsen et al. (2007) – dann vor, wenn eine *Vermittlung* zwischen den jeweiligen Zielen der Führenden, der Geführten sowie der Organisation *systematisch verfehlt* wird (vgl. Abschnitt 4.1.4). Eine abstrakte, gleichwohl aber überzeugend strukturierte Auseinandersetzung mit den Dimensionen schlechter Führung findet sich überdies bei Nielsen (1991, S. 319 ff.), der unter Rückgriff auf die Zielsetzungen und Mittelanwendungen »dunkler« Figuren der Literatur und Geschichte folgende *Idealtypen schlechter Führung* bestimmt:

- *Der Führende als »Richard III«*: Shakespeare lässt seinen Protagonisten Richard III im gleichnamigen Schauspiel sagen: »Evil be thou my good!« – was bedeutet, das Richard zwischen moralisch gutem und schlechtem Handeln wohl zu unterscheiden weiß, dass er sich gleichwohl bewusst für das schlechte Handeln entscheidet, da dieses seinen eigenen Interessen am dienlichsten ist. Führungshandeln kann so gesehen *rein egoistisch* allein auf die

Ziele des Führenden ausgerichtet sein, den Zielen der Geführten sowie auch jenen der Organisation mithin abträglich sein und – in der Sprache der Spieltheorie gesprochen – damit auf eine Art *»win-lose-lose«-Situation* hinauslaufen.

- *Der Führende als »Eichmann«*: Unter Rückgriff auf Hannah Arendts Studie über die »Banalität des Bösen« (vgl. Arendt 1963) erklärt Nielsen den SS-Schergen Adolf Eichmann als einen Führenden, der wesentlich durch eine »Tugend des Gehorsams« geprägt war und als Führender ebenso beflissen wie gedankenlos[17] jedes ihm vorgegebene Ziel effektiv zu verfolgen suchte. Übertragen auf den organisationalen Kontext bedeutet dies, dass Führende nicht in jedem Falle nur ihre eigenen Ziele verfolgen, sondern – aus verschiedenen (extrinsischen, intrinsischen) Gründen – auch den Zielen der Organisation verpflichtet sein können. Eine solche Verpflichtung auf die *Erfolgsverantwortung* impliziert eine Außerachtlassung der *Humanverantwortung* (vgl. Abb. 1) als originäres Führungsziel und muss dabei den Eigeninteressen des Führenden nicht unbedingt zum Nachteil gereichen. In diesem Sinne stellt Nielsen (1991, S. 321) fest: »Not thinking about illegal or immoral behavior while working hard and creatively for organizational goals is frequently both encouraged and rewarded«. Wiederum in der Sprache der Spieltheorie gesprochen könnte man in diesem Fall von einer *»win-win-lose«-Situation* sprechen.
- *Der Führende als »Faust«*: In Analogie zum Faustischen »Pakt mit dem Teufel«, der gewissermaßen auf den Glauben abstellt, dass es richtig sein kann, Falsches zu tun, geht Nielsen in seinem dritten Idealtypus davon aus, dass Führende sich zu Verhaltensweisen entschließen können, die den Zielen der Geführten erkennbar entgegenstehen, wenn sie der Auffassung sind, dass damit gleichsam »höhere« Ziele erreicht werden. Hierzu führt Nielsen (1991, S. 322) erläuternd aus: »For example, a manager may decide that it is »worth it« to have a few employees die of cancer from working in a factory producing a chemical drug that can improve the lives of thousands of people«. In der Sprache der politischen Theorie wird in diesem Zusammenhang klassischerweise vom *»problem of dirty hands«* gesprochen (vgl. Walzer 1973), das übertragen auf die Führung in Organisationen bedeutet, dass Führende sich hin und wieder (oder immer wieder) »gezwungen« sehen können, sich – aus moralisch (vermeintlich) höheren Beweggründen – die »Hände schmutzig machen« zu müssen.

---

17 Hannah Arendt (1963, S. 287) schreibt dazu »He was not stupid. It was sheer thoughtlessness – something by no means identical with stupidity«.

Fasst man diese Überlegungen zusammen, dann lässt sich thesenartig festhalten (vgl. Abb. 22):

- Mit Blick auf die *Zielsetzungen der Führung* ist davon auszugehen, dass Führende vermittels ihres Führungsverhaltens in aller Regel (auch) ihre eigenen (egoistischen) Ziele zu verfolgen suchen.
- Von *schlechter Führung* ist in Anbetracht dessen zu sprechen, wenn die Verfolgung der eigenen Ziele durch den Führenden (z. B. Einkommen, Status) »auf Kosten« der Ziele der Organisation (z. B. Leistung, Gewinn), und/oder »auf Kosten« der Ziele der Mitarbeiter (z. B. Arbeitszufriedenheit, Lebensqualität) geht.
- Mit Blick auf die möglichen *Kombinationen zwischen den Zielsetzungen* der Führung kann sich schlechte Führung insbesondere als *»win-lose-lose«-Situation* sowie als *»win-win-lose«-Situation* vergegenwärtigen.
- Die jeweils gewählten Führungsmittel dürften dabei weitgehend durch die verfolgten Führungsziele bestimmt sein, wobei grundsätzlich auch die Möglichkeit eines *Ziel-Mittel-Konfliktes* in Betracht zu ziehen ist (»dirty hands problem«).

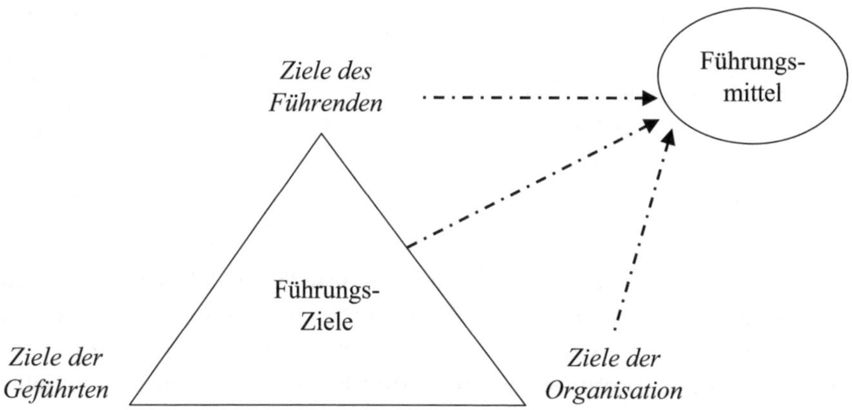

Abb. 22: Grundlegende Führungsziele und abgeleitete Führungsmittel

Diese Thesen zum Konnex schlechter Führungsziele und schlechter Führungsmittel wollen wir im Folgenden nochmals verdeutlichen, indem wir ihnen bisherige Erkenntnisse zur »dunklen Seite« der Führung zuordnen, sie überdies aber auch mit einigen inhaltlichen Ergänzungen hinterlegen.

Wenn Führende jegliches Verantwortungsbewusstsein vermissen lassen – oder: Schlechte Führung als »win-lose-lose«-Situation

Führung kann dann als *»win-lose-lose«-Situation* bezeichnet werden, wenn Führende ausschließlich ihre *eigenen (egoistischen) Ziele* verfolgen und insofern weder eine *Erfolgsverantwortung* (gegenüber den Zielen der Organisation) noch eine *Humanverantwortung* (gegenüber den Zielen der Geführten) verspüren. Unsere bisherigen Ausführungen haben diesbezüglich gezeigt, dass diese Verhaltensorientierung vor allem für *narzisstisch* und *psychopathisch* geprägte Führungspersönlichkeiten typisch ist (vgl. Abschnitt 4.3.1), darüber hinaus aber auch mit Führenden korrespondieren dürfte, die infolge organisationaler Settings (in Form einer maßlosen Privilegierung) dem *Bathsheba Syndrom* verfallen sind und ihr (vormals vorhandenes) Verantwortungsbewusstsein gegenüber der Organisation sowie auch gegenüber den Geführten aufgrund dessen vollständig verlieren (vgl. Abschnitt 4.3.3). Den Zielen der Geführten sowie jenen der Organisation widersprechen schließlich aber auch jene destruktiven Führungsstile, die Einarsen et al. (2007) als *»derailed leadership behavior«* bzw. *»laissez-faire leadership behavior«* bezeichnen (vgl. Abschnitt 4.1.4). Eine Studie von Aasland et al. (2010, S. 446 ff.) ergab diesbezüglich, dass (immerhin) 9 % der Befragten ein »derailed leadership behavior« während der letzten sechs Monate »ziemlich oft« oder sogar »sehr oft bis nahezu täglich« erlebt haben, und dass bemerkenswerte 21 % der Befragten genau dieses für den »laissez-faire«-Führungsstil bestätigen. Wir wollen die doppelte Destruktivität (»lose-lose«) schlechter Führung deshalb nochmals kurz und exemplarisch anhand dieses erstaunlich verbreiteten Führungsstils verdeutlichen.

Eine *»laissez-faire«-Führung* ist, im Unterschied zur *Nicht-Führung*, dadurch bestimmt, dass ein Führender formal eingesetzt und auch physisch gegenwärtig ist – der Führende praktisch jedoch alle Pflichten und Verantwortungen, die mit seiner Führungsposition verbunden sind, bewusst oder unbewusst ablehnt (vgl. Skogstad et al. 2007, S. 81). Konkret äußert sich dies etwa in der Weise, dass Entscheidungen vertagt oder vermieden werden, das Leistungsverhalten der Geführten weder mit einem Feedback noch mit Sanktionen (Belohnungen, Bestrafungen) bedacht wird und jegliche Versuche einer positiven Beeinflussung der Mitarbeiter-Motivation und -Zufriedenheit unterbleiben (vgl. Bass/Avolio 1990, S. 20; Hinkin/Schriesheim 2008, S. 1234). Eine solche »Führung« hat – nach übereinstimmender Einschätzung (vgl. Kelloway et al. 2006; Skogstad et al. 2007; Hinkin/Schriesheim 2008) – negative Wirkungen sowohl für die Organisation als auch für die Geführten, was sich im Einzelnen wie folgt erklären lässt:

- »Laissez-faire«-Führung ist aus *Sicht der Organisation* und ihrer Ziele insbesondere deshalb als destruktiv zu bewerten, weil dieser Führungsstil dem Grundgedanken der *transaktionalen Führung* (vgl. zum Begriff Neuberger 2002, S. 195 ff.) deutlich entgegensteht. Dies insofern, als eine »laissez-faire«-Führung weder auf schlechte noch auf gute Leistungen der Geführten erkennbar reagiert, damit gleichsam auf die Nutzung eines der wirksamsten Verfahren zur leistungsrelevanten Beeinflussung des Geführten-Verhaltens (»contingent reward« sowie »contingent punishment«) verzichtet und sich nicht zuletzt aufgrund dessen als höchst *ineffiziente Führungsform* erweist (vgl. Podsakoff et al. 2006; Hinkin/Schriesheim 2008).
- »Laissez-faire«-Führung ist aus *Sicht der Geführten* und ihrer Ziele insbesondere deshalb als destruktiv zu bewerten, weil der Führende es hier versäumt, den Geführten ihre Aufgaben und Verantwortlichkeiten zu verdeutlichen und insofern *Rollenambiguitäten* und *Rollenkonflikte* erzeugt, es zudem unterlässt, auf soziale Spannungen oder Konflikte in der Gruppe einzugehen und insofern laterale *(Kollegen-)Konflikte* befördert, was insgesamt zur Entwicklung arbeitsbezogener und zwischenmenschlicher Stressoren beiträgt, die ihrerseits in einem verstärkten *Mobbing* sowie einem hohen Grad an individuellem *Arbeitsleid* münden können (vgl. Abb. 23; sowie ausführlich Skogstad et al. 2007).

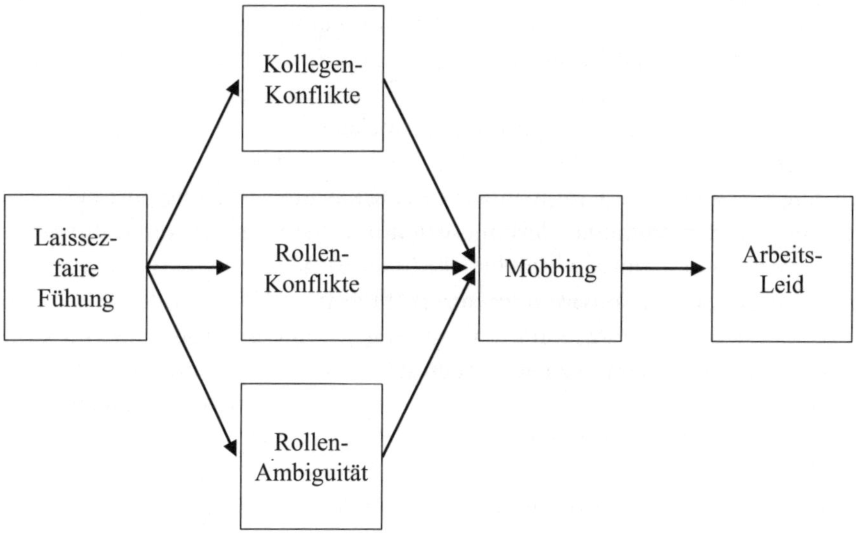

Abb. 23: Laissez-faire Führung als Ursache individuellen Arbeitsleids (nach Skogstad et al. 2007, S. 83)

Wenn Führende nur sich selbst und der Organisation verpflichtet sind – oder: Schlechte Führung als »win-win-lose«-Situation

Führung kann dann als *»win-win-lose«-Situation* bezeichnet werden, wenn Führende nicht nur ihre *eigenen (egoistischen) Ziele* verfolgen, sondern darüber hinaus auch den *(Erfolgs-)Zielen der Organisation* verpflichtet sind – und dabei bereit sind, die Erreichung dieser Ziele grundsätzlich auch »auf Kosten« der Geführten und ihrer Ziele gehen zu lassen. Von zentraler Bedeutung ist hier die Frage, warum (eigennützige) Führende (auch) den Zielen der Organisation verpflichtet sein sollen. Als kombinierter Erklärungsansatz hierfür können unseres Erachtens zwei theoretische Konzepte (Menschenbilder) dienen, die üblicherweise eher gegeneinander gestellt werden, hier jedoch als ergänzend betrachtet werden sollen – nämlich die *Principal-Agent-Theory* sowie die *Stewardship-Theory*:

- Die (ökonomisch begründete) *Principal-Agent-Theory* (vgl. Jensen/Meckling 1976; Ebers/Gotsch 1999) geht grundsätzlich davon aus, dass Führende (»Agenten«) strikt eigennützige Individuen sind, folglich nicht im Sinne der Ziele der Organisation (»Prinzipal«) agieren, sondern auf dem Wege opportunistischer Verhaltensweisen (z. B. Ausnutzung von Informationsvorsprüngen) vielmehr bereit sind, eigene Vorteile »auf Kosten« der organisationalen (Erfolgs-)Ziele zu realisieren. Die Theorie empfiehlt von daher, die Ziele der Führenden an die Ziele der Organisation rückzubinden, was handlungspraktisch vor allem auf ein Verfahren verweist, nämlich: »incentive schemes for managers which reward them financially for maximising shareholder interests« (Donaldson/Davis 1991, S. 50). Genau dieses Verfahren spielt, wie bereits angesprochen, im Kontext einer schlechten Führung eine beachtliche Rolle: So erscheinen leistungsorientierte Vergütungssysteme als ein geeignetes Mittel, um *machiavellistische* (unethische, aber effektive) *Führer* auf die Ziele der Organisation zu verpflichten (vgl. Abschnitt 4.3.1). Ebenso erscheinen leistungsorientierte Vergütungssysteme in Verbindung mit kontinuierlich gesteigerten Zielvorgaben als ein geeignetes Mittel, um (ethische, aber ineffektive) Führungskräfte zu einer höheren Führungseffizienz zu veranlassen, dies allerdings verbunden mit der Gefahr eines zunehmend destruktiven Führungsverhaltens (vgl. Abschnitt 4.3.3).
- Die (psychologisch-soziologisch begründete) *Stewardship-Theory* (vgl. Donaldson/Davis 1991; Velte 2010) geht demgegenüber davon aus, dass die Verfolgung der organisationalen (Erfolgs-)Ziele durchaus auch ein originäres (quasi eigennütziges) Ziel von Führenden darstellen kann – dann nämlich, wenn Führende sich in einem hohen Maße mit der Organisation iden-

tifizieren, ein ausgeprägtes Pflichtbewusstsein besitzen, dass sie zur effizienten Erledigung ihrer (Führungs-)Aufgaben anhält, und/oder ein starkes Bedürfnis nach Anerkennung von Vorgesetzten empfinden (vgl. Donaldson/Davis 1991, S. 51). In diesem Falle ist es sozusagen das (intrinsische) Ziel des Führenden, den (extrinsischen) Zielen der Organisation dienlich zu sein und als »guter Verwalter« (»steward«) »high levels of corporate profit and shareholder returns« zu erreichen (Donaldson/Davis 1994, S. 155). Ethisch problematisch wird der Typus des »guten Verwalters« spätestens dann, wenn er die Geführten – zum »Wohle der Organisation« – zu unethischen Verhaltensweisen drängt (»pressure to behave unethically«; vgl. Abschnitt 4.3.3) oder führungsseitig zu individuellen Leistungsniveaus veranlasst, die »ganz unmöglich ohne negative Folgen für ihre physische und psychische Gesundheit und ihr Sozialleben bleiben (können)« (Volpert 2002, S. 269).

Wenn Führende falsche Handlungen für richtig erachten – oder: Das Problem der »schmutzigen Hände«

Das Problem der »schmutzigen Hände« wurde ursprünglich im Rahmen der politischen Theorie identifiziert und diskutiert (vgl. Walzer 1973; Harris 2010). Gegenstand der Betrachtung sind dabei all jene (dilemmatischen) Situationen, die von (politischen) Entscheidungsträgern beschieden werden *müssen* und die dadurch charakterisiert sind, dass es keine andere Wahl gibt, als sich *moralisch falsch* zu verhalten (vgl. Walzer 1973, S. 161). Als exemplarisch hierfür gilt das Verhalten der Alliierten gegenüber Nazi-Deutschland, das bis zum Ausbruch des Zweiten Weltkrieges von den (schlechten) Alternativen beherrscht wurde, die aggressive Außenpolitik Deutschlands (z. B. Besetzung des Sudentenlandes) entweder (»auf Kosten« der Menschen in den annektierten Staaten) hinzunehmen, um die Schrecken des Krieges zu vermeiden (»Appeasement«), oder sich eben für diese Schrecken zu entscheiden und damit den Krieg als Mittel zum Frieden zu »nutzen« (vgl. Temes 2005, S. 106 ff.). Dieses Dilemma, »to choose between the things worse than war and war itself« (Temes 2005, S. 107), ist dabei bekanntermaßen kein (welt-)politischer Einzelfall, sondern vielmehr ein dauerhaft prägendes Element jedweder Außenpolitik. Die bekanntesten Stichworte allein aus der jüngeren Vergangenheit hierzu lauten: Irak, Afghanistan, Libyen, Syrien, Iran.

Strukturell vergleichbare, wenngleich in ihren Dimensionen natürlich begrenztere Situationen, lassen sich dabei auch im Kontext der Führung in Organisationen ausmachen (vgl. Temes 2005; Price 2006, S. 110 ff.). Exemplarisch verwiesen sei dabei nochmals auf das bereits zitierte Beispiel von Nielsen (1991, S. 322), dem zufolge sich jeder Führender allzu leicht in der Situation wiederfinden kann, in der er quasi zwischen *Skylla* (z.B. gesundheitliche Gefahren für die von ihm Geführten) und *Charybdis* (hier:Verzicht auf mögliche medizinische Fortschritte zum Nutzen größerer Teile der Bevölkerung) wählen muss. Das fiktive Moment dieses Beispiels lässt sich dabei schnell auflösen, wenn man in diesem Zusammenhang an den realen Einsatz der Liquidatoren in Tschernobyl oder an das tragische Entscheidungsverhalten der Verantwortlichen beim NASA-Zulieferer Morton Thiokol im Vorfeld der Challenger-Katastrophe denkt (Skylla: erhöhtes Risiko für das Leben der Astronauten im Falle eines Shuttle-Startes bei Minustemperaturen *versus* Charybdis: hohes Risiko, im Falle eines Startabbruches die NASA als Großkunden zu verlieren; vgl. dazu Steinmann/Löhr 1991, S. 21 ff.).

Jenseits aller Versuche zur Entwicklung einer eindeutigen (und einfachen) Anleitung zur »Lösung« solcher moralischer Entscheidungs-Situationen (die es im Übrigen nicht geben kann!), wollen wir das *»dirty-hands«-Problem* hier zuvorderst ganz anders interpretieren – nämlich in der Weise, dass Führung in bestimmten (und vermutlich nicht allzu seltenen) Situationen keine andere Wahl hat, als im Angesicht von (allgegenwärtigen) Zielkonflikten *schlecht*, gleichsam zwischen Skylla (z.B. Mißachtung der legitimen Interessen und Bedürfnisse der Geführten) und Charybdis (z.B. Nicht- oder nur teilweise Erfüllung der organisationalen Leistungs-Vorgaben und -Erwartungen), entscheiden zu *müssen*. Anerkennt man aber genau dieses, dass Führung sich unvermeidlich und alltäglich in moralischen Konflikt- und Dilemma-Situationen zu bewegen hat – dann muss denknotwendigerweise eine harmonische (»harmonistische«) Sichtweise, der zufolge *ethische* Führung immer und überall als Voraussetzung für *erfolgreiche* Führung anzusehen ist (*»light side of leadership«*; vgl. Kapitel 3) als unrealistischer Irrglaube eingestuft werden.

4.4 Die »dunkle Seite« der Führung: Ein Zwischenfazit

> *»Tyrannical leadership can lead to extraordinary performance and to intolerable human effects«.*
> (Ma et al. 2004, S. 33)

Das allgemeine Führungsverständnis ist, wie an anderer Stelle bereits ausgeführt (vgl. Kapitel 3), überaus harmonisch in dem Sinne geprägt, dass wir von einer unverbrüchlichen *Einheit von Führungsethik und Führungserfolg* ausgehen. Im Ergebnis verleitet diese »light side of leadership« zur Annahme einer Führungsrealität, in welcher Geführte überaus selbst- und machtbewusst gute Führung erwarten und einfordern – und für den Fall, dass die Führenden auch wirklich (moralisch) gut sind und (für die Geführten) Gutes tun, solches (führungsethisches) Verhalten mit guten Leistungen belohnen. Für den Fall, dass Führende sich tatsächlich einmal vom Pfad der Tugend (oder Ethik) entfernen und Geführte machtvoll zu Verhaltensweisen zwingen wollen, die deren Werten, Zielen, Interessen und/oder Bedürfnissen entgegen stehen, wird dann ein »Teufelskreis« derart angenommen, dass »the followers take revenge for negative leadership by showing less motivation, performance, and positive affect which in turn might intensify the leader's behaviour to discipline his obstinate subordinates« (Schilling 2009, S. 121). Dieser »Machtkampf« zwischen schlechten Führern und aufbegehrenden Geführten wird schließlich und bald jedoch von der (übermächtigen) Organisation erkannt, angegangen und letztlich in der Weise gelöst, dass der schlechte Führer durch einen guten Führer ersetzt wird, der gut ist, Gutes tut – und so wieder gute Leitung generiert.

Diese Vorstellung einer universellen »win-win-win-Situation«, der zufolge alle Protagonisten des organisationalen Führungsprozesses (Führer, Geführte, Organisation) im Grunde nur gewinnen können, wenn alle gewinnen, kann mit Lafer (vgl. 2005, S. 288) treffend als ein »irrational commitment to a win-win(-win)-view of the world« bezeichnet werden. Wie die Ausführungen zur »dunklen Seite« der Führung (vgl. Abschnitt 4.1-3) deutlich gemacht haben sollten, sieht die Führungsrealität allzu häufig deutlich anders aus. Denn hier steigen schlechte (z. B. narzisstische) Führende systematisch (z. B. aufgrund ihrer Führer-Attitüden) in Führungspositionen auf, wo sie häufig auf Geführte treffen, die eben nicht selbstbewusst und machtvoll aufbegehren, sondern schlechten Führern furchtvoll oder ehrfürchtig ergeben sind. Fraglich ist überdies, *wann* eine solche schlechte Führung von Seiten der (übermächtigen) Organisation erkannt wird – und auch *ob* sie dann auch entschieden angegangen wird, denn – auch dies sollte deutlich geworden sein: Eine aus Sicht der Geführten *schlechte* (unethische) Führung kann aus Sicht der Organisation durchaus als *gute* (effektive) Führung gewertet werden. Insbesondere aufgrund dieser unterschiedlichen Bewertbarkeit »schlechter« Führung erscheint es möglich und sinnvoll, *zwei »dunkle Seiten« der Führung* (vgl. Abb. 24) zu unterscheiden, nämlich, wie an anderer Stelle bereits angemerkt (vgl. Abschnitt 4.3.1), eine sozusagen *völlig* »dunkle Seite« der Führung« und eine *halb* »dunkle Seite« der Führung:

- Eine *völlig* »dunkle Seite« der Führung ist dann gegeben, wenn Führende (z. B. Narzissten) sowohl unethisch als auch ineffektiv führen, ihr Verhalten gleichsam also den Zielen der Geführten und den Zielen der Organisation entgegen steht (»win-lose-lose«-Situation; vgl. Abschnitt 4.3.4).

- Ein *halb* »dunkle Seite« der Führung ist demgegenüber dann gegeben, wenn Führende (z. B. Machiavellisten) unethisch, aber effektiv führen, ihr Verhalten also zwar den Zielen der Geführten entgegensteht, nicht jedoch jenen der Organisation (»win-win-lose«-Situation; vgl. Abschnitt 4.3.4).

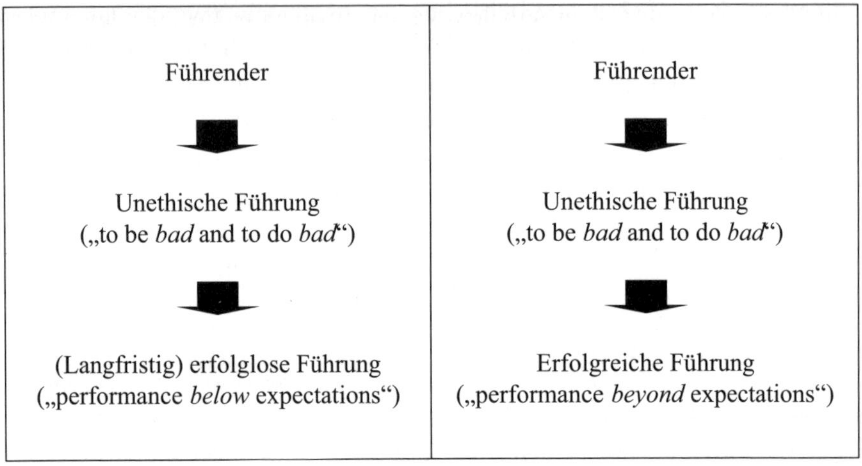

Abb. 24: Die zwei »dunklen Seiten« der Führung

Die Forderung nach einer verstärkten *Führungsethik* kann vor diesem Hintergrund denn auch auf zweierlei Art und Weise interpretiert werden: Einerseits als eine *erfolgsstrategische Herausforderung*, die dem Ziel einer Verbesserung der Führungseffizienz (durch Vermeidung »völlig dunkler« Führung) verpflichtet ist, und andererseits als eine *moralische Herausforderung*, die auf eine Verbesserung der Arbeits- und Lebensqualität der Geführten (durch Vermeidung »halb dunkler« Führung) abzielt. Vor allem die letztere Lesart verdeutlicht dabei, dass Führungsethik tatsächlich nicht nur damit begründet werden kann, dass man *erfolgreicher* führen möchte, sondern führungsethische Anstrengungen immer auch dadurch motiviert sein sollten, dass man schlicht und einfach *(menschen-) gerechter* führen möchte. Dass der Weg von einer schlechten zu einer guten Führung für viele Organisationen vermutlich noch recht weit sein dürfte, unterstreicht eine Studie von Erickson et al. (2007) über die Voraussetzungen, Ausdrucksformen und Folgewirkungen einer schlechten Führung. Diese zeigt – nach gängigem Muster – auf, dass »bad leadership« (aus Sicht der Geführten) als Folge einer geringen sozialen Kompetenz und einer geringen ethischen Integrität der Führenden angesehen wird, bei den Geführten insbesondere Wut, ein abnehmendes Selbstwertgefühl und zunehmende Frustrationen auslöst, im Zuge dessen vor allem die Leistungsmotivation negativ beeinflusst und für die Organisation mithin ein abnehmendes Leistungsniveau sowie auch eine erhöhte Fluktuation nach sich zieht (vgl. Erickson et al. 2005, S. 32 ff.). Das wirklich verbüffende Ergebnis der Studie ist allerdings, auch aus Sicht der Autoren (vgl. Erickson et al. 2005, S. 38 f.), dass schlechte Führung kaum negative Folgen für die Führenden hat. Eher scheint das Gegenteil der Fall zu sein! Denn, so zumindest die empirischen Daten, tatsächlich wurden nur 13,4 % der schlechten Führer zum Verlassen der Organisation gedrängt, wohingegen ihre schlechte Führung für 19,4 % der Führenden folgenlos blieb, und 44,8 % der schlechten Führer eben hierfür sogar belohnt bzw. befördert wurden (vgl. Abb. 25).

Frage: Was passierte mit dem schlechten Führer?	Sample N	Total %
• Hierarchisch zurückversetzt	14	6,0
• Weiß nicht	7	3,0
• Zum Ausscheiden gezwungen	31	13,4
• Freiwilliges Ausscheiden	4	1,7
• Dem schlechten Führer ist nichts passiert	45	**19,4**
• Der schlechte Führer bekam gesundheitliche Probleme	11	4,7
• Der schlechte Führer wurde befördert/belohnt	104	**44,8**
• Der schlechte Führer wurde lateral versetzt	16	6,9
Gesamtzahl der Antworten	232	

Abb. 25: Konsequenzen schlechter Führung für die Führenden (Erickson et al. 2007, S. 34)

5 Ethikbewusste Führung: Die moralischen Herausforderungen für die Führungspraxis

5.1 Ableitung eines Bezugsrahmens ethikbewusster Führung in Organisationen

»Responsible leadership depends not only on principled individuals (...), but also on (...) an organizational and environmental context where responsible leaders can flourish.«
(Maak/Pless 2006, S. 3)

Folgt man den bisherigen Ausführungen, dann ist die Führungspraxis in einem durchaus beachtlichen und bedenkenswerten Ausmaße durch *schlechte (unethische) Führung* geprägt (vgl. Kapitel 4). Eine kontinuierliche Verbesserung der Führung im Sinne einer *(ethisch) guten Führung* ist von daher als ein grundlegendes organisationales Ziel zu sehen, das sich sicherlich mit erfolgsstrategischen Überlegungen begründen lässt, das darüber hinaus aber auch als moralische Herausforderung für die Führungspraxis zu verstehen ist. Wie eingangs bereits vermerkt (vgl. Kapitel 1), hat die wissenschaftliche Auseinandersetzung mit dem Thema Führungsethik allerdings noch keine allzu lange Tradition, sprich: das Forschungsfeld ist insgesamt als höchst juvenil und als noch sehr offen anzusehen. Trotz – und wegen – dieses Mangels wollen wir im Folgenden den Versuch unternehmen, das Thema Führungsethik systematisch zu erschließen. Methodisch wollen wir dazu auf den oben entwickelten Bezugsrahmen zur »dunklen Seite« der Führung (vgl. Abb. 10) zurückgreifen – und diesen Erklärungsansatz für »unethische« Führung gewissermaßen um *180-Grad* wenden. Auf diese Weise lassen sich drei zentrale Bestimmungsgrößen (Determinanten) *guter Führung* bestimmen, die – in Abgrenzung zum »toxischen Dreieck« unethischer Führung (vgl. Abb. 8) – hier als *»moralisches Dreieck«* ethikbewusster Führung bezeichnet werden und auf die Bedeutung *guter*

Führer, guter Geführter sowie einer *guten Situation* abstellen. Überdies lassen sich – analog zu den in dieser Hinsicht recht übereinstimmenden Einschätzungen innerhalb der Forschung (vgl. i. d. S. Ciulla 2005, S. 332; Pless/Maak 2008, S. 229; Brown/Mitchell 2010, S. 588; Stouten et al. 2012, S. 1) – zwei wesentliche Ausprägungsformen (Dimensionen) ethikbewusster Führung unterscheiden, nämlich *gute (legitime) Ziele* sowie *gute (legitime) Mittel* der Führung. Diese Determinanten und Dimensionen ethikbewusster Führung (vgl. Abb. 26) wollen wir im Folgenden unter Rückgriff auf relevante Beiträge und Erkenntnisse aus der einschlägigen Diskussion ausführlicher erläutern und erörtern.

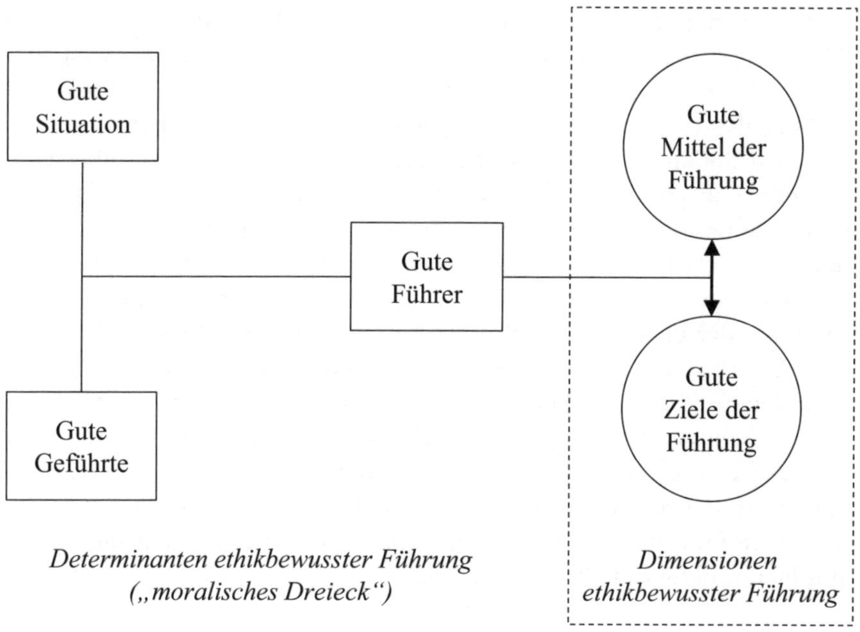

Abb. 26: Determinanten und Dimensionen ethikbewusster Führung – ein Bezugsrahmen

5.2 Ethikbewusste Führung infolge guter Führer – oder: Auf der Suche nach moralisch exzellenten Menschen

»... it is not surprising that the literature on ethical leadership is (...) individualistic, has a strong focus on character and is often driven by virtue ethics.« (Knights/O'Leary 2005, S.363)

So sehr wir dazu tendieren, schlechte Führung an die (schlechte) Person des Führenden rückzubinden (vgl. Abschnitt 4.3.1), so sehr sind wir wohl auch geneigt, die Suche nach guter Führung mit einer Ausschau nach Führungspersönlichkeiten zu beginnen, die als »gut« bezeichnet werden können. Dieses Bestreben dominiert zumindest die wissenschaftliche Diskussion über Führungsethik, die entsprechend stark von der Frage geprägt ist: Was sind per definitionem (ethisch) »gute« Führer? Wodurch sind sie ausgezeichnet? Welches sind ihre hervorstechenden Eigenschaften? Wie ist ihr Charakter geprägt? Wir wollen uns im Rahmen unserer Suche nach guten Führern zuvorderst auf Erkenntnisse der Philosophie und Ethik konzentrieren, von wissenschaftlichen Disziplinen also, die bereits seit Jahrtausenden mit der Beschreibung und Bestimmung des »guten Menschen« befasst sind. Zentraler Bezugspunkt ist dabei die »klassische« Diskussion über die sogenannte *Tugendethik*, die in ihrer »modernen« Fassung derzeit vor allem einen Begriff bzw. eine »Super-Tugend« (vgl. Solomon 2005, S. 31) fokussiert, nämlich *Integrität*. Wir wollen diese Zugänge zum Problem einer Bestimmung guter Menschen im Folgenden näher ausführen und führungsbezogen erörtern.

5.2.1 Gute Führung infolge tugendhafter Führer: »Klassische« Erkenntnisse über die moralische Exzellenz von Menschen

Überlegungen zur *Tugendhaftigkeit* von Menschen im Allgemeinen und Führern im Besonderen verweisen zuvorderst auf einen anderen, gleichsam *übergeordneten* Begriff, nämlich den des *Charakters*. Dieser Begriff wird – wie der Tugendbegriff auch – seit einiger Zeit (wieder) zunehmend diskutiert, wobei die Diskussion des Charakters höchst gegensätzliche Züge trägt: Einerseits wird hier ein endgültiger *»Tod des Charakters«* diagnostiziert, der aufgrund verschiedener sozialer und gesellschaftlicher Entwicklungen eintrat (so etwa aufgrund des globalisierten Kapitalismus, der modernen Medien- und Kommunikationsgesellschaft, der unbeschränkten Mobilität, u.Ä.m.) und eine Gesellschaft hinterlässt, die moralisch desinteressiert und desorientiert nicht länger mehr zwischen Gut und Schlecht zu unterscheiden vermag (vgl. Hunter 2000). In führungsbezogener Hinsicht fügt sich diese Sicht mit der These, dass es tatsächlich nicht nur der Charakterlosigkeit einiger weniger »bad apples« (Stichwort: Enron und WorldCom) zuzuschreiben, sondern vielmehr der charakterlichen Verderbtheit von immer größeren Teilen der Führungseliten (Stichwort: Bankenkrise und »Prinzip Gier«) geschuldet ist, dass das Vertrauen in die (vor allem politische und wirtschaftliche) Führung in unserer Gesellschaft kontinuierlich sinkt und zerstört zu werden droht (vgl. Wright/Goodstein 2007, S. 929). Die neue Relevanz der »dunklen Triade« schlechter Charaktereigenschaften (Narzissmus, Psychopathie, Machiavellismus), die wir an anderer Stelle bereits ausgeführt haben (vgl. Abschnitt 4.3.1), stützt diese Anschauung. Gleichwohl sehen andere durchaus noch »Leben« im menschlichen Charakter, hoffen – mehr denn je – auf diesen und erwarten von der (wiederhergestellten) Charakterfestigkeit des Menschen nicht weniger als eine Begrenzung oder Lösung der vielfältigen gesellschaftlichen und organisationalen Probleme (vgl. Conger/Hollenbeck 2010, S. 312). Diese Anschauung, die auf die *Stärke* und das *Gute* des menschlichen Charakters abstellt, ist es letztlich, die das Fundament der sogenannten *Tugendethik* bildet.

Im Mittelpunkt der tugendethischen Überlegungen steht das *Ziel* eines guten, starken Charakters des Menschen. Solche Tugendhaftigkeit, die auch als *Exzellenz* oder *Vortrefflichkeit* des Charakters bezeichnet werden kann (vgl. MacIntyre 1998, S. 93), gilt damit gleichsam als Ursprung und Voraussetzung allen guten menschlichen Handelns (vgl. Woodruff 2001, S. 6). Nur tugendhafte Menschen vermögen das Richtige vom Falschen zu unterscheiden und besitzen die Kraft, gemäß diesem Vermögen zu handeln. In diesem Sinne definierte Thomas von Aquin (zit. nach Honecker 1998, S. 169) die Tugend einst als das, *»was den, der sie besitzt, in seinem Sein und Handeln gut macht«*. Wichtig zu vermerken ist dabei, dass man Tugend nicht einfach »besitzt« (oder auch nicht), sondern ein tugendhafter Charakter *entwickelt* und *gewahrt* werden muss, dies im Zuge einer moralischen Erziehung (vgl. Rippe/Schaber 1998, S. 12; Hunter 2000) bzw. einer andauernden (lebenslangen) Übung (Praxis) tugendhaften Verhaltens (vgl. Palanski/Yammarino 2007, S. 175; Honecker 1998, S. 168). Tugend ist damit eine »erworbene menschliche Eigenschaft« (vgl. MacIntyre 1998, S. 96), die für den, der sie entwickelt und besitzt, letztendlich *Harmonie mit sich selbst* und *Glückseligkeit* bedeutet.

Die Tugendethik als philosophisch-ethischer Ansatz geht zurück auf die Antike und hier insbesondere auf den griechischen Philosophen Aristoteles (2002). Dieser bestimmte die Tugend allgemein als »ein Verhalten (eine Handlung) der Entscheidung, begründet in der Mitte in Bezug auf uns, einer Mitte, die durch Vernunft bestimmt wird und danach, wie sie der Verständige bestimmen würde« (Aristoteles 2002, S. 141). Bekanntester Ausfluss der Aristotelischen Ethik ist dabei sicherlich die Unterscheidung zwischen vier *(Kardinal-)Tugenden*, nämlich (vgl. dazu auch Grün 2010, S. 515 ff.; Riggio et al. 2010, S. 237 ff.):

- *Klugheit* – als die Fähigkeit, einen *Ausgleich* (»moral sweet spot«) zwischen entgegenstehenden (extremen) Positionen zu finden und auf diese Weise das (unvermeidliche) Schlechte zu minimieren und das (erstrebenswerte) Gute zu maximieren; Klugheit gilt dabei insofern als die *»Mutter aller Tugenden«*, als sie jene (innere) Instanz ist, die alleine die in allen moralischen Belangen zu findende *»Mitte«* zu bestimmen vermag. Mit Blick auf die anderen Tugenden heißt dies: Ohne Klugheit können alle Tugenden ihre erforderliche »Mitte« verlieren und beispielsweise Tapferkeit in Tollkühnheit, Mäßigung in Fanatismus und Gerechtigkeit in Schwäche ausarten (vgl. Riggio et al. 2010, S. 237).
- *Tapferkeit* – ist die Fähigkeit des Einzelnen, sich sein Handeln in (unangenehmen oder buchstäblich schrecklichen) Situationen nicht von der Furcht diktieren zu lassen, sondern *(zivil-)couragiert* dafür einzustehen, was die Klugheit befiehlt; Tapferkeit bedarf es also (nur) unter *widrigen Umständen* und äußert sich dann in dem Mut, eigene Einsichten und Überzeugungen auch gegen den Widerstand von anderen (der Mehrheit) zu vertreten.
- *Mäßigung* – bezieht sich auf das Verhältnis des Menschen zu seiner physischen Umwelt und vergegenwärtigt sich in einem – von der eigenen Klugheit – *gezügelten* und *begrenzten Verlangen* nach materiellen Gütern und sinnlichen Genüssen; Mäßigung zielt damit auf eine Vermeidung jener Maßlosigkeit, die alle Annehmlichkeiten des Lebens sucht – und alle Unannehmlichkeiten zu vermeiden trachtet.
- *Gerechtigkeit* – meint unterhalb der allgemeinen Forderung, geltenden Gesetzen gerecht zu werden (»generell justice«), vor allem einen (sozial) gerechten *(fairen) Ausgleich* zwischen den jeweils *eigenen Interessen* und den *Interessen anderer* (»particular justice«); Gerechtigkeit beinhaltet damit eine fortwährende und freiwillige Bereitschaft des Einzelnen, anderen das zu geben, was ihnen richtigerweise zusteht und gleichsam in keinem Falle eigene Vorteile auf Kosten anderer erzielen zu wollen.

Eine grundlegende Erweiterung dieses »Tugendkataloges« erfolgte im hohen Mittelalter durch den Dominikanermönch Thomas von Aquin, der die aristotelischen Kardinaltugenden um die drei *christlichen Tugenden* des Glaubens, der Hoffnung und der Liebe ergänzte (vgl. Grün 2010, S. 519 ff.). Dogmengeschichtlich lässt sich dabei ergänzen, dass die Tugendethik im Zuge der *Aufklärung* zunächst – und vor allem zugunsten der deontologischen (Pflichten-) Ethik (vgl. Kant 1978) sowie der utilitaristischen (Nutzen-)Ethik (vgl. Mill 1976) – stark an Bedeutung verlor, bevor sie – infolge einer zunehmenden Enttäuschung über die »moderne Ethik« – zum Ende des letzten Jahrhunderts eine bemerkenswerte Renaissance erlebte (vgl. Palanski/Yammarino 2007, S. 176). Diese *»Rearistotelisierung der Ethik«* (Höffe 1998, S. 42), die den ethischen Fokus gewissermaßen vom handlungsorientierten *»do this«* des Utilitarismus und der Deontologie wieder auf das (bewusst-)seinsorientierte *»be this«* (zurück-)verlagerte (vgl. Knights/O'Leary 2005, S. 363 f.; Rippe/Schaber 1998, S. 9), ist bis heute Gegenstand einschlägiger philosophischer Debatten (vgl. dazu aus tugendethischer Sicht grundlegend MacIntyre 1995 sowie Nussbaum 1999; Rippe/Schaber 1998), die hier nun allerdings nicht weiter verfolgt werden sollen.

Wir wollen stattdessen der Frage nachgehen, welche Bedeutung dieser philosophische Ansatz mit Blick auf die *(gute) Führung in Organisationen* besitzt. Hinsichtlich dieser Frage ist festzustellen, dass die deutlich überwiegende Zahl normativer Ansätze zur Führungsethik dezidiert tugendethisch begründet wird (vgl. z. B. Riggio et al. 2010; Sison 2004, 2006; Moore/Beadle 2006; Knights/O'Leary 2005; Hinterhuber 2002; Woodruff 2001, S. 163 ff.; Grimm 1994; Wellershoff 1992). Einige dieser Ansätze wollen wir im Folgenden näher betrachten und bedenken. Jenseits der spezifischen Debatte über *Führungsethik* ist darüber hinaus aber auch eine bemerkenswerte »Anreicherung« traditioneller (vor allem führerzentrierter) *Führungstheorien* um tugendethische Aspekte zu konstatieren – eine Entwicklung, die wir zunächst kurz nachzeichnen und kritisch würdigen möchten.

Als *führerzentrierte Führungstheorien* (vgl. zum Begriff Wunderer 2011, S. 274 ff.) gelten insbesondere die Eigenschaftstheorie der Führung (vgl. Weibler 2012, S. 106 ff.) sowie die charismatische bzw. die transformationale Führungstheorie (vgl. Weibler 2012, S. 132 ff.). Diese Theorien gehen in ihrem Kern davon aus, dass es letztlich die *Person des Führenden* (sprich: deren Eigenschaften, deren Charisma und/oder deren Fähigkeit zur »Transformation« des Denken und Handelns der Geführten) ist, die über den Erfolg (oder Misserfolg) von Führung (im Sinne einer zielgerichteten Verhaltenssteuerung der Geführten; vgl. Kapitel 2) »entscheidet«. Vor allem die charismatische sowie die transformationale Führungstheorie sehen sich dabei in der jüngeren Vergangenheit immer häufiger der Kritik ausgesetzt, dass sie zwar auf sehr effiziente bzw. erfolgreiche Führer verweisen, diese Führer allzu häufig jedoch in ethischer Hinsicht als höchst fragwürdig bzw. hoch problematisch bewertet werden (vgl. Price 2003; Khurana 2009). Diese Theorien (bzw. deren Protagonisten) sehen sich damit gleichsam mit der »dark side of leadership«-Problematik (vgl. Kapitel 4) konfrontiert, was einhergeht mit einem Klärungsbedarf hinsichtlich der Frage, inwieweit die »light side of leadership«-Perspektive (vgl. Kapitel 3) angesichts dessen noch als realistisch einzustufen ist. Pointiert gesprochen könnte man auch sagen: Die Erkenntnis der Möglichkeit eines Auseinanderfallens von Führungserfolg und Führungsethik in der Führungspraxis erreicht die Führungstheorie. Die Reaktion der Führungstheorie auf diese Erkenntnis ist eine neuartige und breitangelegte *Zweiteilung* der »betroffenen« Ansätze in »gute« und »schlechte« (Teil-)Ansätze, die ihrerseits vor allem durch eine *Integration tugendethischer Komponenten* geleistet wird. Exemplarischen Ausdruck findet diese Zweiteilung bei Bass/Steidlmeier (1999), die die transformationale Führung kategorial in eine (moralisch gute) *»authentische«* transformationale Führung und in eine (moralisch schlechte) *»inauthentische«* bzw. *pseudo*-transformationale Führung unterscheiden – wobei insbesondere der *Charakter der Führenden* für die Autoren hier den Unterschied ausmacht (vgl. Bass/Steidlmeier 1999, S. 13 ff.). In ähnlicher Weise verfahren Howell/Avolio (1992), die die charismatische Führung in eine *ethische* und eine *unethische* Variante aufspalten (vgl. Abb. 27) und ethische charismatische Führer dabei an den Besitz von drei Tugenden rückbinden: Mut, Fairness bzw. Gerechtigkeit sowie Integrität (vgl. Howell/Avolio 1992, S. 48). Die »klassische« Führungstheorie rekurriert so gesehen in zunehmendem Maße auf Führende, die tugendethisch qualifiziert und altruistisch motiviert sein sollen (vgl. Kanungo/Mendonca 1996, S. 33 ff.), was sich im Einzelnen »in der Absenz von Gier und Ausbeutung anderer, in Fairness, Redlichkeit, Übereinstimmung von Worten und Werken, Mut im Angesicht von Widrigkeiten, in Pflichterfüllung und Wahrnahme der eigenen Verantwortung« (House/Shamir 1995, S. 886; vgl. dazu auch Hauser 1999, S. 1008; Luthans/Avolio 2003, S. 252 ff.) zu vergegenwärtigen hat.

Ob mit diesen tugendethischen »Anreicherungen« bedeutender Führungstheorien tatsächlich größere Erkenntnisgewinne verbunden sind, kann wohl unterschiedlich bewertet werden. So ist einerseits durchaus anzuerkennen, dass beispielsweise mit der Gegenüberstellung von ethischer charismatischer Führung und unethischer charismatischer Führung (vgl. Abb. 27) klare Maßgaben für ethikbewusste Führungskräfte formuliert sind (z. B. befördere das kritische Denken der Geführten und diene den Interessen der Geführten und der Organisation); andererseits kann diese Gegenüberstellung aber auch als simple »Schwarz-Weiß-Sicht« auf die führungsethische Problematik gesehen werden (z. B. reiner Altruismus oder reiner Egoismus), die zudem überzogen führer-

Unethischer charismatischer Führer	Ethischer charismatischer Führer
• nutzt Macht nur zum eigenen Vorteil	• nutzt Macht um anderen zu dienen
• verfolgt lediglich seine eigene Vision	• passt seine Vision an die Bedürfnisse und Sehnsüchte der Geführten an
• zensiert kritische und oppositionelle Ansichten	• beachtet und lernt aus Kritik
• verlangt eine fraglose Akzeptanz der eigenen Entscheidungen	• regt die Geführten zum selbstständigen Denken sowie zum Hinterfragen der Anschauungen des Führenden an
• einseitige Kommunikation	• offene, zweiseitige Kommunikation
• unempfänglich gegenüber den Bedürfnissen der Geführten	• betreut, entwickelt und fördert die Geführten; teilt Anerkennung mit ihnen
• stützt sich auf konventionelle, externe moralische Standards zur Befriedigung von Eigeninteressen	• stützt sich auf eigene moralische Standards zur Befriedigung organisationaler und gesellschaftlicher Interessen

Abb. 27: Persönliche Qualitäten von unethischen und ethischen charismatischen Führern (Howell/Avolio 1992, S. 45)

zentriert erscheint (z. B. Mündigkeit der Geführten als Ergebnis der Einflussnahme des Führenden, sprich: »convert followers«, »create followers«, »liberate followers«; vgl. Howell/Avolio 1992, S. 49). Zu guter Letzt läuft diese Anschauung aber auch auf eine neuerliche Bestätigung der harmonischen »light side of leadership«-Perspektive hinaus – getreu dem (paradoxen) Motto: Altruismus zahlt sich aus! (vgl. dazu Howell/Avolio 1992, S. 49). Bedenkt man schließlich, dass *Charisma* zuallererst eine besondere *Machtgrundlage* für Führende beschreibt, die außergewöhnlichen Führungserfolg in Aussicht stellt, wohingegen *Tugendhaftigkeit* zuvorderst besondere Charaktereigenschaften der Führenden bezeichnet, die auf eine ethisch exzellente Führung verweisen, dann stellt sich die Frage, ob hier nicht tatsächlich »Äpfel« und »Birnen« zusammengebracht werden respektive eine Konfundierung führungsrelevanter Grundbegriffe erfolgt. In diesem Sinne vermerkt Solomon (1998, S. 98): »charisma doesn't refer to any character trait or ›quality‹ in particular«, und führt weiter aus: »as a term of analysis in leadership studies, I think that it is more of a distraction than a point of understanding« (vgl. i. d. S. auch Khurana 2009, S. 64; Maak/Pless 2006, S. 2).

In Anbetracht der so gesehen eher geringen Hinweise der traditionellen Führungstheorien für die Bestimmung guter Führer, wollen wir nunmehr einige führungsethische Ansätze skizzieren, die auf tugendethischen Überlegungen aufbauen und denen womöglich weitergehende Hinweise für unsere Suche zu entnehmen sind.

Ein Ansatz, der jenseits der aristotelischen Kardinaltugenden wie auch der christlichen Tugenden argumentiert, stammt von dem Philosophen Paul Woodruff (2001), der auf eine einzige – und insofern als zentral erachtete – Tugend ausgerichtet ist, nämlich die der *Ehrfurcht.* Mit Blick auf diese Tugend stellt Woodruff (2001, S. 3) wohl zutreffend fest, dass der Begriff der Ehrfurcht sich einerseits zwar (noch) in unserem Wortschatz befindet, dass wir andererseits aber kaum noch etwas mit diesem Begriff verbinden können. Zur inhaltlichen Bestimmung dieser »vergessenen Tugend« führt der Autor deshalb aus: »Reverence begins in a deep understanding of *human limitations*; from this grows the capacity to be awe of whatever we believe lies *outside our control* – God, truth, justice, nature, even death. The capacity of awe, as it grows, brings with it the capacity for *respecting fellow human beings*, flaws and all« (Woodruff 2001, S. 3; H. d.V.). Mit spezifischen Blick auf den *»ehrfürchtig Führenden«* betont Woodruff (2001, S. 165): »… Reverence is the virtue on which leadership most depends«, und erläutert dies, indem er ausführt: »Reverence is the virtue that keeps leaders from trying to take tight control of other people's live. Simply put, reverence is the virtue that keeps human beings from trying to act like gods« (Woodruff 2001, S. 4). Legt man zugrunde, dass Tugendhaftigkeit per definitionem auf charakterliche *Vortrefflichkeit* verweist, dann besteht die Vortrefflichkeit eines *ehrfürchtigen* Menschen (Führers) so gesehen (paradoxerweise) darin, sich tatsächlich *nicht* als *vortrefflich* zu empfinden. Geschuldet ist dieses Empfinden der Einsicht, dass die Fähigkeiten des Einzelnen viel mehr durch deren (enge) Grenzen als durch deren (unbegrenzte) Möglichkeiten bestimmt sind. In dem dies erkannt wird, anerkennt man gleichsam auch, dass tatsächlich nur das Wenigste im Leben zu kontrollieren ist, das Allermeiste also außerhalb unserer Kontrolle – sozusagen in der Macht »höherer Kräfte« (Gott, Natur, Zufall) – liegt. Denkt man sich selbst von diesen, seinen Grenzen her, dann erscheint es schließlich unangebracht, Menschen zuvorderst als unterschiedlich wahrzunehmen, sondern vielmehr naheliegend, andere vor allem als gleich – gleichartig, gleichrangig und gleichwertig – zu verstehen. Für den Führungskontext folgt hieraus, dass zwischen Führenden und Geführten eine Art *gegenseitige Ehrfurcht* bestehen sollte, die einen *gegenseitigen Respekt* begründet, der – diesseits aller (hierarchisch bedingten) unterschiedlichen Interessenlagen – bewirken sollte, dass Führer und Geführte in einer offenen und ehrlichen Weise kommunikativ beratschlagen, wie eine gute und gerechte Führung auszugestalten sei (vgl. Woodruff 2001, S. 175 ff.). Diese ehrfürchtig-respektvolle Prägung der Führungsbeziehung und Führungsdialoge soll es nach Woodruff letztlich sein, die ermöglicht, dass »es dort, wo Ehrfurcht herrscht, keine Gewinner und Verlierer gibt« (Woodruff 2001, S. 176). Kontrastiert man diese Anschauungen mit den gängigen Vorstellungen zur Führung, dann lassen sich unschwer einige Differenzen ausmachen. Denn Führung beruht in aller Regel ja wesentlich auf der Annahme einer mehr oder minder weitgehenden Unterschiedlichkeit zwischen (vortrefflichen) Führenden und (gemeinen) Geführten sowie auch auf der Annahme einer gut kontrollierbaren (zielbezogenen) (Verhaltens-)Steuerung der Geführten durch die Führenden. Nicht zuletzt gehen manche Führungstheorien sogar so weit, anzunehmen, dass (charismatische bzw. transformationale) Führer Qualitäten besitzen, »um derentwillen sie als mit übernatürlichen oder übermenschlichen oder zumindest spezifisch außeralltäglichen, nicht jedem anderen zugänglichen Kräften oder Eigenschaften (begabt)« (Weber 1980, S. 140) anzusehen sind – eine Sichtweise, die nach Woodruff (2001, S. 4) eindeutig der Gefahr einer *Hybris* anheimfällt. Spätestens zu derartigen Führungsverständnissen setzt die Idee vom »ehrfürchtig Führenden« einen hilfreichen Kontrapunkt, indem sie bemerkt: »To forget that you are only human (…) is the opposite of reverence« (Woodruff 2001, S. 4).

Einen ebenfalls tugendethisch begründeten, inhaltlich jedoch deutlich anders ausgestalteten Ansatz zur Führungsethik entwickelt Hinterhuber (2002). Dessen Ansatz versteht Führung grundsätzlich als *»Dienst an der Gemeinschaft«* und bezieht sich durchgängig auf die griechische Philosophie der Stoa bzw. auf die hieran ausgerichteten »Selbstbetrachtungen« des römischen Kaisers Marc Aurel. Ausgangspunkt der Betrachtungen ist die Einschätzung, dass die herkömmlichen Führungstheorien (inklusive der Eigenschaftstheorie sowie der transformationalen Führungstheorie) das komplexe Führungsverhalten nicht hinreichend zu erklären vermögen (vgl. Hinterhuber 2002, S. 41 f.) und es »zur Verbesserung eines an der Gemeinschaft orientierten Leadership-Verhaltens« insbesondere einer *»stoischen Grundhaltung« des Führenden* bedarf, die ein »unerschütterliches Fundament für seine Entscheidungen wie für seine gesamte Lebensführung« abgibt und sich aus der Orientierung an *drei Disziplinen* (oder »leitenden Prinzipien«) entwickelt (Hinterhuber 2002, S. 40, 43):

- *Disziplin der Vorstellungen*: Ausgangspunkt dieser (ersten) Disziplin ist die Ansicht des Stoikers Epiktet, dass nicht die Dinge an sich die Menschen beunruhigen, sondern nur unsere Vorstellungen über die Dinge (vgl. Hinterhuber 2002, S. 43). Eine unaufgeregte (stoische) Einstellung vermag man angesichts dessen dadurch zu erreichen, dass man *angemessene* Vorstellungen entwickelt – das heißt, Vorstellungen zulässt, »die uns unseren Zielen näherbringen«, und Vorstellungen verweigert, »die uns von unseren Zielen abhalten«. Dieses Verfahren, das Hinterhuber mit einer (bewussten und gezielten) *Konstruktion der Wirklichkeit* (vgl. zum Konstruktivismus Watzlawick 1985) vergleicht, bewirkt, dass der Einzelne zu einer »inneren Burg« bzw. zum »Herren über sein Innenleben« werden kann (Hinterhuber 2002, S.43 f.). Zur Verdeutlichung dessen gibt Hinterhuber das – unternehmensethisch relevante – Beispiel, dass ein Unternehmer im Zuge seines Strebens nach maximalen Gewinnen nur dann zu unethischen Mitteln greifen wird, wenn er die Vorstellung zugelassen hat, dass Gewinn ein unbedingt erstrebenswertes Ziel sei. Umgekehrt heißt dies: Wenn ein Unternehmer als »Herr seines Innenlebens« die »äußere Maxime« zurückweist, dass Gewinnmaximierung das Ziel unternehmerischen Strebens zu sein habe, dann schafft er damit Spielräume für Handlungsweisen, die ihm aus ethischer Sicht richtig und geboten erscheinen. In diesem Kontext stellt Hinterhuber (2002, S. 45) fest: »Die Lösung vieler ethischer Probleme liegt (…) in der inneren Stärke des Unternehmers«.

- *Disziplin des Strebens*: Ausgangspunkt dieser (zweiten) Disziplin ist wiederum eine Ansicht Epiktets, nämlich die, dass wir nur danach Streben sollten, was zu erreichen auch in unserer Macht steht und somit nicht nach Dingen streben sollten, auf die wir keinen Einfluss haben (vgl. Hinterhuber 2002, S. 45 ff.). Das, wonach wir sinnvollerweise streben dürfen, sollte sich dabei stets am *Vernünftigen* orientieren. Das Vernünftige seinerseits ergibt sich »im Dialog und in der Interaktion zwischen Menschen«, wobei Hinterhuber diesbezüglich präzisiert: »Mehr als vor anderen müssen Führende vor sich selbst bestehen können« (Hinterhuber 2002, S. 50).
- *Disziplin des Handels*: Ausgangspunkt auch dieser (dritten) Disziplin ist ein Zitat Epiktets, welches lautet: »Mache dir immer den Vorbehalt, dass der äußere Erfolg ausbleiben kann, damit dein Seelenfriede nicht durch Enttäuschung gestört wird« (zit. nach Hinterhuber 2002, S. 47). Seelenfrieden (oder Glück) sollte der Mensch aufgrund dessen vor allem auf dem Wege eines »inneren Friedens« verfolgen, der seinerseits das Ergebnis eines *erfüllten Lebens* ist, das sich (nur) einstellt, »wenn es gut für uns und gut für die anderen ist« (Hinterhuber 2002, S. 47). Das Handeln der Menschen (Führenden) sollte demzufolge weder an einen (naiven) Altruismus, noch an einem (zerstörerischen) Egoismus ausgerichtet sein. Vielmehr sollte der *stoische Führer* so agieren, dass seine (berechtigten) Eigeninteressen wie auch die (berechtigten) Interessen anderer (der Geführten, der Organisation) verwirklicht werden können (vgl. Abb. 28).

Versucht man die Einlassungen dieses Ansatzes etwas punktgenauer mit Blick auf das Problem einer ethikbewussten Führung zu interpretieren, dann lassen sich aus den drei unterschiedenen »Disziplinen« – in umgekehrter Reihenfolge – unseres Erachtens folgende Erkenntnisse ziehen:

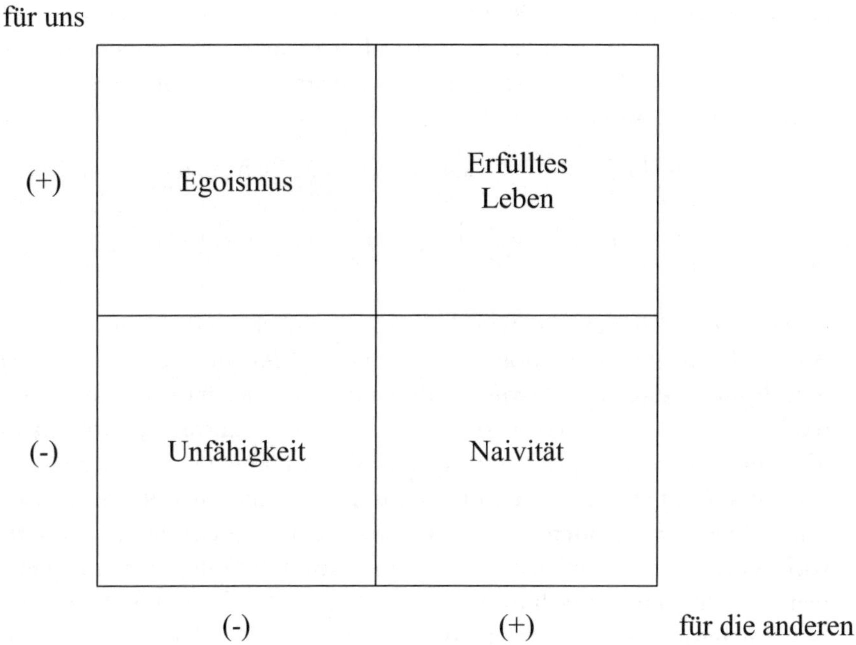

Abb. 28: Das »erfüllte Leben« diesseits von Egoismus und Altruismus (Hinterhuber 2002, S. 47)

- Erstens: Gute Führer verweigern sich der allzu schlichten (alternativen) Gegenüberstellung von egoistischem und altruistischem Handeln (vgl. Abb. 28). Vielmehr gehen sie davon aus, dass sie als Führer ein *»erfülltes Leben«* nur dann verwirklichen können, wenn sie bestrebt sind, ihre Erfolgsverantwortung und ihre Humanverantwortung im Rahmen ihrer Möglichkeiten zu *integrieren* (*»Disziplin des Handelns«*).
- Zweitens: Gute Führer sind sich (pragmatisch) bewusst, dass sie zwar über Möglichkeiten zu einer ethisch(er)en bzw. humanverantwortlichen Führung verfügen, dass diese Möglichkeiten aber auch (situativ) begrenzt sind. Vor diesem Hintergrund versuchen sie ihr jeweiliges Führungshandeln (monologisch) vor sich selbst (und ihrem Gewissen) sowie auch (dialogisch) vor den Geführten zu rechtfertigen (*»Disziplin des Strebens«*).
- Drittens: Gute Führer machen sich zu »Herren ihres Innenlebens« dergestalt, dass sie sich »äußeren Maximen« wie (überzogenen) Zielvorgaben und (leistungsbezogenen) Anreiz-Systemen (gedanklich-willentlich) zu befreien suchen, damit ihren Leistungsstress begrenzen und destruktive (unethische) Verhaltensweisen vermeiden (vgl. Abb. 20). Gute Führer verweigern sich zudem »äußeren Maximen« wie »Lotterieeinkommen«, vermeiden damit

eine unangemessene Privilegierung und moralische Korrumpierung ihrer Person (vgl. Abb. 21) und verteidigen auf diese Weise ihre »innere Stärke« – inklusive ihrer Möglichkeit zu moralisch begründeten Handlungsweisen (*»Disziplin der Vorstellung«*).

In einer durchaus ähnlichen Weise lassen sich schließlich auch die Ausführungen von Riggio et al. (2010) verstehen, die auf den aristotelischen Kardinaltugenden aufbauen und sich im führungsethischen Kontext wie folgt ausführen lassen:

- *Klugheit* steht allgemein für die Fähigkeit, gegensätzliche Positionen so zum Ausgleich – bzw. auf den »moral sweet point« (vgl. Riggio et al. 2010, S. 237) – zu bringen, dass das *Schlechte* weitest möglichst *minimiert* und das *Gute* weitest möglich *maximiert* wird. Bezogen auf den Führungskontext kann dies dahingehend interpretiert werden, dass gute Führende stets nach einem gerechten Ausgleich zwischen Erfolgs- und Humanverantwortung streben sollten, sich dabei jedoch auch immer vor Augen halten müssen, dass das »Schlechte« niemals gänzlich zu vermeiden sein wird (Stichwort beispielsweise das Problem der »schmutzigen Hände«; vgl. Abschnitt 4.3.4) und *ethische Führung* insofern ein Ideal ist, dem die Realität niemals gänzlich gerecht werden dürfte (vgl. i. d. S. auch Woodruff 2001, S. 163).
- *Tapferkeit* steht für eine Tugend, die (nur) unter widrigen Umständen unter Beweis zu stellen ist und ein Obsiegen der (Zivil-)Courage gegenüber der Furcht darstellt. Bezogen auf den Führungskontext kann dies dahingehend interpretiert werden, dass gute Führende in konfliktträchtigen Situationen gezwungen sein können, mutig für oder gegen die Geführten (bzw. die Organisation) harte Entscheidungen zu treffen (vgl. Wellershoff 1992, S. 152) und im Zuge dessen gegebenenfalls auch bereit sein müssen, ihre Führungsposition aufgrund moralischer Überzeugungen zu gefährden oder gar aufzugeben (vgl. Riggio et al. 2010, S. 238).
- *Mäßigung* steht für eine vernunftgeleitete Zügelung und Begrenzung des menschlichen Verlangens nach materiellen Gütern und sinnlichen Genüssen. Bezogen auf den Führungskontext kann dies dahingehend interpretiert werden, dass gute Führende aus moralischen Gründen gegebenenfalls auf mögliche materielle Vergütungen (»Lotterieeinkommen«) verzichten sollten (vgl. Riggio et al. 2010, S. 238) – oder diese schlicht für gemeinnützige Zwecke verwenden (spenden) sollten.
- *Gerechtigkeit* steht für die Bereitschaft des Einzelnen, einen fairen Ausgleich zwischen unterschiedlichen Interessen zu verfolgen – inklusive der eigenen Interessen. Bezogen auf den Führungskontext kann dies dahingehend interpretiert werden, dass gute Führende sich nicht auf eine »pre-occupation

with self and success« (Knights/O'Leary 2005, S. 362 ff.) beschränken können, sondern – auch zum (höheren) Zwecke eines »erfüllten Lebens« (vgl. Abb. 28) – als *gute Bürger* (»good citizen«) denken und handeln sollten (vgl. Knights/O'Leary 2005, S. 239).

Tugendethische Ansätze und Überlegungen, die hier exemplarisch nachgezeichnet und ausgeführt wurden, sind in der führungsethischen Debatte als überaus verbreitet, wenn nicht gar als vorherrschend zu bezeichnen (vgl. Kuhn/Weibler 2003, S. 380; Neuberger 2002, S. 737). Und sie erscheinen, so zumindest unser Eindruck, auch grundsätzlich geeignet, praktisch hilfreiche Orientierungen für Führende, die nach Tugendhaftigkeit bzw. moralischer Exzellenz streben, zu geben. Insbesondere die »klassischen« aristotelischen Kardinaltugenden können dabei nach wie vor als »Messlatte« für die Bestimmung der Güte und Stärke eines Charakters fungieren. Denn tatsächlich lassen sich ja, wie angesprochen, viele ethische Verwerfungen in der Führungspraxis (vgl. Kapitel 4) entlang des »Viergespanns« der (Un-)Klugheit, der (fehlenden) Tapferkeit, der (Un-)Mäßigkeit sowie der (Un-)Gerechtigkeit festmachen. In gesamtwürdigender Hinsicht ist den tugendethisch orientierten Ansätzen der Führungsethik gleichwohl entgegen zu halten, dass es ihnen bis heute – gewissermaßen in Analogie zu den *eigenschaftstheoretischen Ansätzen der Führungslehre* (vgl. Schreyögg/Koch 2007, S. 252) – nicht gelungen ist, einen geschlossenen und abschließenden »Generalkatalog« der (führungs-)ethisch relevanten Tugenden zu formulieren. Denn jeder Ansatz, so scheint es, bedient sich recht wahllos in der Vielfalt denkbarer Tugenden, fokussiert also entweder eine einzige Tugend (vgl. bspw. Woodruff 2001) oder rekurriert auf schier unendlich erscheinende Aufzählungen »bedeutsamer« Tugenden (vgl. Knights/O'Leary 2005, S. 364; Conger/Hollenbeck 2010, S. 312). In Anerkennung dessen räumt Wellershoff (1992, S. 152) ein: »Kochrezepte für Tugenden gibt es nicht.« Nimmt man überdies die Sicht einer modernen Ethik ein, dann erscheint das (vor-moderne) »Projekt«, alle führungsethischen Problemlösungen aus einer (präsumtiven) Tugendhaftigkeit des jeweils Führenden ableiten zu wollen, letztendlich etwas kurz gesprungen. Oder anders gesprochen: Das verkündete Credo: »Führung ist ethisch, wenn der Führende tugendhaft ist!« erscheint deutlich unterkomplex (vgl. i. d. S. Kuhn/Weibler 2003, S. 384 ff.; Neuberger 2002, S. 738 f.; Rippe/Schaber 1998, S. 15). Zuletzt ist aber auch zu vermerken, dass der Verweis auf aristotelische, stoische oder gar »vergessene« Tugenden (Ehrfurcht) in aktuellen Debatten – wenn auch zu Unrecht – leicht in den Ruch des etwas »Verstaubten« oder gar des hoffnungslos »Veralteten« kommen kann. Dieses »Problem« zumindest erscheint seit kurzer Zeit gelöst, denn die »klassische« tugendethische Terminologie ist zwischenzeitlich um eine neue und moderne Kategorie bereichert worden, nämlich um die »Super-Tugend« (Solomon 2005, S. 31) der *Integrität*, die wir im Weiteren näher betrachten wollen.

5.2.2 Gute Führung infolge integerer Führer: »Moderne« Erkenntnisse über die moralische Exzellenz von Menschen

Als Einstimmung auf die Bedeutung, die der Begriff *Integrität* derzeit besitzt, kann folgende kleine Begebenheit dienen, von der Carter (1996, S. 5) berichtet: »Vor einigen Jahren, als ich an einer Universität meine Rede anlässlich der dortigen Abschlussfeier begann, sagte ich, dass ich über Integrität sprechen würde. Die Menge brach daraufhin in Applaus aus. Applaus! Nur weil sie das Wort *Integrität* gehört hatten«. Diese Reaktion steht dabei nur stellvertretend für einen regelrechten Siegeszug, den dieser Begriff in der jüngeren Vergangenheit angetreten hat, der bis heute unvermindert andauert und pointiert als »Faszination Integrität« (Palanski/Yammarino 2007, S. 171) oder gar als »Schrei nach Integrität« (Brenkert 2006, S. 95) bezeichnet werden kann. Die schiere Popularität des Begriffs vergegenwärtigt sich nicht zuletzt aber auch darin, dass der Begriff auf breiter Front Einzug in die einschlägige Führungstheorie gefunden hat (vgl. Palanski/Yammarino 2007, S. 171, sowie die dort angegebene Literatur), mittlerweile aber auch die Websites ungezählter Organisationen weltweit ziert. Das bemerkenswerte Bedürfnis nach Integrität in Verbindung mit einer zunehmenden Versicherung der je eigenen (persönlichen oder organisationalen) Integrität lässt sich nun allerdings auch so deuten, dass ein eklatantes Defizit an Integrität besteht (vgl. Brenkert 2006, S. 95). Warum aber sollte es davon (heutzutage) so wenig geben? Wird Integrität womöglich erschwert oder gar auf breiter Front zerstört? Und warum werden Führende nicht einfach integer – zumal die Führungsforschung ja bereits deutlich signalisiert, dass hohe Integrität signifikant mit Führungserfolg korreliert (vgl. Palanski/Yammarino 2007, 2009)? Und bevor wir es vergessen: Was heißt eigentlich Integrität?

Mit Palanski/Yammarino (2007, S. 171) kann einerseits davon ausgegangen werden, dass eine »große Konfusion« hinsichtlich der Frage besteht, was genau – im einem klar definierten Sinne – unter Integrität zu verstehen ist. Andererseits kann aber auch gemutmaßt werden, dass im Allgemeinen schon ein durchaus feines – gleichsam intuitives – Gespür dafür vorhanden ist, ob Menschen Integrität besitzen oder nicht. Im Sinne einer Annäherung an den Begriff wollen wir zunächst einige »Bruchstücke« aus der Literatur zusammentragen, die bereits deutliche Hinweise auf das liefern, was Integrität sein könnte:

- Integrität ist nach Brenkert (2006, S. 95) in jedem Falle dadurch ausgezeichnet, dass sie dem, der sie besitzt, eine starke und klare *Orientierung im Handeln* bietet, also als eine Art »innere Führung« wirkt.
- DeGeorge (1993, S. 3) geht seinerseits davon aus, dass »acting with integrity is the same as acting ethically or morally« – fügt dabei allerdings an, dass Integrität insofern positiver besetzt ist als die Begriffe Moral und Ethik, als letztere häufig mit Untertönen der Naivität einhergehen, derweil Integrität kaum auf eine Naivität des Handelnden verweist (vgl. DeGeorge 1993, S. 6 f.).
- Mit Blick auf das kontrastierende Begriffspaar »compliance« und »integrity« lässt sich feststellen, dass »compliance« eher darauf hinausläuft zu tun, was andere vorschreiben, derweil »integrity« eher als Ausdruck individueller Selbstbestimmung zu verstehen ist (vgl. Paine 1994).
- Im Konnex der charismatischen bzw. transformationalen Führung verweist DeGeorge (1993, S. 6) auf den Umstand, dass Tyrannen (wie beispielsweise Hitler) mit einiger Berechtigung als charismatisch oder auch authentisch bezeichnet werden können, in keinem Falle jedoch als integer.
- Schließlich ist Integrität aber auch ein Begriff, der eindeutig tugendethischen Ursprungs ist, gleichsam also auf eine Disposition verweist, die einen guten und starken Charakter bildet (vgl. Palanski/Yammarino 2007, S. 172) – wobei im Weiteren auch betont wird, dass Integrität keine singuläre Tugend sei, sondern vielmehr eine *(Meta-)Tugend* (vgl. Brenkert 2006, S. 101) bzw. eine *»Super-Tugend«* bezeichnet, die eine Synthese aus mehreren Tugenden darstellt (vgl. Solomon 2005, S. 31). Hinsichtlich der Stellung der Integrität innerhalb der verschiedenen Tugenden urteilt Carter (1996, S. 7): »(I)ntegrity (is) perhaps the first among virtues that make good character« (Carter 1996, S. 7).

Legt man diese »Bruchstücke« aneinander, dann ergibt sich folgendes Bild: Integrität gibt eine Orientierung im Handeln, die moralisch dimensioniert ist, von innen kommt und auf Selbstbestimmung beruht, nicht als naiv bezeichnet werden kann, die vielleicht wichtigste menschliche (Meta-)Tugend vergegenwärtigt und letztendlich nur von guten Menschen besessen werden kann. Dieser erste Eindruck bestätigt, dass Integrität auf unserer Suche nach guten Führern von erheblicher Bedeutung sein kann und macht ferner deutlich, warum dieser Begriff eine solche Faszination ausübt. Insofern erscheint es angezeigt, den Begriff der Integrität näher zu betrachten, was wir im Folgenden in Form einer Darstellung und Diskussion einschlägiger Begriffsbestimmungen versuchen wollen.

Als eine in der Führungsdiskussion richtungsweisende Auseinandersetzung mit dem Integritätsbegriff (bzw. -begriffen) kann die Arbeit von Palanski/Yammarino (2007) gelten, die auf einer umfassenden Auswertung der vorliegenden Literatur zum Thema beruht (vgl. übersichtlich Palanski/Yammarino 2007, S. 173) und zeigt, dass *fünf grundlegende Verständnisse* von Integrität zu unterscheiden sind:

- *Integrität als Ganzheit* (»wholeness«): Dieser Integritätsbegriff leitet sich unmittelbar dem lateinischen Wort *integer* ab, das übersetzt Ganzheit oder Vollständigkeit bedeutet. Dieses Verständnis erachtet die Begriffe *Integrität* und *Charakter* als *synonym* und versteht unter Integrität vor allem eine über verschiedene Situationen und über die Zeit hinweg bestehende *Konsistenz im Denken, Fühlen und Handeln* von Menschen (vgl. Palanski/Yammarino 2007, S. 174) – gleichsam also eine Art allgemeine Charakterfestigkeit.
- *Integrität als Authentizität* (»authenticity«): Dieser Integritätsbegriff entspricht archetypisch Shakespeares' Hamlet bzw. dessen Forderung: *»to thine own self be true«* (Akt I, Szene iii), und verweist damit auf ein gewissenhaftes Handeln im Einklang mit den eigenen Werten. Beispielhaft verweisen Palanski/Yammarino (2007, S. 174) hier auf eine Person, die jenen Beruf wählt, der den eigenen Wünschen und Fähigkeiten entspricht, und sich dabei bewusst gegen solche Berufe entscheidet, zu denen andere sie drängen wollen bzw. die schlicht aussichtsreicher, besser vergütet und insofern »vernünftiger« erscheinen. Diese Variante des Integritätsbegriffes ist dabei eher auf den individuellen und privaten Bereich unseres Lebens bezogen.
- *Integrität als Entsprechung von Worten und Taten* (»word/action consistency«): Dieser Integritätsbegriff ist demgegenüber zuvorderst sozial bzw. öffentlich dimensioniert und bezieht sich auf die (von anderen) beobachtbare Übereinstimmung von Werten, die man vertritt, und Handlungen, die man begeht. Begriffliche Gegenteile dieses Integritätsverständnisses sind die Heuchelei und Scheinheiligkeit; faktische Ausdrucksform einer fehlenden Integrität in diesem Sinne ist das Versprechen »in die Hand«, das nachher gebrochen wird.
- *Integrität als Standhaftigkeit im Angesicht von Widerständen* (»consistency in adversity«): Dieser Integritätsbegriff unterscheidet sich insofern deutlich von der »einfachen« Entsprechung von Worten und Taten, als Integrität hier systematisch auf eine Situation bezogen wird, die für den Einzelnen als höchst schwierig und misslich zu bezeichnen ist, weil moralisch integeres Handeln in dieser Situation gleichbedeutend mit einem Verzicht auf mögliche persönliche Vorteile oder mit der Inkaufnahme erheblicher persönlicher Nachteile verbunden ist. Zahlreiche Autoren sehen genau hierin die tatsächliche »Nagelprobe« jeder persönlichen Integrität, was bedeutet: Integrität stellt

sich letztlich nur unter Beweis, wenn mindestens zwei Handlungsalternativen bestehen, wovon die eine persönlich vorteilhaft, aber moralisch verwerflich ist, während die andere persönlich nachteilig, aber moralisch richtig ist. In diesem Sinne geht Worden (2003, S. 34) davon aus: »The hallmark of integrity is an acted out commitment to principled behavior in the face of adversity or temptation at great cost to oneself«.

- *Integrität als moralisches Verhalten* (»morality/ethics«): Dieser Integritätsbegriff verweist schließlich auf die besondere moralische Qualität eines integeren Verhaltens. Das heißt, Integrität steht üblicherweise für mehr als eine reine »Abwesenheit« unmoralischen (oder destruktiven) Verhaltens im Sinne eines akzeptierten Verhaltens; vielmehr steht der Begriff für ein »better-than-expected ethical or moral behavior« (vgl. Palanski/Yammarino 2007, S. 174). Auch offenbart dieser Integritätsbegriff dessen tugendethische Herkunft insofern, als Integrität eben auch regelmäßig mit anderen Tugenden (wie etwa Ehrlichkeit, Vertrauenswürdigkeit, Gerechtigkeit, Respekt, Offenheit, Empathie und Mitgefühl) gleichgesetzt wird.

Einen originären, etwas anders gearteten und insofern weitergehende Erkenntnisse versprechenden Versuch zur Bestimmung des Begriffs der Integrität unternimmt Brenkert (2006), der die aktuelle Popularität der Integrität vorab dadurch erklärt, dass dieser Begriff womöglich etwas Besonderes und Einzigartiges beinhaltet, das mit keinem anderen Begriff besser gefasst werden könnte (vgl. Brenkert 2006, S. 96). Die von ihm entwickelte »neue Sicht« auf die Integrität (vgl. Brenkert 2006, S. 99 ff.) unterscheidet dabei zwischen *vier zentralen Dimensionen* der Integrität:

- *Wertebezogene Dimension*: Diese Dimension verweist darauf, dass Integrität mit einer *spezifischen Wertestruktur* einhergeht und damit gleichsam von großer Bedeutung für die Herausbildung persönlicher *Identität* ist. Diese Wertestruktur beinhaltet dabei stets *moralische Werte*, aber auch andere Werte, die insgesamt hierarchisch geordnet sind (»core values« und »non-core values«) und tief im Inneren des Menschen verankert sein müssen – womit Integrität letztlich keinesfalls kompatibel mit einer kurzfristigen Übernahme externer (beispielsweise gruppen- oder organisationsspezifischer) Werte ist.
- *Zeitliche Dimension*: Diese Dimension verweist darauf, dass Integrität als Verinnerlichung fester (moralischer) Werte nur über einen *langen Zeitraum* (der Identitätsbildung) entstehen kann – umgekehrt allerdings, im schlimmsten Fall, sehr wohl von einem Moment auf den anderen zerstört werden kann.
- *Motivationale Dimension*: Diese Dimension verweist darauf, dass Integrität sich letztlich nur in Situationen zeigen kann, die persönliche Herausforderungen, Bedrohungen oder auch Versuchungen darzustellen, und sich dann

darin äußert, dass die Handelnden den Mut (*»toughness«*) besitzen, diesen Situationen *kompromisslos* im Sinne ihrer eigenen Identität und Werte zu begegnen.

- *Soziale Dimension*: Diese Dimension verweist darauf, dass Integrität sich nur in sozialen Beziehungen entwickeln und äußern kann. Pointiert gesprochen meint dies, dass Integrität für Robinson Crusoe kein Thema sein konnte (vgl. Brenkert 2006, S. 101). Vielmehr bedarf es zur Ausbildung von Integrität einer fortwährenden dialogischen und argumentativen Auseinandersetzung mit anderen über das, was man tut oder zu tun beabsichtigt.

Jenseits dieser allgemeinen Begriffsbestimmung thematisiert Brenkert aber auch den spezifischen Konnex der *Integrität in Organisationen* und erörtert dabei zwei bedeutsame Fragestellungen (vgl. Brenkert 2006, S. 102 ff.), nämlich erstens: *Können Organisationen Integrität zerstören?* Diese Frage wird insofern eindeutig bejaht, als strukturelle wie kulturelle Settings von Organisationen »can reduce the number of people who have sufficient courage to act on their values« (Brenkert 2006, S. 105). Auf derartige, von Brenkert (2006, S. 105) als *»bad structures«* bezeichnete Settings sind wir unter dem Begriff der »schlechten Situationen« bereits eingegangen (vgl. Abschnitt 4.3.3). Die zweite Frage lautet: *Können Organisationen Integrität fördern?* Diese Frage wird insofern deutlich vorsichtiger beantwortet, als Integrität im Sinne einer verinnerlichten Wertestruktur sich grundsätzlich nur über einen langen Zeitraum entwickeln kann – gleichwohl aber auch Ansatzpunkte und Möglichkeiten auszumachen sind, wie Integrität in Organisationen durch *»good structures«* zumindest ermöglicht oder sogar – in Grenzen – entwickelt werden kann. Wir werden auf diesen Aspekt an der vorgesehen Stelle (vgl. Abschnitt 5.4) noch ausführlicher zu sprechen kommen.

Stellt man die dargestellten Auseinandersetzungen mit dem Integritätsbegriff gegeneinander, dann ist gesamtwürdigend festzustellen, dass sie sich tatsächlich kaum grundlegend widersprechen, sondern vielmehr in einzelnen Punkten entsprechen (insbesondere im Bereich der »Standfestigkeit im Angesicht von Widerständen« respektive in der »motivationalen Dimension« der Integrität), in gewissen Hinsichten jedoch auch ergänzen – beispielsweise dort, wo Palanski/Yammarino auf das *Gegenteil von Integrität* hinweisen (Heuchelei, Scheinheiligkeit), wohingegen Brenkert eher die *Gefahr der Zerstörbarkeit* von Integrität unterstreicht. Versucht man aus beiden Arbeiten eine gemeinsame Begriffsbestimmung abzuleiten, dann ließe sich vielleicht am ehesten sagen, dass integere Menschen (bzw. Führer) über moralisch gute und innerlich fest verankerte Werte verfügen und den Mut bzw. die »toughness« besitzen, für diese Werte auch in schwierigen Situationen auf- und einzustehen – und dabei auch ganz bewusst in Betracht ziehen, dass die Wahrung ihrer Integrität mit einem je nachdem durchaus hohen Preis für sie selbst verbunden sein kann. Hiermit schließt sich der Kreis nun insofern, als wir genau diese Definition von Integrität – zumindest ihren ersten Teil – zuvor bereits verschiedentlich angesprochen haben, am deutlichsten wohl in der Umschreibung von Kellerman (2004, S. 10), der zu Folge ein *guter Führender* dadurch gekennzeichnet ist, dass er *gut ist* und *Gutes tut* (»to be good and to do good«). Genau dieses kennzeichnet eine *integere* Führungspersönlichkeit. Allerdings zeigen die Ausführungen auch, dass Integrität – im deutlichen Gegensatz zur »light side of leadership«-Sichtweise (vgl. Kapitel 3) – keine charakterliche Eigenschaft ist, die, wenn man sie besitzt und »anwendet«, unmittelbar und unweigerlich (Führungs-)Erfolg generiert. Integrität erscheint vielmehr als ein fragiles Gut, das vom Einzelnen gegebenenfalls nur unter Inkaufnahme erheblicher persönlicher Kosten und Nachteile gewahrt werden kann (vgl. Palanski/Yammarino 2007, S. 174) und das gerade in (schlechten) organisationalen Kontexten stets gefährdet und leichthin zerstörbar erscheint. Genau diese problematisierende Sichtweise, wonach »bestimmte gesellschaftliche Missstände und Fehlentwicklungen die Integrität einzelner Gesellschaftsmitglieder verletzten (können)« (Pollmann 2005, S. 13), steht im Mittelpunkt der Arbeit von Pollmann (2005), die wir deshalb genauer betrachten wollen.

Die Arbeit des Sozialphilosophen Arnd Pollmann (2005) ist die erste deutschsprachige Monographie zum Thema Integrität, die sich dem Begriff dabei aus sozialphilosophischer Perspektive nähert und in einer überaus umfassenden wie systematischen Weise betrachtet. Ihr Ausgangspunkt ist die Bestimmung verschiedener *Bedeutungsdimensionen der Integrität*, die auf folgenden Überlegungen basiert (vgl. Pollmann 2005, S. 77 ff.):

- Auf der Grundlage der vorliegenden wissenschaftlichen Literatur zum Thema unterscheidet Pollmann vier grundlegende Zugangsweisen zum Integritätsproblem: eine *ethisch-existenzielle*, eine *moralische*, eine *psychologische* sowie eine *sozialphilosophische*.
- Zum Verständnis des Begriffs ist es dabei überaus wichtig zu erkennen, dass die (Schlüssel-)Frage, ob eine Person Integrität besitzt, stets zwei Sichtweisen erlaubt, nämlich die *Selbstzuschreibung* (»Bin ich integer?«) und die *Fremdzuschreibung* (»Ist diese Person integer?«).
- Bei der Beantwortung dieser Fragen ergeben sich denknotwendig zwei Alternativen, nämlich eine (*positive*) Bejahung der Frage (»Ich bin/diese Person ist integer!«) oder eine (*negative*) Verneinung (»Ich bin/diese Person ist nicht integer!«).

- Hinterlegt man diese vier Möglichkeiten zur Einschätzung von Integrität mit den vier grundlegenden Zugangsweisen zum Integritätsproblem, dann ergeben – qua Matrix (vgl. Abb. 29) – *sechszehn Bedeutungsdimensionen* der Integrität, von denen die eine Hälfte erklärt, wann Personen Integrität besitzen, während die andere Hälfte erklärt, wann Personen keine Integrität (mehr) besitzen.

	Innenperspektive/ Selbstzuschreibung		Außenperspektive/ Fremdzuschreibung	
	positiv	*negativ*	*positiv*	*negativ*
ethisch	Selbsttreue	Depersonnalisation	Unbestechlichkeit	Bestechlichkeit
moralisch	Rechtschaffenheit	„Schmutzige Hände“	Unbescholtenheit	Scheinheiligkeit
psychologisch	Integriertheit	Desintegration	Kohärenz	Inkohärenz
Sozial-philosophisch	Ganzheit	Entzweiung	Unversehrtheit	Verletztheit

Abb. 29: Bedeutungsdimensionen der Integrität (Pollmann 2005, S. 83)

Mit dieser *doppelten Fragestellung* – Wann besitzen Personen Integrität? *und:* Wann verlieren Personen Integrität? – wird herausgestellt, dass Integrität als »zentrale Modalität des gelingenden Lebens« erworben, aber eben auch verfehlt werden kann. Ein integeres (gelingendes) Leben, und dies ist wichtig zu betonen, ist dabei eine Aufgabe, für die jeder eine *Eigenverantwortung* trägt, die gleichzeitig aber immer auch *»vom Wohlverhalten anderer« abhängig* ist, womit gleichsam auf das Phänomen und Problem »invasiver Eingriffe« in das integere Leben verwiesen ist (vgl. Pollmann 2005, S. 21, 262 ff.).

Betrachten wir vor dem Hintergrund dieser Erläuterungen nunmehr ausgewählte, das heißt: nicht alle sechszehn, sondern lediglich die für unser Thema besonders relevanten *ethisch-existenziellen* sowie *moralischen* Bedeutungsdimensionen der Integrität, dann lassen sich diese wie folgt erläutern:

- *Selbsttreue* und *Depersonalisierung* (ethisch-existenzielle Innenperspektive): Der Begriff der *Selbsttreue* verweist auf den ethisch-existenziellen Wunsch des Menschen nach einem »Leben in Einklang mit den je eigenen Werten und Idealen«. Das Bestreben, sich selber stets treu zu bleiben, beinhaltet dabei den »seltsam *zwanglosen Zwang*«, nicht gegen seine festen Überzeugungen handeln zu können, da wir sonst »nicht länger das (wären), was wir zu sein wünschen« (vgl. Pollmann 2005, S. 85). Gleichwohl ergibt sich aus dem Umstand, sich selbst treu sein zu *können*, denknotwendig die Möglichkeit, sich selbst untreu zu werden, worauf gemeinhin der Begriff der »Entfremdung« bzw. (hier) jener der *Depersonalisierung* verweist. Depersonalisierung kann dabei von »kleineren Kratzern am ethischen Selbstbild« bis hin zu einer völligen »Unkenntlichmachung dieses Selbstbildes« reichen, die sich letztlich – im klinischen Sinne – in dem (leidvollen) Gefühl offenbart, »zu dem, was man denkt und tut, nicht mehr ›Ich‹ sagen zu können«. Die Möglichkeit einer solchen Selbstentfremdung steht damit gleichsam für eine »existenzielle Fragilität der Person« (vgl. Pollmann 2005, S. 89).

- *Unbestechlichkeit* und *Bestechlichkeit* (ethisch-existenzielle Außenperspektive): Eine Person, der andere Selbsttreue zuschreiben, gilt aus Sicht dieser anderen als *unbestechlich*, gleichsam als jemand, der verlässlich und vertrauenswürdig ist, seine Versprechen einhält und sich »jederzeit gegenüber Verführungs- und Manipulationsversuchen immun zeigt«. Logischerweise besteht auch hier die Möglichkeit, dass andere eben dieses nicht unterstellen, sondern vom Gegenteil ausgehen. Eine solche Person gilt (in der Außenperspektive) als *bestechlich*, wobei Pollmann »drei Schweregrade« der Bestechlichkeit unterscheidet: (a) Personen, die insofern als *»bestechlich«* gelten, als sie sich erkennbar »gelegentlich aus Opportunitätserwägungen« zu Abweichungen von ihren Grundüberzeugungen hinreißen lassen; (b) Personen, die insofern als *»korrupt«* gelten, als diese Abweichungen für sie zur Regel geworden zu sein scheinen; und (c) Personen, die insofern als *»verkommen«* (oder als »Wendehälse«) gelten, als sie scheinbar völlig bar jeglicher Überzeugungen ihr Fähnlein in jeden Wind hängen, der ihnen auf die »sichere Seite« verhilft (vgl. Pollmann 2005, S. 92 f.).
- *Rechtschaffenheit* und *»schmutzige Hände«* (moralische Innenperspektive): Die moralische Dimension der Integrität ergibt sich aus dem – lebenspraktisch unvermeidlich spannungsreichen –Verhältnis von *präferentiellen* (oder eigennützigen) Überlegungen (»Welches Handeln ist für mich das Beste?«) und *moralischen* Überlegungen (»Welches Handeln ist mit Rücksicht auf andere geboten?«). Diese moralische Dimension der Integrität ist dabei insofern unmittelbar mit der ethisch-existenziellen Dimension der Integrität verwoben, als moralische Überlegungen bei integeren Personen ein wesentlicher Bestandteil ihrer Werte und Ideale sind. Genau hierfür steht der Begriff der *Rechtschaffenheit*, die dann vorliegt, wenn Personen der sozialen Verträg-

lichkeit ihrer Lebensvollzüge einen hohen Wert beimessen und sich von daher *ethisch selbstverpflichten*, fortgesetzt zwischen dem abzuwägen, was präferentiell am besten wäre, und dem, was mit Blick auf andere geboten erscheint. Ausdruck von Rechtschaffenheit ist so gesehen die »Praxis einer verantwortlichen Selbstüberprüfung und Selbstbeschränkung« (vgl. Pollmann 2005, S. 95 ff.). In dem Maße, wie diese Praxis vernachlässigt wird und also die (innere) Bereitschaft des Einzelnen steigt, eigene Präferenzen auf Kosten anderer zu verfolgen, ist von einer Zerstörung der moralischen Integrität auf dem Wege zunehmend *»schmutzigerer Hände«* auszugehen.[18]

- *Unbescholtenheit* und *Scheinheiligkeit* (moralische Außenperspektive): *Unbescholtenheit* ist jenen Personen zuzuschreiben, die ihr Handeln – in der Wahrnehmung der anderen – nicht ausschließlich an ihren eigenen Präferenzen bzw. Interessen ausrichten, sondern vielmehr stets darum bemüht sind, in ihrem Handeln immer auch sozialverträglich zu sein. Augenscheinlich (für andere) wird dies vor allem dadurch, dass solche Personen die Bereitschaft besitzen, ihr Handeln durch *gute Gründe* zu *rechtfertigen*, sich dabei grundsätzlich »diskussionsbereit und anderen Meinungen gegenüber aufnahmefähig zeigen« und sich folglich auch »zu Kurskorrekturen an ihrer Vorstellung von Integrität veranlasst sehen (können)« (vgl. Pollmann 2005, S. 100 f.). Von *Scheinheiligkeit* ist demgegenüber dann zu sprechen, wenn Personen nur als moralisch integer – zum Beispiel: diskussionsbereit – erscheinen wollen, die Erfahrungen aber lehren, dass diese Personen ethisch kaum oder nicht (selbst-)verpflichtet sind und »argumentative« Rechtfertigungen ihres Handeln nur pro-forma verfolgen bzw. taktisch-manipulativen Zwecken dienen sollen (vgl. Pollmann 2005, S. 103 f.).

Folgt man diesen Darlegungen, dann ist die – auch und gerade von Seiten der Führungstheorie und -praxis zunehmend eingeforderte – *charakterliche Integrität* des Einzelnen ein höchst *fragiles Gut*. Dies unterstreicht auch Pollmann nochmals insofern, als er drei zentrale »prototypische Integritätsmängel« ausmacht, nämlich: Konfliktscheue, Selbsttäuschung, Willensschwäche (vgl. Pollmann 2005, S. 127 ff.) – charakterliche Defizite, die wir nahezu deckungsgleich im Rahmen unserer Erklärung der »dunklen Seite« der Geführten identifiziert haben (vgl. Abschnitt 4.3.2). Zudem bestimmt Pollmann drei »fundamentale Integritätsstörungen«, die in unserer Gesellschaft zunehmende Bedeutung er-

18 Wir weichen mit dieser Interpretation von den – unseres Erachtens im Bereich der »schmutzigen Hände« (vgl. Pollmann 2005, S. 103) nicht ganz schlüssigen – Ausführungen Pollmanns ab.

langen, nämlich: Depression, Borderline[19] und Narzissmus (Pollmann 2005, S. 329 ff.) – wiederum Phänomene, die wir in ähnlicher Weise im Rahmen unserer Erklärung der »dunklen Seite« der Führenden als zentral erachtet haben (vgl. Abschnitt 4.3.1). Was folgt nun aber aus alledem im Hinblick auf unsere Suche nach guten Führern? Nun, zunächst einmal ist festzuhalten, dass *gute Führer* – die *gut sind* und *Gutes tun* (vgl. Kellerman 2004, S. 10) – im Grunde identisch sind mit *integeren Führern*, die sich *selbst treu sind* (und bleiben) und *rechtschaffend agieren*, indem sie nicht nur ihren Eigeninteressen, sondern immer auch den Interessen anderer verantwortlich verpflichtet sind. Solche Führer scheinen, so zumindest das Ergebnis unserer Darlegungen zur »dunklen Seite« der Führung (vgl. Kapitel 4), nicht im Übermaß vorhanden zu sein. Vielmehr dürfte es so sein, dass (nicht zuletzt höhere) Führungspositionen zunehmend von »integritätsgestörten« Führern (Narzissten, Psychopathen, Machiavellisten) übernommen werden, die in ihren destruktiven Handlungsweisen von »integritätsschwachen« (kritiklosen und handlungspassiven) Geführten auch nicht sonderlich gestört werden. Geht man schließlich auch davon aus, dass organisationale Settings zunehmend bewirken, dass die (vorhandene) Integrität von Führenden durch (Leistungs-)Zwänge und (Privilegierungs-)Angebote fortwährend unterminiert und zerstört wird (vgl. Abschnitt 4.3.3) – dann muss es in (ethikbewussten) Organisationen im Grundsatz darum gehen, Integrität auf allen (hierarchischen) Ebenen zu *schützen*, wenn möglich sogar zu *befördern*. Einstweilen kann damit resümiert werden, dass unsere Suche nach guten Führern erfolgreich war und auf *integere* Führer verweist, die durch *Selbsttreue* und *Rechtschaffenheit* sowie *Unbestechlichkeit* und *Unbescholtenheit* ausgezeichnet sind. Für die Entwicklung einer ethikbewussten Führung durch integere Führer bedarf es allerdings auch »entgegenkommender Verhältnisse«, namentlich »guter Geführter« sowie »guter Situationen«. Auf diese Aspekte ethikbewusster Führung in Organisationen wollen wir nun folgend näher eingehen.

---

19 *Borderline* vergegenwärtigt sich in »extrem widersprüchlichen Verhaltensweisen und überaus rasch wechselnden Stimmungsbildern« einer Person, die gleichsam eine »goldene Mitte« vollständig vermissen lässt und infolge dessen wie eine »Als-ob-Persönlichkeit« wahrgenommen wird (vgl. Pollmann 2005, S. 354 f.).

5.3 Ethikbewusste Führung infolge guter Geführter – oder: Perspektiven einer integritätsbegründeten »Ethik der Geführten«

»Wenn wir den Standpunkt vertreten, dass es unsere eigene Aufgabe ist, unser Leben auf vernünftige, verantwortliche Weise zu bewältigen, dann sind wir alle Führer.«
(Kets de Vries 1998, S. 184)

Schlechte – integritätsschwache – Geführte sind, wie gesehen (vgl. Abschnitt 4.3.2), von grundlegender Bedeutung für die Entstehung und Aufrechterhaltung schlechter Führung. Im Umkehrschluß ist an dieser Stelle nunmehr zu fragen: Bedarf es für eine gute Führung nicht auch guter Geführter? Oder vor dem Hintergrund der vorangegangenen Ausführungen (vgl. Abschnitt 5.2) gesprochen: Ist es hinreichend, den Themenbereich Charakter, Tugend und Integrität ausschliesslich mit Blick auf die Führenden zu diskutieren? Können bzw. sollen nicht auch die Geführten gut sein und Gutes tun, gleichsam integere Persönlichkeiten sein? Und wenn sie es sind, was folgt hieraus für die Ethik der Führung? Wir wollen diesen Fragen im Folgenden genauer nachspüren.

Von der »heroischen« zur »postheroischen« Führung

Mit Blick auf die traditionelle Führungsforschung ist zunächst festzustellen, dass Fragen des Charakters, der Tugendhaftigkeit und/oder der Integrität hier in der Regel nur mit Blick auf die *Führenden* diskutiert werden. Sind die Führenden beispielsweise integer – oder genauer: wird ihnen Integrität von Seiten der Geführten zugeschrieben (vgl. Moorman/Grover 2009), dann ergibt sich hieraus nach gängiger Lesart ein hoher Grad an Vertrauen und Zufriedenheit auf Seiten der Geführten (»everything will turn out alright«; Moorman/Grover 2009, S. 111), der im Weiteren auch eine höhere Leistungsverausgabung und damit gleichsam einen höheren Führungserfolg nach sich zieht (vgl. Palanski/Yammarino 2009, S. 414 ff.). Weite Teile der einschlägigen Debatte folgen damit nicht nur der *»light side of leadership«* (vgl. Kapitel 3), sondern arbeiten auch kräftig mit am Bild eines *»heroic leadership«* (vgl. Crevani et al. 2007), das den Erfolg und die Ethik von Führung gleichermassen und ausschließlich an die (fachlich und moralisch exzellente) Person des Führenden rückbindet und die Kompetenz und die Moralität der Geführten von daher als vernachlässigungswürdige (abhängige) Größe erachtet (vgl. Abb. 30).

Heroische Führung	Postheroische Führung
• eine einzige, verantwortliche Führungskraft • Fokussierung auf die hierarchisch sichtbaren Helden • Bewertung der Geführten als minderwertige und austauschbare „Drohnen“ • Jegliches Wissen vergegenwärtigt sich im Führenden • der Führende muss sichtbar in Erscheinung treten • Gefährdung der Organisation im Falle eines Ausscheidens des Führenden • Führung gründet auf Individualismus, Kontrolle, Selbstbewusstsein, Durchsetzungskraft und Dominanz • Vorherrschendes Verständnis von Effektivität: „Dinge produzieren“ • Maskulinität • Fokussierung auf Personen • Statische Rollen	• die Mitwirkung der Geführten am Führungsprozess ist anerkannt • Geführte als kompetente und verantwortungsbewusste Personen • Führende ermutigen zur Innovation und Partizipation • konsensuale Entscheidungsprozesse • der Führende wird ersetzbar • Einführungsvermögen, ein Gefühl der Verletzbarkeit sowie Fähigkeiten zur gemeinsamen Überlegung und Entscheidungsfindung werden bedeutsam für den Führungsprozess • Vorherrschendes Verständnis von Effektivität: „Menschen entwickeln“ • Femininität • Fokussierung auf Kooperation und Aktion • Dynamische und gemeinschaftliche Konstruktionen

Abb. 30: Zentrale Aspekte des »heroic leadership« und des »postheroic leadership« (Crevani et al., 2007, S. 48)

Eine *»Ethik der Geführten«*, die diesen Namen verdient, ist demgegenüber grundsätzlich nur im Konnex eines *»postheroischen« Führungsverständnisses* zu entwickeln (vgl. Abb. 30), das die strikte Trennung (Dichotomisierung) zwischen (gestaltenden) Führern und (gestalteten) Geführten aufweicht, wenn nicht sogar überwindet, und von daher auf einen egalitären und demokratischen Horziont verweist. Tatsächlich sind innerhalb der Führungsforschung auch einige (erste) Ansätze auszumachen, die genau in diesem Sinne argumentieren.

So bemängelt beispielsweise der ausgewiesene »Geführten-Forscher« Robert Kelley, dass die traditionelle Führungsforschung aufgrund ihres *»»hero leadership« myth«* (vgl. Kelley 1992, S. 19) lediglich eine Richtung in der Beeinflußung zwischen Führenden und Geführten (an-)erkennt – nämlich die *von oben nach unten* (vgl. Kelley 1992, S. 201). Diese Sichtweise und deren wichtigste Implikation, dass Geführte von den Führenden notwendigerweise »from something worse into something better« (Kelley 1991, S. 211 f.) überführt werden müssen, konfrontiert Kelley mit der »Macht der Geführten« (Kelley 1992), die er durch folgendes Beispiel illustriert: »Die Berliner Mauer fiel nicht durch das Handeln irgendwelcher Führer, sondern durch Millionen Ostdeutsche, die zusammen wirkten und Veränderungen verlangten und durchsetzten« (vgl. Kelley 1992, S. 30). Zentral ist dabei das Argument, dass Geführte tatsächlich ja erwachsene, vernünftige und verantwortungsbewusste Menschen sind, die ihr Leben selbstbestimmt (ohne starke Führer) leben müssen und dies zumeist auch vermögen (vgl. Kelley 1991, S. 213). Für die Führung in Organisationen fordert Kelley aufgrund dessen eine (Neu-)Definition, derzufolge *Geführte* als hoch *kompetente* und absolut gleichwertige *Partner* der Führenden zu verstehen seien (vgl. Kelley 1992, S. 34), was gleichsam bedeutet: »... we must replace the traditional ›topdog/underdog‹ model with a new concept: partnership« (Kelley 1991, S. 213). Zu vermerken ist dabei allerdings auch, dass Kelley sich von der (kritisierten) Vorstellung des »heroic leadership« insofern nicht konsequent zu lösen vermag, als er Führer fürderhin dazu auffordert, nicht als »heros«, sondern als »hero maker« zu fungieren (vgl. Kelley 1992, S. 221 ff.) – womit er zuguterletzt dann doch wieder auf den Glauben an »heldenhafte« Führer zurück- oder hereinfällt.

Mit ähnlicher Intention entwickelt Jean Lipman-Blumen (2005, S. 235 ff.) Strategien, die Geführte von *formaler* – schlechter wie guter – *Führung befreien* und sie zur *Findung des »Führers in sich selbst«* befähigen sollen. In diesem Zusammenhang erörtert sie insbesondere folgende Aspekte:

- *»Einschreibung in die Schule der Ängstlichkeit«*: Mit dieser, dem dänischen Philosophen Sören Kierkegaard entliehen Umschreibung betont Lipman-Blumen, dass jene Ängste, die Führung »von oben« den Geführten üblicherweise nimmt, im Zuge einer (inneren) Befreiung von (äußerer) Führung unweigerlich auf die Befreiten selbst zurückschlagen, weshalb dieser Prozess unvermeidlich von einer Auseinandersetzung mit diversen (existenziellen, situativen, u. Ä.) persönlichen Ängsten begleitet ist. Auf der anderen Seite resultiert aus diesem Prozess jedoch auch eine Stärkung der eigenen Identität und Authentizität sowie des persönlichen Mutes. Durch die »Einschreibung in die Schule der Ängstlichkeit« lernen Geführte somit, sich auf ihr eigenes Führungspotenzial, gleichsam auf den »Führer in sich selbst« zu verlassen (vgl. Lipman-Blumen 2005, S. 238 ff.).

- *Beförderung »demokratischer Organisationen«*: Hiermit ist bedeutet, dass in dem Maße, in dem aus (abhängigen) Geführten unabhängig denkende und handlungsaktive »Organisationsbürger« werden, auch die Anzahl der mündigen Persönlichkeiten in Organisationen steigt. Für Organisationen entsteht damit die Möglichkeit (oder Pflicht), sich in »demokratische Organisationen« zu wandeln und insofern nicht länger von wenigen – und möglicherweise ineffektiven und unethischen – Führern abhängig zu sein. Für die Organisationsmitglieder bedeutet dies gleichsam, nicht länger nur die Führenden kritisieren zu können, sondern sich als »Mit-Führende« nunmehr selbstkritisch betrachten bzw. sich auch der Kritik von anderen stellen zu müssen. Die »Mühsale der Führung« sind in »demokratischen Organisationen« somit von jedem Einzelnen (mit-) zu tragen (vgl. Lipman-Blumen 2005, S. 240 ff.).
- *Zurückweisung der »Wir/Ihr-Unterscheidung«*: Finden Geführte den »Führer in sich selbst« und entwickeln sie sich zu mündigen Organisationsbürgern, dann ist denknotwendig auch die gängige Unterscheidung zwischen Führern und Geführten aufzugeben – was für Führende im Besonderen bedeutet, ihre Macht und Autorität bereitwillig mit ihren (neuen) Mit-Führenden zu teilen (vgl. Lipman-Blumen 2005, S. 242 ff.).

Diese singulären Ansätze fügen sich sehr schön in eine hochaktuelle Richtung innerhalb der Führungsforschung, die – als noch wenig integrierte Strömung – unter verschiedenen Begriffen firmiert (»distributed leadership«, »collective leadership«, »employee involvement in organizational leadership« (EIOL), u. a. m.), der Einfachheit halber hier als *»shared leadership«* bezeichnet werden soll und in ihrem Kern auf nicht weniger als eine Art paradigmatische Verschiebung innerhalb der Führungstheorie hinausläuft (vgl. Weibler 2012, S. 579). Shared leadership (vgl. dazu übersichtlich Weibler 2012, S. 568 ff.) versteht sich zunächst als Gegenposition zum »heroic leadership« (vgl. Abb. 30) und wendet sich folglich gegen die (herrschende) Vorstellung, wonach Führung stets von einzelnen und positional bestimmbaren Personen ausgeübt wird (»unitary command perspective«; vgl. Crevani et al. 2007, S. 44). Vertreter dieser Forschungsrichtung (vgl. dazu Pearce/Conger 2003) gehen vielmehr davon aus, dass – zuvorderst effektive (vgl. Wegge et al. 2010), letztlich aber auch ethische (vgl. Crevani et al. 2007, S. 41) – Führung zunehmend als ein kollektiver, dynamischer und multidirektionaler (Gruppen-)Prozess anzulegen ist, an dem die – aus hierarchischer Sicht – »Geführten« systematisch als kompetente, verantwortliche und verantwortungsbewusste Mit-Führende (»coleader«) zu beteiligen sind (vgl. Fletcher/Käufer 2003, S. 22 ff., 62).[20] Pointiert formuliert – und graphisch visualisiert (vgl. Abb. 31) – verweist shared leadership damit auf einen Übergang vom traditionellen »heroic leadership« im Sinne einer (vertikalen) *Führung von* Individuen und Gruppen, hin zu einem relational-prozessorientierten »postheroic leadership« im Sinne einer (lateralen) *Führung durch* Individuen in Gruppen.

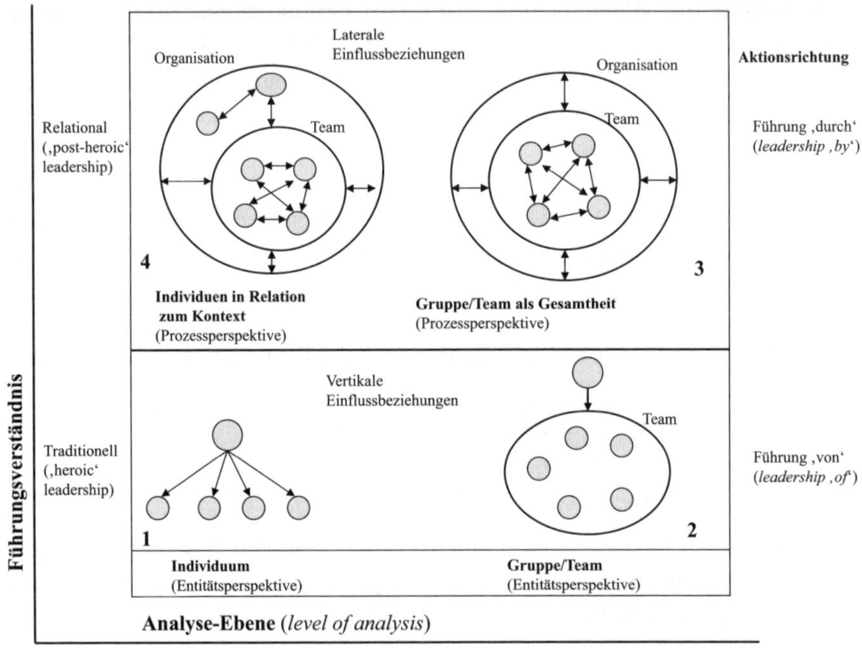

Abb. 31: Traditionales versus relational-prozessorientiertes Führungsverständnis (Weibler 2012, S. 577)

Der Begriff des »relational-prozessorientierten« steht dabei im Besonderen für das »Wie« eines shared leadership. Flechter/Käufer (2003, S. 23 f., 35 ff.) gehen hinsichtlich dieser Frage grundlegend davon aus, dass shared leadership vor allem als *sozialer Lernprozess* zu verstehen sei, der auf spezifischen und unterschiedlichen Kompetenzen der Führungsbeteiligten aufbaut. Diese je spezifischen Kompetenzen bringen die Führungsbeteiligten in problembezogenen Dialogen ein, die idealerweise als »generative Dialoge« dahingehend wirken,

20 Strittig ist dabei allerdings die Frage, ob ein solches shared leadership eher nur in bestimmten (Ausnahme-)Situationen Anwendung finden sollte, oder ob es sich hierbei um eine generelle Überwindung des »heroic leadership« handelt (vgl. Crevani et al. 2007, S. 50 f.).

dass ein intrinsisch motivierter und (deshalb) kreativer Gedankenaustausch entsteht, in dessen Verlauf die Expertise kontinuierlich zwischen den Teilnehmern wechselt und an dessen Ende ein gemeinsames Lernen und eine gemeinsame (Führungs-)Entscheidung steht (vgl. zur empirischen Evidenz »generativer Dialoge« Weibler/Rohn-Endres 2010). In diesem Sinne gehen Fletcher/Käufer (2003, S. 40) denn auch davon aus, dass generative Dialoge, per definitionem, letztlich *identisch* mit shared leadership seien. Ein solches Verfahren setzt dabei im Übrigen keine Abschaffung der Hierarchien voraus, sondern erfordert vielmehr »nur« Beziehungssysteme, die offen sind für (Re-) Konstruktionen seitens der Organisationsmitglieder, innerhalb derer Fragen der jeweiligen Macht und Verantwortung in sozialen Interaktionsprozessen ausgehandelt werden können (vgl. Crevani et al. 2007, S. 63). Nicht zuletzt in Anbetracht dessen betonen Wegge et al. (2010, S. 15), dass ein »employee involvement in organizational leadership« (EIOL) in seiner elaboriertesten Form auf die Idee der *organisationalen Demokratie* verweist (vgl. i. d. S. auch Crevani et al. 2007, S. 62).

Vom »shared leadership« zum »ethically shared leadership«

Vor dem Hintergrund dieser Überlegungen zum *shared leadership* und zu den damit einhergehenden (oder gleichbedeutenden) *generativen Dialogen* stellt sich nunmehr die Frage, ob bzw. inwieweit diese *postheroische* Ausrichtung der *Führung* auch bereits als Ausdruck einer überzeugenden, *integritätsbegründeten Führungsethik* gewertet werden darf. Zur Klärung dieser Frage wollen wir beide Konzepte – Integrität und shared leadership – vergleichend betrachten, was im Wesentlichen zu folgenden Erkenntnissen führt:

Das zentrale – postheroische – Moment des *shared leadership* besteht in der Ablösung des traditionellen »topdog/underdog«-Denkens der Führung durch ein partnerschaftlich-laterales Verständnis von Führung. Geschuldet ist diese Neuorientierung der Einsicht, dass Geführte über *Kompetenzen* verfügen, die jenen der Führenden in keiner Weise nachstehen bzw. die spezifischen Kompetenzen des Führenden sinnvoll ergänzen können. Diese Anerkennung der Geführten als »fully competent partners« (Kelley 1992, S. 43) bedingt schließlich, dass in aller Regel nur *gemeinsame Führungsentscheidungen* als gute (effiziente) Führungsentscheidungen zu werten sind, die ihrerseits auf dem Wege generativer Dialoge zu ermitteln und zu treffen sind. Eine vergleichbare *postheroische Grundstimmung* schwingt erkennbar auch in allen oben ausgeführten Konzepten zur Tugendhaftigkeit und zur Integrität mit (vgl. Abschnitt 5.2): So geht beispielsweise Woodruff (2001) davon aus, dass »ehrfürchtig« Führende sich im Vergleich zu den Geführen nicht als vortreffliche, sondern vielmehr als im Grunde gleichwertige und gleichrangige Personen wahrnehmen, Führende und Geführte sich mithin in »gegenseitigem Respekt« begegnen sollten und letztlich auch nur in gemeinsamer und gleichberechtigter Beratschlagung bestimmen können, was als gute und gerechte Führung anzusehen ist. Mit ähnlichem Tenor weist Brenkert (2006) im Rahmen der »sozialen Dimension« von Integrität darauf hin, dass sich diese überhaupt nur im Zuge einer dialogisch-argumentativen Auseinandersetzung mit anderen über das, was richtigerweise zu tun wäre, entwickeln kann. Und auch Pollmann (2005) bestimmt die Unbescholtenheit eines integreren Menschen durch dessen Bereitschaft, sein Handeln durch gute Gründe zu rechtfertigen und entsprechend diskussionsbereit und den Einsichten anderer gegenüber aufnahmefähig zu sein. Die Theorie und Praxis des shared leadership und die Theorie und Praxis integeren Verhaltens sind aufgrund ihrer *kommunikativ-argumentativen* Grundanlage somit aufs Engste verwandt. Entsprechend kann das shared leadership in Form seiner *generativen Dialoge* als wesentlich für die Begründung einer Führungsethik gelten, die nicht nur auf gute (integere) Führer, sondern eben auch auf gute (integere) Geführte abstellt. Eine integritätsbegründete Führungsethik hat so gesehen immer ein dialogisches – kommunikativ-argumentatives – Fundament (vgl. Abb. 32).

Gleichwohl ist aber auch zu erkennen, dass ein shared leadership keineswegs identisch mit einer integritätsbegründeten Führungsethik ist. Auch diese These lässt sich durch einen Vergleich der Konzepte begründen: Eine, wenn nicht die zentrale Dimension der Integrität ist die persönliche *Moralität.* Darauf verweist ausdrücklich Pollmann (2005), indem er Moralität als eine Bedeutungsdimension der Integrität definiert (vgl. Abb. 29) und unter Moralität dabei die individuelle *Selbstverpflichtung* versteht, fortgesetzt zwischen dem abzuwägen, was aus Sicht der *eigenen Interessen* am Besten wäre, und dem, was mit Blick auf die berechtigen *Interessen von anderen* geboten erscheint. Moralität wirkt auf diese Weise darauf hin, dass es »keine Gewinner und Verlierer gibt« (Woodruff 2001, S. 176) – wobei sich dieses Begriffsverständnis wohltuend abhebt von jenem Moralitätsverständnis innerhalb der führungsethischen Debatte (vgl. bspw. Kanungo/Mendonca 1996), das »wahre Moral« auf einen naiven (sic!) Altruismus reduziert (vgl. Abb. 28). Mit Blick auf das *shared leadership* ist vor diesem Hintergrund festzustellen, dass die Dimension der Moralität in dieser Konzeption bislang nicht systematisch berücksichtigt wird, sondern bestenfalls am Rande anklingt (vgl. Crevani et al. 2007, S. 41). Dieses erklärt sich aus dem Umstand, dass das shared leadership – trotz seines postheroischen Aufklärungsimpetus – zuvorderst ein »Kind« der traditionellen (effizienzorientierten) Führungstheorie ist, dass sich tatsächlich nur deshalb für die (sachdienlichen) *Kompetenzen* der Geführten interessiert, weil diese als zunehmend bedeutsam für die Erreichung der *gemeinsamen Organisationsziele* erachtet werden (vgl. i. d. S. Pearce et al. 2010, S. 151; Wegge et al. 2010, S. 154). Die ethisch zentrale Frage eines gerechten Ausgleichs zwischen unterschiedlichen Interessen wird im Kontext des shared leadership somit überhaupt nicht gestellt, sondern vielmehr hinter der harmonischen Fassade der vermeintlich »gemeinsamen Ziele« versteckt. Wenn Wegge et al. (2010, S. 15) also in der *organisationalen Demokratie* die elaborierteste Form des shared leadership ausmachen, dann offenbaren sie ein Demokratieverständnis, das frei von unterschiedlichen Werten, Zielen und Interessen der (Organisations-)Bürger – kurz gesagt: *nicht-pluralistisch* – ist.

Zur (Weiter-)Entwicklung des *shared leadership* in ein *ethically shared leadership* bedarf es so gesehen grundlegender Weitungen: Zum einen ist ein (demokratischer) *Interessenpluralismus* in der Weise anzuerkennen, dass die Ziele der Führenden, der Geführten sowie der Organisation grundsätzlich keine gemeinsamen, sondern in aller Regel sehr unterschiedliche und spannungsreiche sind (vgl. Abb. 22). Zum anderen ist – unter der Annahme integerer Führer sowie integerer Geführter – aber auch davon auszugehen, dass die *Moralität* der Führungsbeteiligten darauf hinwirkt, dass ein *gerechter Ausgleich* zwischen diesen Interessen als ethische Selbstverpflichtung wahrgenommen wird, wobei der generative Dialog als praktisches Verfahren eines shared leadership entsprechend systematisch für *führungsethisch* relevante Fragestellungen zu öffnen ist. Moralität aus Sicht eines *integeren Geführten* lässt sich dann im Wesentlichen als Anerkennung und (dialogische) Abwägung folgender arbeitsbezogener Interessen verstehen (vgl. Abb. 32):

- *Eigene Interessen* – wie etwa der Wunsch nach geregelten Arbeitszeiten, beschränkten Überstunden, einer befriedigenden work-life-balance, persönlicher Entwicklung und Beförderung, u. a. m. (*immaterielle Dimension*), sowie überdies natürlich auch der Wunsch nach gerechter Bezahlung, inklusive bezahlter Überstunden, u. a. m . (*materielle Dimension*).
- *Human-Verantwortung* – die sich einerseits auf die Anerkennung der berechtigten (Eigen-)Interessen von *Kollegen* bezieht, andererseits aber auch die Anerkennung berechtigter (Eigen-)Interessen des *Vorgesetzten* beinhaltet.
- *Erfolgs-Verantwortung* – die sich, analog der Erfolgs-Verantwortung des Vorgesetzten (vgl. Kapitel 2), auf eine verantwortungsbewusste *Leistungserbringung* und damit gleichsam auf die moralische Pflicht des »Organisationsbürgers« bezieht, auch im Sinne einer langfristig erfolgreichen Entwicklung der Organisation (mit) zu wirken (vgl. Caldwell/Canuto-Carranco 2010, S. 166 f.).

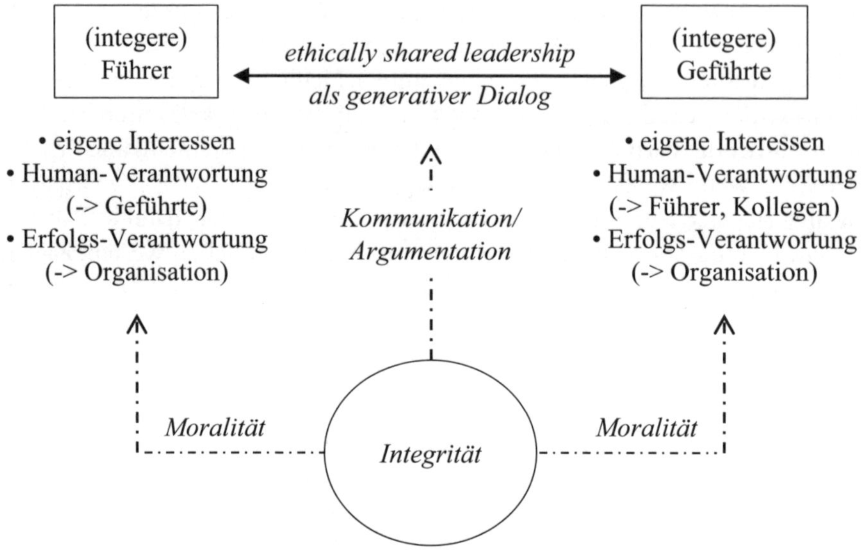

Abb. 32: Die »Ethik der Geführten« als Teil eines ethically shared leadership

Ein *ethically shared leadership* führt das *postheroische* Verständnis des *shared leadership* somit insofern weiter, als es nicht nur davon ausgeht, dass *Führung* aufgrund der *hierarchieübergreifenden Verteilung von Kompetenzen* als hierarchieübergreifende Funktion anzulegen ist, sondern dass es vor allem davon ausgeht, dass *Führungsethik* aufgrund der *hierarchieunabhängigen Verteilung von Integrität* und *Moralität* als eine hierarchieunabhängige Herausforderung zu verstehen ist. Gefolgt wird damit der Anschauung, dass Integrität als individueller »Wunsch nach einem intakten Lebensvollzug« (Pollmann 2005, S. 262) nichts ist, was nur Führende anstreben und besitzen können. Stattdessen kann Integrität eigentlich nur verstanden werden als ein ethisch-normatives Ziel, das Menschen über alle gesellschaftlichen Gruppen und folglich auch über alle organisationalen Hierarchien hinweg verfolgen und das insofern nicht nur für eine *Ethik der Führenden* (vgl. Abschnitt 5.2), sondern im gleichen Maße auch für eine *Ethik der Geführten* von grundlegender Bedeutung ist.

5.4 Ethikbewusste Führung infolge guter Situationen – oder: Wie Organisationen eine Führung in Integrität unterstützen können

»... organizational structures and cultures within which people live and work play a direct role in fostering integrity.«
(Brenkert 2006, S. 105)

Ethikbewusste Führung verweist zum einen zweifellos auf *gute* (integere) *Führer*, die gemeinsam mit *guten* (integeren) *Geführten* auf der Grundlage ihrer persönlichen *Moralität* und auf dem Wege generativer *Dialoge* über die ethisch richtigen Ziele und Mittel der Führung befinden sollen (vgl. Abschnitte 5.2 und 5.3). Ein solches (interaktives) Verständnis von Führungsethik setzt dabei allerdings voraus, dass individuelle Integrität innerhalb der organisationalen Kontexte »gelebt« werden kann. Genau dieses erscheint allerdings solange nicht gesichert, wie Organisationen und ihre Settings zuvorderst schlechte Führer in Führungspositionen befördern (vgl. Abschnitt 4.3.1) bzw. gute Führer zu schlechter Führung verleiten (vgl. Abschnitt 4.3.3). Ethikbewusste Führung ist damit gleichsam kein Ziel, dessen Erreichung ausschliesslich (dispositional) von der Integrität der Organisationsmitglieder bestimmt wird. Vielmehr ist davon auszugehen, dass situative (strukturelle, kulturelle) Settings der Organisation in einem erheblichen Maße darüber (mit-)bestimmen, ob eine *Führung in Integrität* innerorganisatorisch möglich ist und sogar unterstützt wird – oder ob eben dieses systematisch erschwert und am Ende sogar unmöglich wird (vgl. Brenkert 2006, S. 105). In Anbetracht dessen wollen wir nunmehr die dritte Determinante des »moralischen Dreiecks« ethikbewusster Führung (vgl. Abb. 26), nämlich die hierfür erforderliche *gute Situation*, genauer in Augenschein nehmen.

In einem grundlegenden Beitrag über die *kontextuellen Voraussetzungen ethikbewusster Führung* stellen Eisenbeiß/Giessner (2012, S. 10) fest, dass die Führungsforschung diesem (situativen) Aspekt – verglichen mit dem personalen Aspekt (v. a. gute versus schlechte Führer) – bislang (und unzulässigerweise) wenig bis keine Beachtung schenkt. Aufgrund dessen entwickeln die Autoren einen Ansatz, dem gemäß die *Entwicklung und Aufrechterhaltung einer ethikbewussten Führung* in Organisationen von folgenden *Kontexten* beeinflusst wird:

- *Gesellschaftlicher Kontext*: Hier wird darauf verwiesen, dass die *ethischen Wertvorstellungen* innerhalb einer Gesellschaft, beispielsweise zu Fragen der Verantwortung und Gerechtigkeit, der Humanität und Transparenz, bedeutsam für die Entwicklung und Aufrechterhaltung einer ethikbewussten Führung in Organisationen sind (vgl. Eisenbeiß/Giessner 2012, S. 10 ff.).
- *Branchenspezifischer Kontext*: Hier wird auf drei Aspekte verwiesen, die bedeutsam für die Entwicklung und Aufrechterhaltung einer ethikbewussten Führung sind, nämlich (a) die *Komplexität der Umwelt* (etwa in der Weise, dass Führende im Falle einer hohen Komplexität ihr Augenmerk verstärkt dem Problem der ökonomischen Erfolgssicherung widmen und folglich weniger auf führungsethische Fragestellungen ausgerichtet sind), (b) der *ethische Gehalt des organisationalen Auftrags* (dies insofern, als das (führungs-) ethische Bewusstsein der Mitglieder von Organisationen, die primär humanitäre Ziele verfolgen (z. B. UNO), grundsätzlich höher ausgeprägt sein dürfte als in Organisationen, die primär auf eine Maximierung der Profite abzielen (z. B. Banken), und (c) die *ethischen Interessen der Stakeholder* (was bedeutet, dass Organisationen insbesondere dann leicht die »Grauzonen« unethischer Führungsweisen gedrängt werden können, wenn mächtige Stakeholder (z. B. Investoren) ausschliesslich an einer kurzfristigen Gewinnmaximierung interessiert sind) (vgl. Eisenbeiß/Giessner 2012, S. 12 ff.).
- *Innerorganisatorischer Kontext*: Dieser Kontext stellt – verglichen mit den beiden erstgenannten – den zweifellos unmittelbarsten Einflussfaktor auf die Entwicklung und Aufrechterhaltung einer ethikbewussten Führung dar und umfasst dabei vor allen die formale und informale Struktur der Organisation (vgl. Eisenbeiß/Giessner 2012, S. 15 f.).

Vor dem Hintergrund dieser Unterscheidung wollen wir unsere Suche nach führungsethisch *guten Situationen* zunächst – und in naheliegender Weise – auf der *innerorganisatorischen Ebene* beginnen. Wir werden dabei zunächst betonen, dass führungsethisch gute Situationen (mittelbar) natürlich dadurch entstehen, indem man jene Situationsgestaltungen vermeidet, die als förderlich für schlechte Führung anzusehen sind (Abschnitt 5.4.1). Darüber hinaus wollen wir aber auch versuchen Situationsgestaltungen zu bestimmen, die einer guten Führung unmittelbar förderlich sind (Abschnitt 5.4.2). Eingedenk des Umstandes, dass innerorganisatorische Situationen nicht einfach »vom Himmel fallen«, sondern von den (Struktur-)Verantwortlichen in der obersten Leitung von Organisationen – gemäß deren Wertvorstellungen und Zielsetzungen – absichtsvoll gestaltet werden, wollen wir schließlich auch der Frage nachgehen, welche Voraussetzungen bei den obersten Führungsverantwortlichen erfüllt sein müssen, damit diese tatsächlich Situationen schaffen, die aus führungsethischer – und nicht aus profitmaximaler – Sicht als gut bezeichnet werden können. In diesem Bereich (Abschnitt 5.4.3) knüpfen wir an die Überlegungen von Eisenbeiß/Giessner (2012, S. 12 ff.) zum *branchenspezifischen Kontext* an.

5.4.1 Vermeidung einer Situationsgestaltung, die schlechte Führung befördert

> *»... most unethical behavior in business is supported by the context in which it occurs.«*
> (Treviño/Brown 2004, S. 72)

Gute »Äpfel«, so der Vergleich des Sozialpsychologen Philip Zimbardo (2008, S. xii), werden massenweise und eher früher als später *schlecht*, wenn man sie in *schlechten* »Fässern« lagert. Genau so verhält es sich mit guten Führern, die in schlechten organisationalen Settings tätig sind: Sie verlieren zunehmend ihre Selbsttreue und Unbestechlichkeit, ihre Rechtschaffenheit und Unbescholtenheit – und so schließlich ihre Integrität (vgl. Abb. 29). Wir haben diesen situativen (Luzifer-)Effekt (vgl. Zimbaro 2008) bzw. solche »invasiven Eingriffe« in die Integrität des Individuums (vgl. Pollmann 2005, S. 21) an anderen Stelle bereits diskutiert (vgl. Abschnitt 4.3.3) und dabei kurz gesprochen folgende Problematiken identifiziert (vgl. Abb. 21):

- *Struktueller Erfolgsdruck und Leistungsstress* – was bedeutet, dass vor allem Führungskräfte der mittleren und unteren Ebene auf dem Wege höherer Leistungsziele (*management by objectives*) in Verbindung mit einer zunehmend leistungsorientierten Vergütung (*pay for performance*) zunehmend unter (Erfolgs-)Druck gesetzt werden, der seinerseits einen zunehmenden (Leistungs-)Stress erzeugt, der häufig in einer destruktiven Führung mündet. In diesem Sinne stellt Brenkert (2006, S. 95) fest: »Both leaders and employees must face the challenge of maintaining their integrity while meeting the demands of their jobs«.
- *Strukturelle Privilegierung und Korrumpierung* – was bedeutet, dass vor allem Führungskräfte der obersten Ebene auf dem Wege einer »entgrenzten« Kompensierung (*»Lotterie-Einkommen«*) und Priviligierung (*»celebrity CEOs«*) potenziell (extrinsisch) korrumpiert werden, gleichsam Gier an die Stelle von Integrität treten kann und für den Einzelnen hieraus schließlich die Fährnisse des »Bathsheba Syndroms« erwachsen können. Diese Wirkungen bestätigt Edzard Reuter (2010, S. 47), vormals Vorstandsvorsitzender der Daimler-Benz AG, der feststellt: »Moral und Anstand wurden zu Eigenschaften, deren man sich weihevoll rühmte – doch in Wirklichkeit zählte nichts anderes als die Mehrung des eigenen Vermögens«.

Wo ist der (strukturelle[21]) Ausweg aus dieser (schlechten) Situation? Auch auf die Gefahr hin, hier möglicherweise eine Trivialität (oder Naivität) zu postulieren: Der Ausweg ist die Umkehr, also ein »Rückbau« schlechter Situationen, der sich an folgenden Überlegungen und »Warnhinweisen« orientieren sollte:

Verantwortungsbewusste Leistungsziele

Leistungsziele können mit Sherman/Kerr (1995, S. 231) dann als *unverantwortlich* angesehen werden, wenn sie, per definitionem, *nicht zu erreichen* sind. Hiervon ist in der Regel dann auszugehen, wenn *ambitionierte Ziele* (zum Beispiel die Verkürzung einer Produktentwicklung von einem Jahr auf sechs Monate) vorgegeben werden, ohne die Verantwortlichen mit den für die Zielerreichung erforderlichen Ressourcen (zum Beispiel zusätzliches Personal) auszustatten, Führenden vielmehr lapidar (und zumeist latent) bedeutet wird: »We're not going to give you more people, or money, or physical space; we're not going to give you more of any resource, so the solution is going to have to be to work smarter, get out of the box, and be creative« (Sherman/Kerr 1995, S. 231). Folgewirkung einer solchen Zielvereinbarungspraxis ist eine (schlechte) Führungssituation, die Führende faktisch dazu nötigt, auf die einzige Ressource zurückzugreifen, die »frei« verfügbar ist: die eigene Arbeitskraft sowie die Arbeitskraft der eigenen Mitarbeiter, deren Nutzung von daher fortgesetzt zu intensivieren (Leistungsverdichtung) und zu extensivieren (Überstunden, Wochenendarbeit) ist. Unverantwortliche Leistungsziele begründen auf diese Weise einen »enormen Stress« (Sherman/Kerr 1995, S. 231) und bedingen eine unethische Führungspraxis, die Führende – auch entgegen ihrer ethischen und moralischen Wertvorstellungen (Integrität) – zu einer nahezu ausschließlichen Konzentration auf ihre Erfolgsverantwortung und damit gleichzeitig zu einer fortdauernden Vernächlässigung ihrer Humanverantwortung zwingt.

Diese strukturelle Verflechtung aus grenzenlosen Anforderungen, begrenzten Ressourcen und erweiterten Spielräumen (Stichwort: »Vertrauensarbeitszeit«) wird – allerdings nur jenseits des »light side of leadership«-verhafteten Mainstreams der Führungsforschung – derzeit facettenreich beschrieben und kritisch bedacht (vgl. dazu bspw. Moldaschl/Voß 2002; Kratzer 2003; Moosbrug-

21 Selbstverständlich gibt es hier auch einen *individuellen* Ausweg, der vor allem auf die Möglichkeit zur Wahrung der eigenen Integrität auf dem Wege der »Standhaftigkeit im Angesicht von Widerständen« verweist (vgl. Abschnitt 5.2.2) und im Konkreten eben darin besteht, *unverantwortliche* Leistungsziele und Leistungsanreize schlicht zurückzuweisen – wohl wissend, das eben dieses mit einem Verzicht auf persönliche Vorteile bzw. (schlimmer) mit der Inkaufnahme erheblicher persönlicher Nachteile verbunden sein kann.

ger 2008). Ohne auf diese komplexe Diskussion hier umfassender eingehen zu können (vgl. dazu auch Kuhn 2002), kann mit Blick auf das führungsethisch relevante Ziel *verantwortungsbewusst* gestalteter Leistungsziele schlicht und anwendungsbezogen gefordert werden: »No. 1, don't set goals that stress people crazily. No. 2, if you do set goals that stretch them or stress them crazily, don't punish failure. No. 3, if you're going to ask them to do what they have never done, give them whatever tools and help you can« (Sherman/Kerr 1995, S. 231). In Ergänzung dieser Forderungen formulieren Ordonez et al. (2009) vor dem Hintergrund ihrer umfassenden Darstellung der – ethisch wie ökonomisch – gefährlichen Nebenwirkungen unverantwortlicher Zielsetzungsvorgaben folgenden »Warnhinweis« (vgl. Abb. 33):

Warnung

Zielvorgaben können aufgrund eingeengter Sichtweisen, übersteigerter Risikobereitschaft, unethischer Verhaltensweisen, verminderter Lernfähigkeit, abnehmender Kooperationsbereitschaft und abnehmender intrinsischer Motivation schwerwiegende Probleme in Organisationen verursachen.

Zielvorgaben bitte nur mit gebotener Vorsicht verwenden.

Abb. 33: Warnhinweis für die Setzung von Zielvorgaben (Ordonez et al. 2009, S. 14)

Verantwortungsbewusste Leistungsanreize

Die Einkommensentwicklung oberster Führungskräfte – vor allem von großen Kapitalgesellschaften (zum Beispiel DAX-Unternehmen[22]) – wird seit einiger Zeit aus verschiedenen Perspektiven heraus kritisch bedacht. So wird mit grosser Berechtigung die Frage diskutiert, ob derlei Vergütungen mit dem

22 Gemäß den Daten der Deutschen Schutzvereinigung für Wertpapierbesitz (DSW) stiegen die Einkommen der Vorstandsvorsitzenden jener 24 Konzerne, die seit dem Jahre 2003 ununterbrochen dem DAX angehören, von durchschnittlich 2,6 Millionen Euro im Jahre 2003 auf 5,1 Millionen Euro im Jahre 2010. Für das Jahr 2011 wird ein weiterer Anstieg auf 6,6 Millionen Euro prognostiziert. Einzelne Vorstandsvorsitzende konnten ihre Gehälter dabei in dieser Frist verdreifachen, ein einzelner sogar verfünffachen. Die Löhne der Beschäftigten sind laut dem Tarifarchiv der Hans-Böckler-Stifung während dieser Zeitspanne dagegen um lediglich 18 Prozent gestiegen (vgl. Spiegel Online 2012).

Postulat der Verteilungsgerechtigkeit respektive der Leistungsgerechtigkeit vereinbar sind (vgl. Thielemann 2006; Hartmann 2010). Von anderer Seite wird eher die Frage fokussiert, ob die diesen Einkommensentwicklungen zugrunde liegenden (»leistungsbezogenen«) Vergütungssysteme (pay for performance) eine Kurzfristorientierung der Unternehmensführung bewirken, die den Imperativen des strategischen Managements entgegen steht (vgl. Frey/Osterloh 2005). Im Rahmen unserer Thematik wollen wir uns dagegen auf die Frage konzentrieren, ob derlei »Lotterie-Einkommen« (vgl. Windolf 2003, S. 202 f.) nicht »invasive Eingriffe« in die persönliche Integrität darstellen (vgl. Pollmann 2005, S. 21), die insbesondere die *Moralität* der Führenden nachhaltig schädigen (oder dauerhaft zerstören) und so schließlich das Realphänomen der schlechten Führung in Organisationen (vgl. Kapitel 4) (mit-)begründen. Im Kern läuft dieser Gedankengang darauf hinaus, dass Leistungsanreize dann als *unverantwortlich* zu bezeichnen sind, wenn sie eine charakterliche Transformation derart bewirken, dass gute (genauer: moralisch-integere) Führer sich in schlechte (genauer: materiell-gierige) Führer verwandeln. Ist dieses aber wirklich die Wirkung von »Lotterie-Einkommen«?

Ein erster Beleg für diese Annahme ergibt sich unmittelbar aus der Gegenüberstellung der Begriffe *Moralität* und *Gier*. Moralität ist dabei, wie im Rahmen unserer Auseinandersetzung mit dem Integritätsbegriff bereits ausgeführt (vgl. Abschnitt 5.2), zu verstehen als ethische Selbstverpflichtung, fortgesetzt zwischen dem abzuwägen, was aus Sicht der eigenen Interessen das Beste wäre, und dem, was mit Blick auf andere geboten erscheint. Was aber bedeutet *Gier*? In ihrer grundlegenden Auseinandersetzung mit diesem Begriff bestimmen Wang/Murnighan (2011, S. 282 ff.) insbesondere die folgenden Charakteristika dieses Begriffs:

- Gier ist ein egoistisches und maßloses Begehren nach mehr als benötigt;
- Gier bezeichnet dabei vor allem ein materialistisches (geldbezogenes) Begehren;
- Handlungsweisen, die auf Gier beruhen, gehen in aller Regel auf Kosten von anderen;
- Gier (nach Geld) begründet damit insgesamt in einem direkten und scharfen Konflikt zwischen den eigenen Interessen und den Interessen anderer.

In Anbetracht dieser Begriffsverständnisse ist davon auszugehen, dass in dem Maße, in dem die persönliche Gier zunimmt, gleichzeitig die Bereitschaft (und Möglichkeit) des Einzelnen abnimmt, das mit Blick *auf andere* Gebotene zu tun (oder überhaupt nur zu erwägen). Gier und Moralität stehen somit in einem *negativen* Zusammenhang. Eben hierauf verwies (gemäß den Niederschriften Platos) im Übrigen bereits Sokrates, der betonte, dass Gier zu unmoralischen Verhaltensweisen gegenüber anderen führe. Bemerkenswert ist dabei vor allem jedoch seine Ergänzung, dass Gier tatsächlich nicht nur andere schädige, sondern letztlich auch jene verletzte, deren gierige Handlungsweisen erfolgreich waren. Denn, so die Begründung: Moralität schafft persönliche Glückseligkeit, Gier zerstört sie (vgl. Wang/Murnigham 2011, S. 284). In unsere Terminologie übersetzt bedeutet dies: Gier zerstört jenen »intakten Lebensvollzug«, für den der Begriff der Integrität steht (vgl. Pollmann 2005, S. 262). Für den Bereich der Führungsethik folgt hieraus: Führende, die dem »Prinzip Gier« anheimfallen, sind nicht nur schlechte Führer (gegenüber anderen), sondern auch Menschen, die ein intaktes und erfülltes Leben (für sich selber) verfehlen (vgl. dazu auch Abb. 28).

Zieht die – vom Siegeszug der pay für performance-Vergütungssysteme getragene – *ökonomische Privilegierung* (»Lotterie-Einkommen«) der »celebrity CEOs« (Conger 2005, S. 86) nun aber wirklich deren *charakterlicher Deprivation* (»Gier«) nach sich? Diese Frage lässt zwei Antworten zu, von denen wir grundsätzlich nur einer nachzugehen vermögen. Die erste Antwort bezieht sich auf die *Innenperspektive* (vgl. Abb. 29) bzw. auf die selbstbezügliche Reflexion: *Bin ich integer?* Diese Frage kann jeder »Verantwortliche« nur für sich selber beantworten – und sollte dies auch immer wieder und in ernsthafter Weise tun. Die zweite Antwort bezieht sich auf die *Außenperspektive* (vgl. Abb. 29) bzw. auf die fremdbezügliche Frage: *Ist diese Person integer?* Hier gibt es die Möglichkeit einer positiven Beantwortung, die auf eine Zuschreibung von *Unbescholtenheit* hinausläuft, sowie die Möglichkeit einer negativen Beantwortung, die sich in einer Zuschreibung von *Scheinheiligkeit* vergegenwärtigt (vgl. Abb. 29). Scheinheiligkeit umschreibt Pollmann (2005, S. 104) dabei wie folgt: »Der Scheinheilige täuscht andere über seine, in Wahrheit, unmoralischen Motive hinweg, und zwar in Hinsichten, die für die Getäuschten – (…) Gegner und Zuschauer – wichtig sind. (…) Scheinheilige Menschen wollen vor allem den Schein von Integrität erwecken, indem sie letztere bloß simulieren. In Wahrheit sind sie heuchlerisch nach außen, selbstsüchtig und selbstgefällig nach innen. Werden sie durchschaut, stoßen sie auf größte Ablehnung, weil sie eine Gefahr für das System der Moral darstellen«. Bezogen auf den Führungskontext erscheint uns vor diesem Hintergrund besonders jener »Widerspruch« bedeutsam, dem gemäß Unternehmer und (Top-)Manager einerseits häufig sehr entschieden dem (gierigen) Prinzip der Gewinn- bzw. Einkommensmaximierung frönen[23], sie trotzdem (oder gerade deshalb) andererseits scheinbar nimmer müde werden, ihren

23 Man denke in diesem Zusammenhang nur an das »ehrgeizige« und vieldiskutierte Ziel der Deutschen Bank, eine Eigenkapitalrendite von 25 Prozent p. a. zu realisieren (vgl. kritisch dazu bspw. Reuter 2010, S. 51 f.).

»Gegnern« und »Zuschauern« gegenüber ihr gesellschaftliches Verantwortungsbewusstsein und ihre Integriät zu versichern (vgl. bspw. Ackermann 2010, S. 299 ff.).[24] In den Mittelpunkt rückt damit die Frage, ob diese »Führungspersönlichkeiten« – angesichts ihrer praktischen Handlungsweisen sowie eingedenk ihrer verbalen Integritätsversicherungen – »von außen« als *unbescholten* wahrgenommen werden, oder ob eher davon ausgegangen wird, dass persönliche »Integrität« und »Moralität« hier nur simuliert werden und die Betreffenden mithin als *scheinheilig* anzusehen sind. Stellvertretend für eine Vielzahl empirischer (und tendenziell übereinstimmender) Befunde zu dieser Frage (vgl. dazu Kuhn/Weibler 2011, S. 113) soll hier eine Studie der Hamburger Stiftung für Wirtschaftsethik (2006) angeführt werden, derzufolge Wirtschaftsführer in Deutschland von der Bevölkerung als überaus eigennützige und korrupte (»gierige«), kaum mehr vertrauenswürdige (»scheinheilige«) und den Belangen der Geführten gegenüber weitestgehend desinteressierte (»unmoralische«) Personen angesehen werden (vgl. Abb. 34) – und die von daher, wenn man Pollmann folgen will, eine regelrechte »Gefahr für das System der Moral« darstellen.

Gesamtwürdigend ist damit festzustellen, dass pay for performance-Vergütungssysteme aus führungsethischer Sicht als *unverantwortlich* zu bezeichnen sind, da sie (zumindest) aus der Außenperspektive eine charakterliche Transformation (Deprivation) befördern, in deren Verlauf sich gute (genauer: moralisch-integere) Führer in schlechte (genauer: materiell-gierige) Führer wandeln. Diese Praxis steht dem Ziel einer Entwicklung und Aufrechterhaltung ethikbewusster Führung von daher fundamental entgegen. An deren Stelle sollte deshalb (wieder) eine Vergütungspraxis treten, die kaum geeignet ist, individuelle Gier zu befördern und persönliche Moralität zu zerstören, die vielmehr den meisten (Frei-)Raum für eine *Führung in Integrität* lässt, nämlich jene eines *maßvollen* und vor allem auch in seiner Höhe weitestgehend *feststehenden* (fixen) *Zeitlohns*. Insofern, als diese Vergütungsform traditionellerweise in bürokratischen Organisationen gepflegt wird, ist Frey/Osterloh (2005) zuzustimmen, wenn sie fordern: »*Yes, managers should be paid like bureaucrats*«. Man sollte hoffen, dass die Betreffenden über die Zeit auch selber zu der Einsicht gelangen, dass exzessive Vergütungen eine enorme Gefahr für die Wahrung ihrer eignen Integrität darstellen (vgl. i. d. S. auch Conger 2005, S. 95).

---

24 Bemerkenswert ist hier insbesondere, dass die Argumentation dabei in aller Regel nicht (mehr) lautet, dass – im Sinne der Ökonomie – das gierige (gewinnmaximale) Verhalten *an sich* verantwortungsbewusst sei (vgl. dazu exponiert Friedman 1970), sondern dass – scheinbar entgegen der Ökonomie – betont wird, dass man tatsächlich nicht (nur) gierig (gewinnmaximierend), sondern *stattdessen* (oder überdies auch) gesellschaftlich höchst verantwortungsbewusst sei (vgl. dazu kritisch Thielemann/Weibler 2007; Kuhn/Weibler 2011).

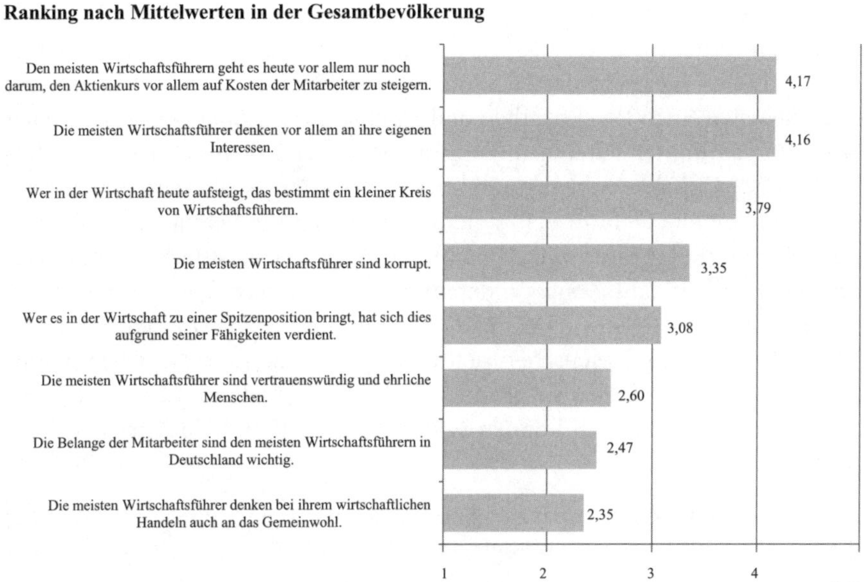

Abb. 34: Bewertung von Wirtschaftsführern in Deutschland (Hamburger Stiftung für Wirtschaftsethik 2006, S. 83)[25]

Eine solche Kehrtwendung in der Vergütungspraxis dürfte darüber hinaus aber auch eine zweite, ebenfalls wichtige Wirkung haben. Diese bezieht sich auf den Umstand, dass schlechte Führung tatsächlich nicht nur dadurch zu erklären ist, dass gute Führer durch »Lotterie-Einkommen« zu schlechter Führung verleitet werden, sondern überdies auch dadurch, dass *an sich* schlechte Persönlichkeiten (Narzissten, Psychopathen und Machiavellisten) aufgrund ihrer karrierförderlichen Merkmale (vgl. Abb. 12) leichthin in Führungspositionen aufsteigen können (vgl. Abschnitt 4.3.1). Dass genau dieses in (einzelwirtschaftlichen) Organisationen derzeit immer häufiger der Fall ist (vgl. Maccoby 2000), muss nach McFarlin/Sweeney (2010, S. 259 ff.) nicht unbedingt daran liegen, dass es absolut gesehen mehr (hier) Narzissten gibt. Als Grund hierfür sehen sie vielmehr, dass sich diese führungsethische Problemgruppe in ihren »narzisstischen Fantasien« über die eigene Grandiosität ganz besonders von den zunehmend »entgrenzten« Macht- und Anreiz-Strukturen in »modernen« Wirtschaftsorganisationen angesprochen fühlt. Oder allgemeiner gesprochen: Die Aussicht auf ein Dasein als »celebrity CEO« mit »Lotterie-Einkommen« er-

25 Legende: »Der Wert 1 bedeutet, dass Sie der Aussage überhaupt nicht zustimmen, 5 bedeutet, dass Sie der Aussage voll und ganz zustimmen. Mit den Zahlen dazwischen können Sie Ihre Meinung abzustufen« (Hamburger Stiftung für Wirtschaftsethik 2006, S. 81).

scheint in besonderem Maße für Menschen mit überdurchschnittlich »dunklen Seiten« attraktiv. Eine »Normalisierung« der Vergütungen und (Macht-) Verhältnisse im hier geforderten Sinne hätte angesichts dessen den Effekt, dass Narzissten, wie auch Psychopathen und Machiavellisten über den Prozess einer *Selbstselektion* immer seltener in Organisationen eintreten, die lediglich »bürokratische« Gehälter zahlen und Führung als einen »egalitären« Prozess gestalten, an dem die Geführten in systematischer Weise zu beteiligen sind (»ethically shared leadership«; vgl. Abschnitt 5.3). Wissenschaftliche Fundierung findet diese Überlegung unter anderem im *person-organization-fit approach* (vgl. O'Reilly et al. 1991) sowie im *attraction-selection-attrition model* (vgl. Schneider 1987), denen zufolge Menschen sich im Allgemeinen (nur) bei Organisationen bewerben, von denen sie glauben, dass sie ihre Ziele und Interessen dort am Besten befriedigen zu können (vgl. dazu auch Eisenbeiß/Giessner 2012, S. 14).

Diese Überlegungen über das mögliche Verantwortungsbewusstsein bzw. über die derzeitige Verantwortungslosigkeit der (kontextuellen) Gestaltung von Leistungsanreizen wollen wir im folgenden »Warnhinweis« pointiert zusammenfassen (vgl. Abb. 35):

Warnung

„Lotterie-Einkommen" gefährden die Integrität und die Moralität der Führenden!

„Lotterie-Einkommen" fördern überdies die Attraktivität der Organisation für schlechte (z. B. narzisstische) Führer!

Deshalb gilt: „Lotterie-Einkommen" und ethikbewusste Führung widersprechen sich!

Abb. 35: Warnhinweis für die Vergütung mit »Lotterie-Einkommen«

5.4.2 Verfolgung einer Situationsgestaltung, die gute Führung befördert

»In a positive ethical organization, the right thing to do is the only thing to do.«
(Verbos et al. 2007, S. 17)

Knüpfen wir nochmals bei Zimbardos (2008, S. xii) Bild der »Äpfel« und »Fässer« an, dann ist einstweilen festzustellen, dass eine gute Führung sicherlich dadurch befördert werden kann, indem man nicht länger jene »schlechten Fässer« (Situationen) baut, in denen »gute Äpfel« (Führer) leichthin schlecht werden (und in denen sich die wirklichen »bad apples« erst so richtig wohl fühlen). Angesichts dessen stellt sich gleichwohl aber auch die Frage, ob es hinreichend ist, einfach »nur« wieder auf die altbewährten (»besseren«) Fasskonstruktionen zurückzugreifen – oder ob es nicht angezeigt ist, innovativ darüber nachzudenken, ob nicht »Fässer« gebaut werden können, die gute »Äpfel« noch besser machen? Was in der Analogie schwerlich vorzustellen ist (gute Äpfel können eigentlich nicht besser gemacht werden), macht mit Blick auf den führungsethisch zentralen Aspekt der persönlichen Integrität durchaus Sinn, denn: Integrität ist kein statischer Zustand, sondern ein dynamischer Prozess, der positive wie negative Verläufe zulässt und diesbezüglich stark von der Situation geprägt ist (vgl. Pollmann 2005). Im Kern wird damit bedeutet, dass eben nicht nur ein »organizational narcissism« (vgl. Duchon/Burns 2008) strukturell zu vermeiden, sondern vielmehr ein »managing for organizational integrity« (vgl. Paine 1994) zu verfolgen ist.

In diesem Sinne stellen beispielsweise Eisenbeiß/Giessner (2012, S. 15) heraus, dass die (formale und informale) ethische Infrastruktur von Organisationen von unmittelbarer Bedeutung für die Entwicklung und Aufrechterhaltung ethikbewusster Führung ist. In ähnlicher Weise betonen Verbos et al. (2007, S. 19), dass ethische Verhaltensweisen in Organisationen notwendigerweise von »ethisch positiven« Strukturen, Prozessen und Systemen begleitet sein müssen. Und Kalshoven/Boon (2012, S. 60 ff.) gehen schließlich davon aus, dass ein »employee well-being as a possible outcome of ethical leadership« maßgeblich von entgegenkommenden »Moderationen« seitens des (kontextuellen) Personalmanagements mitbestimmt wird. Im Ergebnis verweisen führungsethisch gute Situationsgestaltungen dabei auf die Entwicklung und Entstehung einer ethischen Führungskultur, die von einem »außerordentlichen ethischen Bewusstsein« und einer »herausragenden ethischen Qualität« der Organisationsmitglieder getragen wird (vgl. Verbos et al. 2007, S. 19). Was aber sind nun gute

Strukturen, die am Ende eine gute (Führungs-)Kultur begründen? Wir erachten in diesem Zusammenhang zwei Ansatzpunkte als zentral, nämlich eine (entschiedene) *Proklamierung ethischer Führung* von Seiten der Organisationsleitung in Verbindung mit einer (nachhaltigen) *Reformierung relevanter Führungssysteme.* Auf diese Perspektiven einer guten Situationsgestaltung (vgl. Abb. 36) wollen wir im Folgenden näher eingehen.

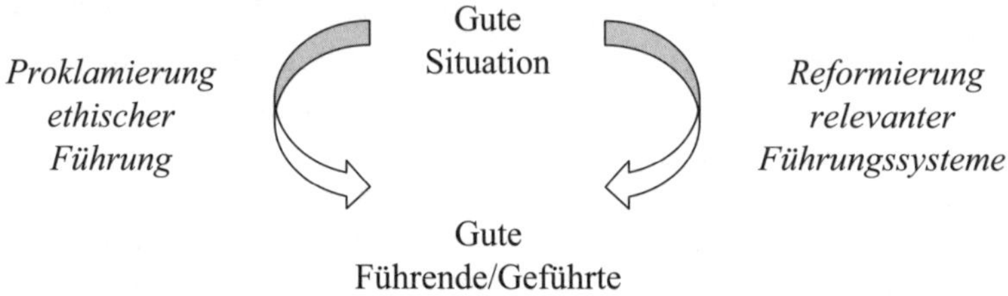

Abb. 36: Gute Führung infolge guter Situationen

Proklamierung ethikbewusster Führung

Die Forderung nach einer Proklamierung (»amtlichen Verkündigung«) ethikbewusster Führung, welche durch die Organisationsleitung zu initiieren und im Rahmen der Führungsgrundsätze zu konkretisieren ist, vergegenwärtigt zunächst sicherlich kaum etwas Besonderes. Denn die Formulierung von Führungsgrundsätzen findet seit längerem eine expansive Anwendung, die sich nicht zuletzt in ungezählten Internetausweisen privater wie auch öffentlicher Organisationen widerspiegelt (vgl. Weibler 2012, S. 442). Führungsgrundsätze sind dabei – neben ihrer Effizienzorientierung – stets auch ethisch (mit-)geprägt, sollen sie doch per definitionem die »Führungsbeziehungen zwischen Vorgesetzten und Mitarbeitern im Rahmen einer ziel- und werteorientierten Führungskonzeption zur Förderung eines erwünschten organisations- und mitgliedergerechten Sozial- und Leistungsverhaltens (beschreiben und/oder normieren)« (Wunderer 2011, S. 385). Entsprechend betonen Führungsgrundsätze in aller Regel nicht nur die (Ergebnis- und Leistungs-)Verantwortung der Geführten, sondern eben auch die Verantwortung der Führenden gegenüber den Geführten – wofür typischerweise Begrifflichkeiten wie Offenheit und Vertrauen, Kooperation und Delegation, Selbstständigkeit und Partnerschaftlichkeit, u. a. m. gewählt werden (vgl. Weibler 2012, S. 442 ff.). In kritischer Hinsicht (vgl. Weibler 2012, S. 444 f.) ist Führungsgrundsätzen – in ihrer gängigen Praxis – vor allem der Vorwurf zu machen, dass sie (als rein verbale Postulate) nur selten mit personalpolitschen Instrumenten (wie Beurteilungsverfahren, Personalentwicklungskonzepten, Sanktionssystemen) verknüpft werden, infolge dessen häufig kaum verhaltenssteuernde Wirkungen entfalten und damit letztlich in den (niederen) Rang eines »Marketinginstrumentes nach innen und außen« (Spielberg 2005, S. 89) absinken. In diesem (ernüchternden) Sinne bezeichnet Hochheuser (2005) (führungs-)ethische Grundsätze denn auch als »überflüssig, aber auch nicht schädlich«. Gestützt wird diese Einschätzung nicht zuletzt wohl auch dadurch, dass Führungsgrundsätze zumeist – in stereotyper Weise – einige übliche und immer gleiche Verhaltensweisen postulieren (Offenheit, Vertrauen, Partnerschaftlichkeit), die zwar »ethisch« klingen, nicht selten aber weit von der (nicht immer ethischen) Führungsrealität entfernt sind und von daher kaum Beachtung und Berücksichtigung finden (vgl. Weibler 2012, S. 444).

Mit Blick auf den letztgenannten Kritikpunkt wollen wir zwei Aspekte herausstellen, die deutlich jenseits der gängigen ethikbezogenen »Leerformeln« in Führungsgrundsätzen liegen, sich unmittelbar auf bedeutsame (ethische) Defizite innerhalb der Führungspraxis beziehen und infolge dessen als unverzichtbare Bestandteile einer *ernstzunehmenden* Proklamierung führungsethischer Verhaltensweisen anzusehen sind:

Erstens: Einforderung einer Entwicklung vom »moralischen Schweigen« zum »moralischen Sprechen«: Praktischer Hintergrund dieser Forderung ist das empirisch gut bestätigte Phänomen (vgl. dazu Bird/Waters 1989, S. 74), dass führungsethische Fragestellungen in Organisationen auch und gerade deshalb kaum zur Sprache kommen, weil dieser Bereich der Führungstätigkeit für Führende geradezu ein *Un-Thema* (»non-topic«) darstellt, gleichsam also eine faktische »moral muteness of managers« besteht. In ihrer wegweisenden Diskussion dieser (bis heute regelmäßig vernächlässigten) führungsethischen Grundproblematik bestimmen Bird/Waters (1989) insbesondere folgende *Ursachen des »moralischen Schweigens«* von Führenden (vgl. Bird/Waters 1989, S. 76 ff.):

- *Bedrohung für die soziale Harmonie* – was bedeutet, dass Führende einen »moral talk« zumeist mit einer ausgesprochenen Kritik an Verhaltensweisen oder Entscheidungen anderer (Kollegen, Vorgesetzte, Geführte) assoziieren, was sie als Bedrohung der sozialen Harmonie innerhalb der Organisation werten und weshalb sie einen offenen »moral talk« zu vermeiden suchen (bzw. diesen – wenn überhaupt – auf den vertraulichen Gedankenaustausch mit einigen (wenigen) Bezugspersonen beschränken).
- *Bedrohung für die organisatorische Effizienz* – was bedeutet, dass Führende einen »moral talk« als subjektives, eigennütziges und letztlich nur Verwirrung stiftendes Verfahren erachten, dass die (ohnehin schwierigen) »Dinge« nur noch weiter und unnötig verkompliziert.

- *Bedrohung für die eigene Reputation* – was bedeutet, dass Führende einen »moral talk« nicht zuletzt auch deshalb meiden, weil sie fürchten, dass andere (Kollegen, Vorgesetze, Mitarbeiter) sie sonst als esoterisch, idealistisch oder schlicht unrealistisch bewerten. Offene Dialoge über führungsethische Probleme werden von daher als mögliche Quellen eines persönlichen Ansehens-, Autoritäts- und Machtverlustes eingestuft.

Das »moralische Schweigen« der Führenden ist dabei allerdings aus verschiedenen Gründen als überaus problematisch zu werten. Bird/Waters (1989, S. 79 ff.) verweisen in diesem Zusammenhang auf die folgenden *(negativen) Konsequenzen*:

- *Ethische Amnesie* – was bedeutet, dass die Verweigerung des »moral talk« einer weiteren (letztlich: reinen) Konzentration der Führenden auf (vermeintlich) »rationale« Ziele wie Profit und Leistung Vorschub leistet.
- *Ökonomische Scheuklappen* – was bedeutet, dass kreative Prozesse, die einen verbesserten Ausgleich zwischen konfligierenden Interessen (der Führenden, der Organisation und der Geführten) schaffen könnten, weitgehend unterbleiben.
- *Moralischer Stress* – was bedeutet, dass Führende ihre Rollenkonflikte zwischen Führungserfolg und Führungsethik nicht offenen kommunizieren und klären können, sie diese folglich »mit sich alleine« ausmachen müssen, was individuellen (moralischen) Stress verursacht.
- *Führungsethische Verdrängungseffekte* – was bedeutet, dass führungsethische Problematiken tendenziell ignoriert, führungsethische Perspektiven weitgehend negiert und führungsethische Dilemmata völlig unthematisiert bleiben – das »moralische Schweigen« der Einzelnen gleichsam also eine organisationale »Kultur der Verdrängung« führungsethischer Fragestellungen nach sich zieht.
- *Auflösung moralischer Standards* – was bedeutet, dass alle Bemühungen eines führungsethischen Integritätsmanagements – selbst wenn sie in einer inflationären Weise vollzogen würden – solange folgenlos bleiben müssen, solange Führende eine direkte Ansprache von und offene Auseinandersetzung mit führungsethischen Fragen systematisch verweigern.

Eine ethikbewusste Führung steht und fällt damit mit der Bereitschaft und Fähigkeit der Führenden zum »moralischen Sprechen«. Diese Erkenntnis macht es nicht nur erforderlich, entsprechende Motivationen und Qualifikationen bei den Betreffenden umfassend (strukturell) zu fördern, sondern sie – im Rahmen der Führungsgrundsätze – zuvor auch entschieden (prinzipiell) zu fordern.

Zweitens: Zurückweisung des führungsethischen Harmonieglaubens und Einräumung führungsethischer Konflikt- und Dilemmata-Situationen: Ein weiterer unverzichtbarer Bestandteil einer *ernstzunehmenden* Proklamierung führungsethischer Verhaltensweisen ist unseres Erachtens eine entschiedene Zurückweisung der – gerade in der Praxis weitverbreiteten – »light side of leadership«-Sichtweise (vgl. Kapitel 3). Das heißt: Führungsgrundsätze sollten ausdrücklich die Möglichkeit fortwährender und bedeutsamer Konflikte zwischen effizienter und ethischer Führung im Führungsalltag einräumen. Führenden wie Geführten würde damit zunächst signalisiert, dass auch die Organisationsleitung über ein realistisches Verständnis von führungsethischen Konflikt- und Dilemmasituationen verfügt. Vor allem könnten (nur) dann aber auch die Führungsbeteiligten (Führende und Geführte) »vor Ort« dazu auffordert werden, diesen Konflikten (oder Dilemmata) in einer konstruktiven und innovativen Weise – etwa auf dem beschriebenen Wege »generativer Dialoge«; vgl. Abschnitt 5.3) – zu begegnen. Dabei ist es keineswegs ausgeschlossen (sondern womöglich eher erwünscht), dass die Führungsgrundsätze auch allgemeingültige Orientierungen und Entscheidungshilfen darüber geben, was zu tun ist, wenn Erfolg und Ethik der Führung gegeneinander stehen (vgl. Treviño/Brown 2004, S. 78) bzw. wann »die Sache« und wann »der Mensch« jeweils als wichtiger einzustufen ist (vgl. Jäger 2002, S. 72). Insgesamt würde auf diese Weise ein fortwährender Ausgleich zwischen der Erfolgs- und Humanverantwortung als essentieller Teil der Führungs- und Geführtenfunktion anerkannt, die Aufforderung zur (integeren) Einnahme (auch) des »moral point of view« durch jeden Führenden und Geführten ausgesprochen (vgl. Waxenberger 2001, S. 125) und die Notwendigkeit zur Überwindung des »moralischen Schweigens« anschaulich begründet.

Führungsgrundsätze, die – im hier skizzierten Sinne – führungsethische Probleme ausdrücklich einräumen und Führende und Geführte zu einem »moralischen Sprechen« über diese Probleme auffordern, sollten dabei nicht – wie die meisten Führungsgrundsätze – alsbald in den Schubladen der angesprochenen Organisationsmitglieder »verstauben« (vgl. Waxenberger 2001, S. 125). Vielmehr haben sie, so zumindest die These, das Potenzial zu einem »living code« (vgl. Verbos et al. 2007, S. 22), der Individuen das lebendige Gefühl zu vermitteln vermag, »that ethical action is not only right, but the only way to act within the organization«. Damit sind wir allerdings bei der bereits angesprochen Problematik, dass dieses Potenzial sich letztlich nur dann auch realisieren lassen wird, wenn solche Führungsgrundsätze systematisch an entsprechend ausgestaltete Führungssysteme rückgebunden sind.

Reformierung relevanter Führungssysteme

Die Frage nach einer (best-)möglichen Institutionalisierung von »Ethik« in Organisationen ist von zentraler Bedeutung innerhalb der Diskussion über Unternehmensethik bzw. Corporate Social Responsibility (CSR). Die vorläufige Antwort auf diese Frage lautet dabei, dass Ethik sicherlich durch *spezifische Ethik-Maßnahmen* (wie Ethikkommissionen, Ethik-Beauftragte, Ethik-Audits oder ethische Hotlines) ein Stück weit in der Organisation verankert werden kann (vgl. dazu Gilbert 2009; Ulrich et al. 1998). Eingang in das organisationale Denken, Entscheiden und Handeln auf wirklich breiter Front kann Ethik tatsächlich aber nur dann finden, wenn *allgemeine Führungssysteme* (wie Personalbeurteilung, Personalentwicklung oder Anreizgestaltung) in einer bedeutsamen und nachhaltigen Weise mit ethischen Kriterien hinterlegt werden (vgl. Maak/Ulrich 2007, S. 403 ff.; Göbel 2006, S. 187 ff.). Dies bestätigt auch Schein (1990, S. 115) insofern, als er davon ausgeht, dass die (Ist-)Kultur von Organisationen letztlich davon bestimmt wird, wer als »guter« Bewerber angesehen und eingestellt wird, was als »gute« Leistung gemessen und anerkannt wird und für welche Verhaltensweisen regelmäßig Belohnungen vergeben und Bestrafungen ausgesprochen werden (vgl. dazu auch Sims/Brinkmann 2003, S. 247 ff.). Mit Blick auf die Entwicklung und Aufrechterhaltung einer ethikbewussten Führung in Organisationen erscheint es von daher angezeigt, (verhaltens-)relevante Führungssysteme so zu reformieren, dass integere Personen als Organisationsmitglieder gewonnen werden können, integeres Führungs- und Geführtenverhalten erkennbar gewürdigt wird und – soweit möglich – persönliche Integrität schließlich auch kontextuell unterstützt und entwickelt wird. Im Einzelnen erscheinen damit die folgenden Ausrichtungen (Reformierungen) angezeigt:

Führungsethische Personalbeschaffung:

Das Problem einer systematischen Gewinnung *integerer Persönlichkeiten* als Organisationsmitglieder fokussiert – nach einer gezielten Ansprache von »moralischen Qualifikationen« potenzieller Bewerber in Stellenanzeigen (vgl. Göbel 2006, S. 204 ff.) – insbesondere die Möglichkeiten und Grenzen einer Überprüfung von Integrität im Rahmen des organisationalen Selektionsprozesses. Verbos et al. (2007, S. 23 f.) verweisen in diesem Zusammenhang auf vorliegende moralisch-ethische »screening tools«, die sich allesamt allerdings auch durch spezifische Vor- und Nachteile auszeichnen und vor ihrer praktischen Anwendung in Auswahlprozessen deshalb in jedem Falle situationsspezifisch bedacht und gegenenfalls auch angepasst werden sollten. Im Konkreten benennen sie dabei folgende Perspektiven und Instrumente eines *führungsethischen Bewerber-Screenings*:

- Überprüfung der *moralischen Argumentationsfähigkeit* vermittels des »multidimensional ethics scale« (vgl. Reidenbach/Robin 1990);
- Überprüfung der *moralischen Urteilsfähigkeit* im Zuge eines »moral judgement interviews« (vgl. Colby et al. 1987) oder durch den Einsatz des »moral jugdement test« (vgl. Lind/Wakenhut 1985);
- Überprüfung des *moralischen Entwicklungsstands* durch Verwendung des sogenannten »ethical reasoning tool« (ERT) (vgl. McAlpine et al. 1997);
- Überprüfung des allgemeinen *moralischen (Grund-) Verständnisses* durch den »Perry-questionnaire« (vgl. Perry 1999).

Führungsethische Personalbeurteilung:

Mit Blick auf die bereits tätigen Führungskräfte bedarf es zur Förderung einer ethikbewussten Führung insbesondere einer fundierten Beurteilung der ethischen Qualität des gezeigten Führungsverhaltens. Als wissenschaftlich gestützte Modelle einer solchen Evaluation kommt sicher das bekannte Verfahren des sogenannten »ethical leadership scale« (ELS) nach Brown et al. (2005) in Betracht, das zwischenzeitlich auch als deutsche Adaption (ELS-D) ausgearbeit wurde (vgl. Rowold et al. 2009). Ebenso könnte aber auch auf den »ethical leadership at work questionnaire« (ELW) abgestellt werden, der jüngst von Kalshoven et al. (2011) entwickelt und in die Diskussion eingebracht wurde. Was für die genannten Verfahren eines ethischen Bewerber-Screenings gilt, gilt allerdings ebenso für diese Verfahren zur Beurteilung des führungsethischen Verhaltens: Es sind dies Ansätze, die in verschiedenen Hinsichten jeweils kritisch zu bedenken sind (beispielsweise hinsichtlich ihrer Implikationen zur »light side of leadership«; vgl. dazu Brown et al. 2005, S. 129) und unter Berücksichtigung organisationaler Spezifika auch situationsbezogen zu hinterfragen sind. Exemplarisch für diese Verfahren werden im Folgenden die Items des ELS-D dargestellt (vgl. Abb. 37).

Führungsethische Personalhonorierung:

Diesbezüglich dürfte es – eingedenk der vorgegangenen Bedenken bezüglich leistungsbezogener Vergütungssysteme – wenig überraschen, dass eine materielle Honorierung (bzw. Sanktionierung) (un-)ethischen Führungsverhaltens unseres Erachtens kein geeignetes Verfahren zur strukturellen Beförderung einer ethikbewussten Führung darstellt. Dieses einfach gesagt deshalb, weil extrinsische Anreize führungsethische Verhaltensweisen, die im Wesentlichen nur intrinsisch motiviert sein können, kaum im Sinne eines »Verstärkungseffektes« zu befördern vermögen, sondern vielmehr das Potenzial in sich tragen, solche Verhaltensweisen aufgrund des (empirisch gut bestätigten) »Verdrängungseffektes« (unbeabsichtigt) zu zerstören (vgl. dazu ausführlich Frey 1997;

Item	
1	… hört auf das, was Mitarbeiter zu sagen haben
2	… bestraft Mitarbeiter disziplinarisch, die ethische Standards verletzten
3	… führt ihr/sein Leben in einer ethischen Art und Weise
4	… denkt an die Interessen der Mitarbeiter
5	… trifft faire und ausgewogene Entscheidungen
6	… ihr/ihm kann vertraut werden
7	… diskutiert Geschäftsethiken und -werte mit Mitarbeitern
8	… gibt Beispiele, wie Dinge aus ethischer Sicht richtig gemacht werden sollten
9	… beurteilt Erfolge nicht nur nach den Ergebnissen, sondern auch danach, wie sie erreicht wurden
10	… wenn sie/er Entscheidungen fällt, fragt sie/er: „Wie kann ich bei dieser Entscheidung das Richtige tun?

Abb. 37: Items des Fragebogens ELS-D (nach Rowold et al. 2009, S. 62)

Frey/Osterloh 2005). Gleichwohl gehört zum Kontext der Personalhonorierung aber auch die Möglichkeit (und organisationale Notwendigkeit) einer Beförderung ausgewählter Führungskräfte. Eine *Führung in Integrität* könnte (und sollte) demzufolge als bedeutsames Kriterium im Rahmen der Beförderungspolitik definiert werden. Konkreter gesprochen heißt dies, dass Führungskräfte mit einem »modernen« Führungsverständnis bevorzugt in höhere Positionen aufsteigen sollten als Führungskräfte mit einem »tradierten« Führungsverständnis (vgl. Abb. 38). Dies wäre dann auch mit der Folge verbunden, dass es weniger die heroischen (und häufig zerstörerischen) Führer sind, die in Organisationen favorisiert werden, sondern eher die post-heroischen Führungstypen des »stillen Führers« (vgl. Badaracco 2002), des »ehrfürchtigen Führers« (vgl. Woodruff 2001, S. 163 ff.) oder des »Führers wider Willen« (»reluctant leader«; vgl. Lipman-Blumen 2005, S. 235 ff.).

Führungsethische Personalentwicklung:

Gründen die skizzieren Verfahren einer führungsethischen Personalbeschaffung, -beurteilung und -honorierung vor allem auf der Überlegung, dass Integrität und Moralität von Führenden grundsätzlich *bestimmt* und *belohnt* werden können, so beruht die Idee einer führungsethischen Personalentwicklung auf der Vorstellung, dass Integrität und Moralität von Führenden über Personalentwicklungsmaßnahmen grundlegend *befördert* werden können. Mit dieser

Tradiertes Führungsverständnis		Modernes Führungsverständnis
Vater-Kind-Beziehung (Familie)	„Urbild"	Erwachsener-Erwachsener-Beziehung (Partnerschaft)
geistige Unselbständigkeit (Unmündigkeit)	Geführten-Bild	geistige Selbständigkeit (Mündigkeit)
natürliches Reifegefälle (Überlegenheit - Unterlegenheit)	Führungs-Beziehung	prinzipielle Reziprozität (Gleichheit)
Erziehung/Entwicklung der Geführten	Führungs-Aufgabe	Verständigung/Vereinbarung mit den Geführten
heroischer Führer, z.B. • charisamtischer Führer • transformationaler Führer	Führertypus	post-heroischer Führer, z.B. • „stiller Führer" • „ehrfürchtiger Führer" • „Führer wider Willen"

Abb. 38: Tradiertes und modernes Führungsverständnis (Kuhn 2000, S. 160, modifiziert)

Idee sollte unseres Erachtens jedoch vergleichsweise behutsam umgegangen werden. Denn der Integritätsbegriff verweist auf einen lebenslangen Entwicklungsprozess, der – neben spezifischen (günstigen oder ungünstigen) Erfahrungen des Einzelnen (vgl. Pollmann 2005, S. 237 ff.) – vor allem durch übergeordnete gesellschaftliche Kontexte (ethische Werte- und Normensysteme) mitgeprägt wird (vgl. Eisenbeiß/Giessner 2012, S. 10 ff.). Insofern kann mit Paine (1991, S. 69) behauptet werden, dass es entweder Wahnsinn oder Arroganz sei, anzunehmen, dass ein paar Stunden und ein paar Kurse zur »Schulung von Integrität« einen bemerkenswerten Unterschied bewirken könnten – eine Einschätzung, die durch empirische Untersuchungen auch grundsätzlich gestützt wird (vgl. dazu Waples et al. 2008). Allerdings gilt auch hier, dass das Kind möglichst nicht mit dem Bade ausgeschüttet werden sollte, sprich: das nichtsdestotrotz Ansatzpunkte für eine innerorganisatorische Beförderung von Integrität ausgemacht werden können. Grundlage solcher Bestrebungen sollte dabei jedoch die Auffassung sein, dass eine führungsethische Personalentwicklung keinesfalls in der Lage sein kann, integritätsgestörte Individuen (vgl. Pollmann 2005, S. 329 ff.) in integrere Persönlichkeiten zu verwandeln. Ziel sollte es vielmehr sein, das Bewusstsein für die eigene Integrität (deren Bedeutung, Bedingungen und Bedrohungen) zu schärfen und überdies auch auf eine (Wieder-) Herstellung der (häufig verschütteten) Verbindung zwischen der lebenspraktischen Integrität (als Privatperson) und der organisationen Integrität (als Rollenträger) hinzuwirken (vgl. Ulrich 1998, S. 18; Waxenberger 2001, S. 119). In diesem Sinne vermerkt auch Brenkert (2006, S. 105), dass die Entwicklung von Integrität zwar früh im Leben beginne und vielfältigen Einflüssen unterliege, dass es gleichwohl immer sinnvoll sei, Integrität im Rahmen von geeigneten Situationen (Personalentwicklungsmaßnahmen) zu reflektieren. In inhaltlicher Hinsicht sollte es seines Erachtens dabei darum gehen, die (berechtigten) Interessen anderer deutlicher zu sehen und entschiedener anzuerkennen, um in konkreten Konfliktsituationen schließlich differenzierter Denken und fairer Entscheiden zu können. Ebenso wichtig könnte es sein, das individuelle Bewusstsein bezüglich jener (auch und gerade organisationalen) Einflüsse zu schärfen, die sich als Bedrohung der eigenen Integrität entpuppen können. In ihren Überlegungen zum »learning how to talk ethics« betonen Bird/Waters (1989, S. 85), dass Führungskräften auch vermittelt werden sollte, dass sie nicht in jedem Falle die besseren Argumente besitzen und diese den Geführten deshalb immer nur (in quasi »monologischer Kommunikation«) vermitteln müssen. Vielmehr sollten sie lernen den Umstand anzuerkennen, dass bessere Argumente grundsätzlich auch von nachrangigen Hierarchieebenen vorgetragen werden können – Führung also auch bedeutet, gute Gründe von anderen zu erkennen und anzuerkennen (vgl. Bird/Waters 1989, S. 85). Überdies gilt es ihres Erachtens zu verdeutlichen, dass ein »moral talk« in Führungskontexten so geführt werden kann, dass er sich eben nicht (destruktiv) *gegen* andere (z. B. Kollegen, Vorgesetzte) wendet, sondern vielmehr (konstruktiv) *für* etwas steht – zum Beispiel für die vorbehaltlose Bestimmung führungsethischer Problembereiche, für die offene Auseinandersetzung über solche Probleme, für die Entwicklung gerechter Lösungen solcher Probleme.

Insgesamt ist damit festzustellen, dass zahlreiche sinnvolle Ansatzpunkte für eine integritätsförderliche Führungskräfteentwicklung auszumachen sind (vgl. dazu auch Litschka et al. 2011) – wobei gleichzeitig einzuräumen ist, dass der hiermit korrespondierende Bereich der »ethics education« (vgl. Haase et al. 2011) bislang tatsächlich kaum erschlossen ist und von daher noch sehr in den Kinderschuhen steckt (vgl. Austmann 2011, S. 139). Abschließend zu vermerken ist in diesem Zusammenhang schließlich aber auch, dass der führungsethische Personalentwicklungsbedarf in Organisationen sicher um einiges geringer sein könnte, wenn Hochschulausbildungen – und hier im Besonderen die der wirtschaftswissenschaftlichen Studiengänge – weniger durch »schlechte Theorien« (vgl. Ghoshal 2005) geprägt wären, die »schlechtes Verhalten« (Eigennutz, Opportunismus, Gier) glorifizieren (vgl. Wang/Murnighan 2011, S. 285 ff.) und einem moralischen Denken und Handeln von Führenden in Organisationen damit zweifellos einen »Bärendienst« erweisen (vgl. Thielemann et al. 2012).

Fasst man die Überlegungen dieses Abschnitts zusammen (vgl. 39), dann ergibt sich eine *gute Situation* im führungsethischen Sinne aus einer (ernstzunehmenden) *Proklamierung ethischer Führung* in Verbindung mit einer (bedeutsamen und nachhaltigen) *Reformierung relevanter Führungssyteme*, die – sicher nicht auf kurze Sicht, aber dafür in einer längerfristigen Perspektive (vgl. dazu Waxenberger 2001, S. 128; Bird/Waters 1989, S. 86) – eine *integritätsorientierte Führungskultur* (vgl. Abschnitt 5.3) zu entwickeln vermag, die führungsethische Probleme auf dem Wege eines *ethically shared leadership* in einer für alle Beteiltigten zufriedenstellenden Art bewältigen können sollte.

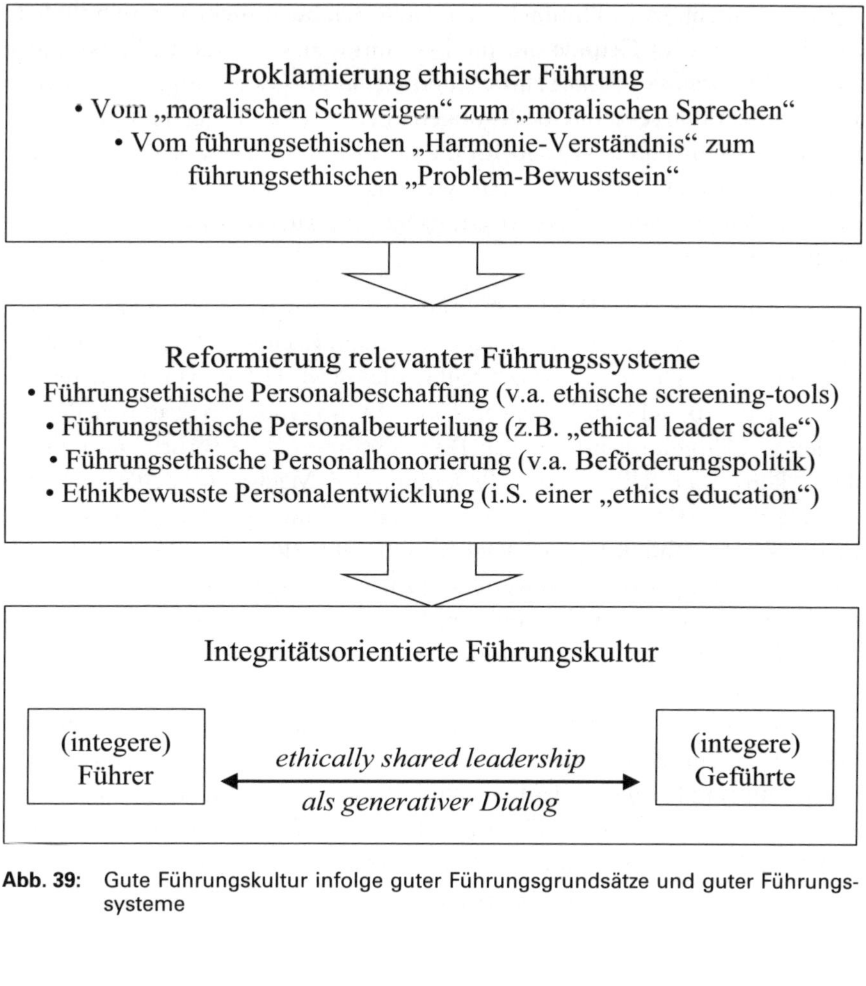

Abb. 39: Gute Führungskultur infolge guter Führungsgrundsätze und guter Führungssysteme

5.4.3 Gute Situationen durch »moralische Manager« und »moralische Personen«

»... ethical leadership flows from one organizational level to the next«
(Mayer et al. 2009, S. 1)

Unsere bisherigen Ausführungen über die dritte Determinante des »moralischen Dreiecks« (vgl. Abb. 26), nämlich die *gute Situation*, zeigen auf, welche innerorganisatorischen Strukturen und Kulturen eine *Führung in Integrität* ermöglichen und begünstigen. Die – womöglich zentrale – Frage, woher diese Strukturen und Kulturen in letzter Konsequenz kommen (können und sollen), wurde dabei jedoch ausgespart. Gehen wir diesbezüglich davon aus, dass *gute Situationen* nicht »vom Himmel fallen« und sich auch nicht von selbst schaffen, dann bleibt im Grunde nur die Erkenntnis, dass sie auf das Wirken (gestalterisch) *mächtiger Personen* zurückzuführen sind. Dies bestätigt grundsätzlich auch Zimbardo in seinem Überlegungen über die Bedeutung der Qualität der (guten oder schlechten) »Fässer« für die Qualität der darin gelagerten »Äpfel«, indem er feststellt: »Eine Systemanalyse muss sich auf die Böttcher konzentrieren, also diejenigen, die die Macht haben, dass Fass zu konstruieren« (Zimbardo 2007, S. 8).

Wer sind nun aber die »Böttcher« *in* und *von* Organisationen? Zimbardo (2007, S. 8) gibt hier – in eher gesamtgesellschaftlichem Kontext – folgende Antwort: »Es sind die Mitglieder der »Machtelite«, die oft im Hintergrund arbeitenden Böttcher, die so viele der Lebensumstände für uns andere bestimmen, die wir in den vielfältigen institutionellen Rahmen unsere Zeit verbringen müssen, die sie konstruiert haben«. Diese Bedeutung der »Machtelite« bestätigen – bezogen auf den Bereich der Ethik in Organisationen – auch Dickson et al. (2001), die das ethikbezogene »Klima« in Organisationen im Wesentlichen als »Auswuchs« der persönlichen Werte und Ziele der Organisationsgründer sowie der auf diese folgenden Organisationsleitenden erklären: »The founder and early leaders bring to the organization their individual values, and these values play a primary role in determing an organizations strategy, structure, climate, and culture« (Dickson et al. 2001, S. 201). Die herrausragende Bedeutung der obersten Organisationsleitung für die Entwicklung und Wahrung einer ethischen Führung betonen überdies auch Mayer et al. (2009), die hier von »kaskadenartigen« Auswirkungen (»trickle-down model«) sprechen, die grundsätzlich wie folgt »fliessen«: »ethical leadership flows from top levels of management to supervisors and eventuates in employee behavior« (Mayer et al. 2009, S. 2).

Der sicherlich bekannteste und aussagekräftigste Ansatz in diesem Zusammenhang stammt jedoch von Treviño et al. (2000), den wir im Folgenden nachzeichnen wollen.

Gute Situationen infolge von »moralischen Personen«, die als »moralische Manager« wirken: Der Ansatz von Treviño et al.

Der Ansatz von Treviño et al. (2000) gründet auf einer empirischen Befragung von Geschäftsführern und Ethik-Beauftragten US-amerikanischer Unternehmen und erklärt die Bedeutung der obersten Führungskräfte für die Entstehung ethikbewusster Verhaltensweisen in Organisationen. Das besondere Merkmal des Ansatzes besteht dabei in dem Konnex, dass (Top-)Manager den Verhaltensweisen in Organisationen tatsächlich nur dann eine ethische Ausrichtung geben können, wenn sie zweierlei *gleichzeitig* sind: nämlich anerkannte »moralische Personen« und ausgewiesene »moralische Manager«. Das damit angedeutete »Zwei-Säulen-Modell« der Führungsethik (vgl. Abb. 40) lässt sich wie folgt näher erläutern:

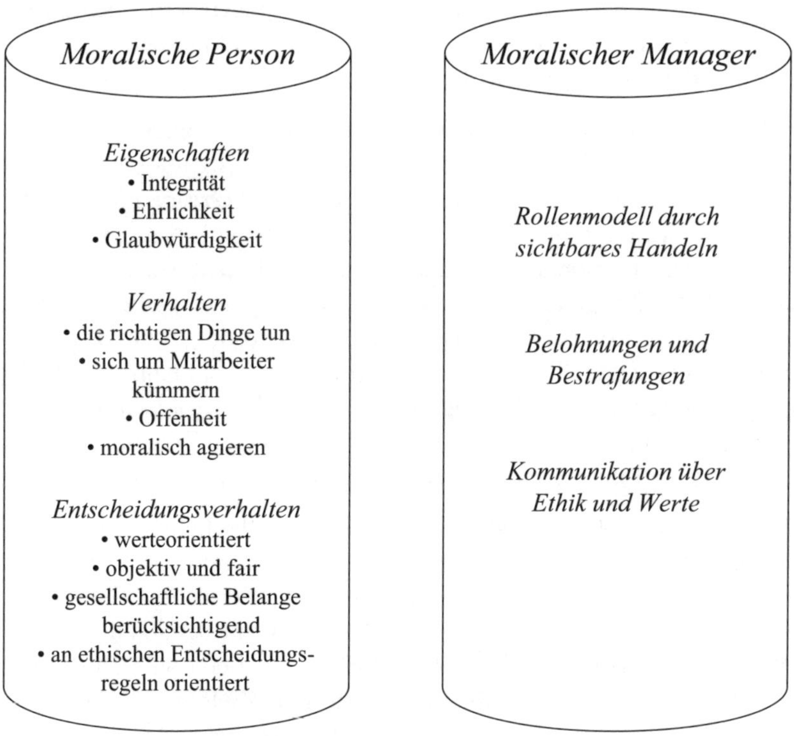

Abb. 40: Die zwei Säulen ethikbewusster Führung (Treviño et al. 2000, S. 131)

Die »erste Säule« ethikbewusster Führung besagt, dass Führende, die ethische Verhaltensweisen innerhalb der Organisation befördern wollen, als »moralische Personen« anerkannt sein müssen, was auf dreierlei Weise bestimmt ist (vgl. Treviño et al. 2000, S. 130 ff.):

- *Eigenschaften* – das heißt, »moralische Personen« verfügen erkennbar über gute (Charakter-)Eigenschaften, die das eigene Verhalten nachhaltig in einer ethischen Weise prägen; als solche Eigenschaften gelten vor allem Aufrichtigkeit, Vertrauenswürdigkeit und – als in den Befragungen meistgenanntes Charakteristikum – *Integrität*.
- *Verhaltensweisen* – das heißt, »moralische Personen« leben ihre moralischen Eigenschaften erkennbar, in dem sie sich stets bemühen, das Richtige zu tun, alle Mitarbeiter ohne Ansehen ihrer hierarchischen Position mit Würde und Respekt behandeln, offen sind für (auch schlechte oder unangenehme) Rückmeldungen seitens der Mitarbeiter und ihre ethischen Maßstäbe auch im privaten Bereich zugrunde legen.
- *Entscheidungsverhalten* – das heißt, »moralische Personen« sind erkennbar bestrebt, objektiv und fair zu entscheiden; dies bedeutet, dass sie nicht nur die erfolgsrelevanten Konsequenzen ihrer Entscheidungen berücksichtigen, sondern auch deren mögliche Auswirkungen auf die Mitarbeiter und andere hiervon Betroffene mitbedenken.

Vor diesem Hintergrund gehen Treviño et al. nun allerdings davon aus, dass die allgemeine Einschätzung eines (Top-)Managers als »moralische Person« alleine nicht hinreicht, um den Verhaltensweisen der Organisationsmitglieder eine ethische Ausrichtung zu geben. Um dieses zu bewirken, müssen Führende zusätzlich auch als »moralische Manager« handeln. In den Worten von Treviño et al. (2000, S. 133) gesprochen heißt dies: »Having a reputation for being a moral person tells employees what *you* are likely to do – a good start, but it does not necessarily tell them what *they* should do. That requires moral managing – taking the ethics message to the rest of the organization.« Einen in diesem Sinne »moralischen Manager« charakterisieren Treviño et al. (2000, S. 133 ff.) gemäß ihren Befragungen wie folgt:

- *Vorbild durch sichtbares Handeln* – das heißt, »moralische Manager« sind sich bewusst, dass die Geführten ihr Handeln an den Handlungsweisen der Führenden ausrichten, weshalb sie ethisches Verhalten sichtbar vorleben und ethische Verhaltensweisen bei den Geführten damit bestärken.
- *Bewusstes Ansprechen ethischer Werte und Ziele* – das heißt, »moralische Manager« kommunizieren die ethischen Werte und Ziele der Organisation in geeigneter Weise (vor allem: nicht »predigend«) sowie in angemessener Häufigkeit (verglichen mit den Erfolgszielen). Diesbezüglich vermerken Treviño

et al. (2000, S. 135), dass das Sprechen über Ethik in Organisationen zumeist sehr ungewöhnlich ist und viele Organisationsmitglieder sich entsprechend eher unwohl bei dieser Thematik fühlen – weshalb die Ansprache ethischer Themen für die »moral manager« gleichsam ein bisschen so sei wie »teaching children about sex«.
- *Einführung eines ethischen Sanktionssystems* – das heißt, »moralische Manager« belohnen ethische Verhaltensweisen der Mitarbeiter systematisch, bestrafen überdies aber auch entschieden – und exemplarisch – alle Mitarbeiter, die ethischen Standards zuwider handeln; dies impliziert, dass sich eine dezente Trennung oder auch eine unauffällige Versetzung von unethischen Mitarbeitern grundsätzlich verbietet.

Aus dieser Bestimmung des »ethischen Führers« als »moralische Person« *und* »moralischen Manager« leiten Treviño et al. (2000, S. 136 ff.) schließlich drei weitere (Ideal-)Typen der Führung ab (vgl. Abb. 41), nämlich den:

- *unethischen Führer* (schwache moralische Person und schwacher moralischer Manager), der im Wesentlichen unserem Typus des *schlechten Führers* entspricht (vgl. Abschnitt 4.3.1);
- *scheinheiligen Führer* (schwache moralische Person, aber »starker« moralischer [sprich: moralisierender] Manager), der viel über Ethik spricht, im prakti-

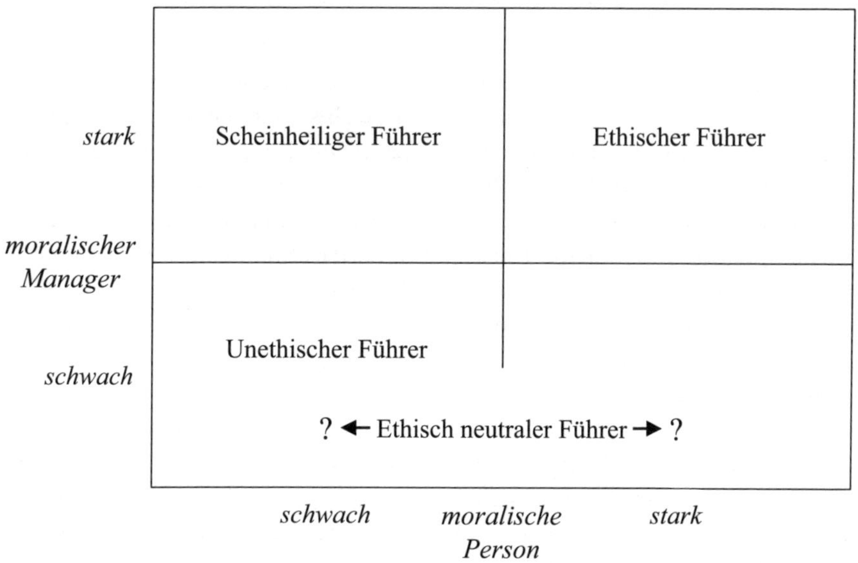

Abb. 41: Die ethische Reputation von Führenden und die Ethik der Führung (Treviño et al. 2000, S. 137)

schen Handeln jedoch Integrität und Moralität weitestgehend vermissen lässt und aus Sicht der Geführten deshalb als unglaubwürdig gilt;

- *ethisch neutralen Führer*, der zwar durchaus eine moralisch starke Person sein kann, jedoch auf ein moralisches Management verzichtet und von den Geführten deshalb als »ethisch neutral« wahrgenommen wird. Für diesen (Neutralitäts-)Fall, dass das oberste Management kaum oder keine »ethischen Signale« in die Organisation sendet, stellen Treviño et al. (2000, S. 130) fest: »As a result, employees will believe that the bottom line is the only value that should guide their decisions and that the CEO cares more about himself and the short-term financials than about the long-term interests of the organization and its multiple stakeholders«.

Macht, Moralität und Management – oder: Wann Situationsgestaltende (keine) gute Situationen gestalten

Folgt man den bisherigen Ausführungen, dann lassen sich organisationsstrukturelle und (sich daraus ableitende) organisationskulturelle Settings grundlegend durch drei Bestimmungsgrössen erklären, nämlich (a) durch die *Macht*, (b) durch die *Moralität* und (c) durch das *Management* der Organisationsleitenden (Eigentümer-Unternehmer, Geschäftsführer, Vorstände, CEOs, usf.). Mit Blick auf die Frage, welche Konstellationen dieser Bestimmungsgrößen zu führungsethisch guten – oder eben auch zu schlechten – Situationen führen, lassen sich unter Rückgriff auf den Ansatz von Treviño et al. (2000) folgende Überlegungen anstellen:

- Führungsethisch *gute Situationen* im hier beschriebenen Sinne (vgl. Abschnitte 5.4.1-2) sind zweifellos dann am wahrscheinlichsten, wenn die Organisationsleitenden (»Böttcher«) überaus (gestaltungs-)mächtig sind (zum Beispiel Eigentümer-Unternehmer), zudem eine starke moralische Ausrichtung besitzen (»moral person«) und sich schließlich auch in einer höchst engagierten Weise für die Entwicklung einer ethikbewussten Führung in »ihrer« Organisation einsetzen (»moral manager«).
- Führungsethisch *schlechte Situationen* sind demgegenüber immer dann zu erwarten, wenn eine, zwei oder gar alle drei der genannten Bestimmungsgrößen »negativ« ausgeprägt sind. Differenzierter gesprochen bedeutet dies:
- Mit führungsethisch *guten Situationen* sollte insbesondere dann *nicht* gerechnet werden, wenn Organisationsleitende zwar mächtig sind, aber nicht moralisch – wenn mit Treviño et al. (vgl. Abb. 41) gesprochen also »unethische« oder »scheinheilige« Personen über die Geschicke (und Strukturen) von Organisationen bestimmen.

- Berechtigte Hoffnung auf eine Überführung *schlechter Situationen* in *gute Situationen* besteht hingegen für den Fall, dass Organisationsleitende mächtige und moralische Personen sind, gleichwohl aber ein entschiedenes ethisches Management (bislang) vermissen lassen. Bei dieser Konstellation kann durch eine – wie auch immer anzustossende – Intensivierung des moralischen Managements eine bestehende »ethische Neutralität« in eine entstehende »ethische Führung« (vgl. Abb. 41) gewandelt werden.
- Eine letzte – und vielleicht nicht die unwichtigste – Variation bezieht sich schließlich auf die Möglichkeit, dass Organisationsleitende (zum Beispiel Vorstände von Kapitalgesellschaften) zwar moralische Personen sind und womöglich gerne auch moralisch(er) managen würden, ihnen hierzu jedoch schlicht die Macht fehlt. Dieses ist wohl die Konstellation, die Eisenbeiß/Giessner (2012, S. 14) vor Augen haben, wenn sie die Bedeutung des *brachenspezifischen Kontextes* für die Entstehung und Aufrechterhaltung ethikbewusster Führung in Organisationen betonen und dazu feststellen: »Powerful stakeholder networks which put strong pressure on organizations to move into the grey zone of more unethical goals or conduct (e.g., short-term focus of profit maximization) may impete the development and maintainance of ethical leadership«. Denken wir an dieser Stelle an den fortwährend steigenden Einfluß der (»gierigen«) Finanzmärkte für die (»profitmaximierende«) Unternehmensführung, dann kommt man einerseits wohl nicht umhin mit Lafer (2005, S. 280) zu vermerken: »The absence of ethics in (…) practice is not a personal failure; it is a systemic failure«. Dieser Überlegung ist andererseits jedoch immer auch entgegenzuhalten: Wer sollte die ethischen »Entgleisungen« der Wirtschaft beheben und auf ein besseres System hinwirken, wenn nicht – eine zunehmende Zahl – integerer (Führungs-)Persönlichkeiten.

6 Schlussbetrachtungen: Zum Begriff und zur Bedeutung ethikbewusster Führung

»... true responsibility is grounded in a perspective that transcendent the limitations of economic rationality.«
(Pruzan/Miller 2006, S. 68)

Wir möchten unseren »Streifzug« durch die wissenschaftliche Debatte über die »hellen« Perspektiven und (häufig) »dunklen« Praktiken der Führung in Organisationen an dieser Stelle schließen, indem wir – eingedenk der dargelegten Befunde, Thesen und Postulate zum Thema – zwei grundlegende Fragen nochmals kurz zu beantworten suchen; sie lauten:

Was heißt »ethikbewusste« Führung?

In einer »negativen« Annäherung könnte man diese Frage zunächst dahingehend beantworten, dass Führung (tendenziell) dann als »ethikbewusst« bezeichnet werden kann, wenn sie *nicht »unethisch«* (toxisch, feindselig, destruktiv, u. a. m.) ist. Eine in diesem Sinne *schlechte Führung* liegt vor, wenn Führende auf der Grundlage und unter Einsatz ihrer *Führungsmacht* (zum Beispiel charismatische Macht, aber auch »schlichte« Amtsautorität) *schlechte Führungsziele* verfolgen (zum Beispiel Leistungsniveaus, die zwar den Erfolgszielen der Organisation/des Führenden dienlich sind, dafür aber zu Lasten der Geführten gehen) und/oder zur Erreichung ihrer Führungsziele *schlechte Führungsmittel* einsetzen (zum Beispiel feindseliges Führungsverhalten oder Nötigung der Geführten zu unethischen Verhaltensweisen). Wendet man diese Begriffsbestimmung zum Positiven, dann ist ethikbewusste Führung zu definieren als eine Führung, die als *gut* zu bezeichnen ist, weil deren Ziele (in Bezug auf die berechtigten Interessen der Geführten, der Führenden sowie der Organisation) als ausgewogen und deren Mittel (vor allem aus Sicht der Geführten) als angemessen anerkannt sind. Diese *zweidimensionale* Bestimmung des Begriffs

»Fühungsethik« wird in der einschlägigen Literatur in recht übereinstimmender Weise geteilt: So sehen beispielsweise Eisenbeiß/Giessener (2012, S. 13) Führungsethik im Spannungsfeld von »ethischen Zielen« und »ethischen Praktiken zur Erreichung dieser Ziele«, während Cuilla (2005, S. 332) Führungsethik als »Summe« aus ethischen Werten, ethischen Verhaltensweisen und ethischen Zielen der Führenden erklärt. Und auch Pless/Maak (2008, S. 229) legen zugrunde, dass verantwortliche Führung wesentlich durch die *moralische Güte* der eingesetzten Mittel und der zu erreichenden Ergebnisse bestimmt ist.

Die Beantwortung der Frage, welche Führungsziele und Führungsmittel im Führungsalltag konkret nun als ethisch (legitim) zu werten sind, ist dabei allerdings keine Aufgabe, die von moralisch (vermeidlich) außergewöhnlichen (heroischen) Führern dadurch zu bewältigen ist, dass sie das führungsethisch Richtige zunächst *für sich* (monologisch) bestimmen und die Geführten sodann – im Stile eines »moral dictators« (vgl. Covrig 1998, S. 236) – hierüber informieren. Die Bestimmung dessen, was im Führungskontext praktisch als ethisch richtiges Ziel und/oder Mittel gelten kann (und was nicht), ist vielmehr als ein (dialogischer) Prozess zu verstehen, in dessen Verlauf (möglichst) integere Personen (Führer und Geführte) diese Frage in generativen Dialogen auf argumentative Weise beratschlagen – und an dessen Ende dann eine konsensuale (oder auch »nur« kompromisshafte) Bestimmung des führungsethisch Richtigen steht. Diese Vorstellung von Führungsethik verweist in *führungstheoretischer Hinsicht* auf eine post-heroische Erklärung von (guter) Führung; sie erscheint darüber hinaus in *ethikbezogener Hinsicht* als grundsätzlich anschlussfähig an ein diskursethisches Verständnis von Vernunft (vgl. dazu Ulrich 2008, S. 81 ff.; Habermas 1988, 1991; Kuhn/Weibler 2003)

Warum sollte man ethikbewusst führen?

Folgt man der »Logik« der »light side of leadership« (vgl. Kapitel 3), dann könnte die Antwort auf diese Frage zunächst lauten: *Man sollte ethisch führen, weil man auf diese Weise schlicht erfolgreicher (effektiver) führt!* (Merke: »ethically-oriented leadership is in fact economically effective«; Peus et al. 2010, S. 198). Konsequent bedacht müsste ethische Führung dann allerdings vor allem von strikte eigennützigen (schlechten) Führern prakiziert werden, die vermittels einer grenzenlosen Wertschätzung der von ihnen Geführten unbegrenzte Steigerungen der organisationalen Wertschöpfung zu realisieren vermögen (vgl. i. d. S. Frey et al. 2010, S. 642). Wenn aber ethikbewusste Führung vor allem eine Angelegenheit für eigennützige (schlechte) Führer ist, warum wird dann schlechte Führung (durch eigennützige Führer) als in höchstem Maße problematisch für den Erfolg von Organisationen bewertet (vgl. i. d. S. Brown/

Mitchell 2010, S. 588 ff.)? Die Dinge sind so gesehen nicht ganz einfach – und sie werden auch nicht einfacher, wenn man zusätzlich bedenkt, dass zahlreiche Führungstheorien gerade (ethische) Uneigennützigkeit (Altruismus) des Führenden als wesentliche Voraussetzung für eine erfolgreiche (effektive) Führung zugrundelegen (vgl. i. d. S. Kanungo/Mendonca 1996). Müssen die Egoisten also Altruisten werden, um ihren Nutzen zu maximieren?

Wie in der vorliegenden Arbeit immer wieder angesprochen, erscheint uns die »light side of leadership« insgesamt nicht nur verwirrend, sondern vor allem auch wenig überzeugend. Die Hauptursache hierfür ist die weitgehende *Undifferenziertheit*, mit der die Behauptung vertreten wird, dass ethische Führung immer und überall zu erfolgreicher Führung beitrage – wohingegen unethische Führung immer und überall auf erfolglose Führung hinauslaufe. Dieses stimmt in dieser Pauschalität nicht – denn sonst hätten wir über kurz oder lang nur noch gute Führung – oder gar keine Führung (weil die Geführten den schlecht Führenden die Gefolgschaft aufkündigen würden). Das gedankliche Defizit der »light side of leadership« liegt unseres Erachtens darin, dass man sich in der Wahrnehmung der Führungsrealität auf – zweifellos vorhandene – Schnittmengen zwischen Führungsethik und Führungserfolg konzentriert, diese (begrenzten) Schnittmengen jedoch (unzulässigerweise) für das Ganze hält. Zwei kurze Kommentierungen mögen dies veranschaulichen: Wer zur Begründung einer »ethikorientierten Führung« beispielsweise (»sinntheoretisch« fundiert) behauptet, dass alle Führenden, die Leistung fordern, den Geführten dafür auch Sinn bieten müssen (vgl. Frey et al. 2010, S. 644) – dem scheint entgangen zu sein, dass ungezählte Geführte während der letzten hundert Jahre tagtäglich ihre Leistung erbringen mussten, obgleich sie weit und breit sicher keinen Sinn sehen konnten (Stichwort: Taylorismus). Und wer behauptet, dass der führungsseitige Versuch, »Erfolg über Angst und Druck zu erzwingen«, die Lage nur verschlimmert, »weil die Mitarbeiter so völlig in ihrem Verhalten gelähmt werden« (Frey et al. 2010, S. 654) – dem sei, mit Verlaub, ein Blick auf die realen Entwicklungen in unserer zunehmend wettbewerbsorientierten (Druck erzeugenden) und prekarisierten (Angst erzeugenden) Arbeitswelt dringend anempfohlen (vgl. dazu bspw. Van Buren et al. 2011; Thielemann 2009, S. 215 ff.; Volpert 2002). Das zentrale Problem der »light side«-Protagonisten ist demzufolge, dass sie – in einer harmonistisch-selektiven Weise – nur (vorhandene) »win-win«-Situationen wahrzunehmen vermögen, (vorhandene) »win-lose«-Situationen hingegen (aus welchen Gründen auch immer) systematisch ausblenden. Auf eindrückliche Weise bestätigt dies Lafer (2005, S. 288), der dazu vermerkt: »For anyone who has lived a little, who has seen a little of tragedy or injustice, the (light side of leadership, A. d.V.) theory seems preposterous. Who can believe that this is the way the world works: that the pursuit of selfish power and gain leads automatically to ethical treatment of others?«

Eingedenk des Umstandes, dass tatsächlich ja nicht nur die Theorie und Praxis der Personalführung ein äusserst harmonistisch-konfliktfreies Denken pflegt (»light side of leadership«), sondern dass auch der verwandte Bereich des Personalmanagements in gleicher Weise geprägt ist (Stichwort: »soft HRM«; vgl. dazu Kuhn/Weibler 2012), ja überhaupt weite Teile der Diskussion über Unternehmensethik keinen grösseren Konflikt zwischen Erfolgstreben und ethischer Verantwortung auszumachen vermögen (Stichwort: »business case for CSR«; vgl. Kuhn/Weibler 2011), ist gesamtwürdigend festzuhalten: Vielleicht ist es eine der großen Herausforderungen (für die wissenschaftlich Forschenden und Lehrenden ebenso wie für die praktisch Entscheidenen und Handelnden) (endlich) anzuerkennen, dass Ethik und Erfolg weder in unserem tagtäglichen Leben noch in unserer Wirtschaft im Allgemeinen noch im spezifischen Kontext hierarchischer Führungsbeziehungen immer und überall in glücklicher Fügung Hand in Hand gehen. Vielmehr gilt: So wie Unternehmen, die ethisch herausragend agieren, *womöglich* (kurz-, mittel- und *auch langfristig*) vergleichsweise *weniger Gewinne* erwirtschaften als ihre »unethischen« Konkurrenten, so können integere Führungskräfte in ihren Gruppen, Abteilungen oder Geschäftsbereichen *gegebenfalls* deutlich *geringere Leistungsniveaus* realisieren als ihre tyrannischen oder machiavellistischen Counterparts mit ihrem Personal. Infolge dessen gilt es zu realisieren, dass praktizierte Führungsethik keine Maßgabe ist, die sich stringent aus ökonomischen Kalkülen ableitet, sondern vielmehr eine Herausforderung darstellt, die zuvorderst moralisch dimensioniert ist. Die Antwort auf die vorangestellte Frage muss unseres Erachtens deshalb lauten: *Man führt nicht ethisch, weil man dadurch erfolgreicher werden möchte, sondern weil man anderen gegenüber gerecht sein will!*

Literaturverzeichnis

Aasland, M. S./Skogstad, A./Notelaers, G./Nielsen, M. B./Einarsen, S. (2010): The prevalence of destructive leadership behavior. In: British Journal of Management, 21(2), S. 438–452.

Ackermann, J. (2010): Werte schaffen, Werte leben – Verantwortung im globalen Finanzdienstleistungsunternehmen. In: Spoun, S./Meynhardt, T. (Hrsg.): Management – eine gesellschaftliche Aufgabe, Baden-Baden, S. 289–301.

American Psychiatric Association (2000): Diagnostic and statistical manual of mental disorders (DSM-IV-TR–4th edition, Text Revision), Washington DC.

Anderson, G. (2008): Cityboy: beer and loathing in the square mile, London.

Arendt, H. (1963): Eichmann in Jerusalem: a report on the banality of evil, London.

Aristoteles (2002): Die Nikomachische Ethik. Aus dem Griechischen und mit einer Einführung und Erläuterungen versehen von O. Gigon, 5. Aufl., München.

Ashforth, B. (1997): Petty tyranny in organizations: a preliminary examination of antecedents and consequences. In: Canadian Journal of Administrative Science, 14(2), S. 126–140.

Austmann, H. (2011): ›Ethics Education‹ aus Sicht der Wirtschaftspraxis: Vom theoretischen Hochseilakt zur breit gefächerten Praxisrelevanz. In: Haase, M./Mirkovic, S./Schumann, O. J. (Hrsg.): Ethics education, München et al., S. 137–153.

Babiak, P./Hare, R. D. (2007): Snakes in suits: when psychopaths go to work, New York et al.

Badaracco, J. (2002): Leading quietly, Cambridge.

Bandura, A. (1977): Self-efficacy: toward a unifying theory of behavioral change. In: Psychological Review, 84(2), S. 191–215.

Bandura, A. (1986): Social foundations of thought and action: a social cognitive theory, Englewood Cliffs.

Bardes, M./Piccolo, R. F. (2010): Goal setting as an antecedent of destructive leader behaviors. In: Schyns, B./Hansbrough, T. (Hrsg.): When leadership goes wrong: destructive leadership, mistakes, and ethical failures, Portsmouth, S. 3–22.

Barsky, A. (2008): Understanding the ethical cost of organizational goal-setting: a review and theory development. In: Journal of Business Ethics, 81(1), S. 63–81.

Bartölke, K./Grieger, J. (2004): Führung und Kommunikation. In: Gaugler, E./Oechsler, W. A./Weber, W. (Hrsg.): Handwörterbuch des Personalwesens, 3. Aufl., Stuttgart, Sp. 777–790.

Bass, B. M. (1985): Leadership and performance beyond expectations, New York.

Bass, B. M./Avolio, B. J. (1990): Transformational leadership development: manual for the multifactor leadership questionnaire, Palo Alto.

Bass, B./Steidlmeier, P. (1999): Ethics, character, and authentic transformational leadership behavior. In: The Leadership Quarterly, 10(2), S. 181–217.

Baumgarten, R. (1977): Führungsstile und Führungstechniken, Berlin.

Bird, F. B./Waters, J. A. (1989): The moral muteness of managers. In: California Management Review, 32(1), S. 73–88.

Birnbacher, D. (1980, Hrsg.): Ökologie und Ethik, Stuttgart.

Blake, R. R./Mouton, J. S. (1985): The managerial grid III, Houston.

Blau, P. M. (1964): Exchange and power in social life, New York.

Bowie, N. E. (2005): Expanding the horizons of leadership. In: Ciulla, J. B./Price, T. L./Murphy, S. E. (Hrsg.): The quest for moral leaders: essays on leadership, Cheltenham/Northampton, S. 144–160.

Brenkert, G. G. (2006): Integrity, responsible leaders and accountability. In: Maak, T./Pless, N. M. (Hrsg.): Responsible leadership, London et al., S. 95–107.

Brown, M. E./Mitchell, M. S. (2010): Ethical and unethical leadership: exploring new avenues for future research. In: Business Ethics Quarterly, 20(4), S. 583–616.

Brown, M. E./Treviño, L. K. (2006): Ethical leadership: a review and future directions. In: The Leadership Quarterly, 17(6), S. 595–616.

Brown, M. E./Treviño, L. K./Harrison, D. A. (2005): Ethical leadership: a social learning perspective for construct development and testing. In: Organizational Behavior and Human Decision Processes, 97(2), S. 117–134.

Buss, A. H. (1961): The psychology of aggression, New York.

Caldwell, C./Canuto-Carranco, M. (2010): »Organizational terrorism« and moral choice – exercising voice when the leader is the problem. In: Journal of Business Ethics, 97(1), S. 159–171.

Calhoon, R. P. (1969): Niccolò Machiavelli and the twentieth century administrator. In: Academy of Management Journal, 12(2), S. 205–212.

Carter, S. L. (1996): Integrity, New York.

Chandler, D. J./Fields, D. (2010): Ignoring the signposts: a process perspective of unethical and destructive leadership. In: Schyns, B./Hansbrough, T. (Hrsg.): When leadership goes wrong: destructive leadership, mistakes, and ethical failures, Portsmouth, S. 99–143.

Christie, R. (1970): Why Machiavelli? In: Christie, R./Geis, F. L. (Hrsg.): Studies in Machiavellianism, New York et al., S. 1–9.

Christie, R./Geis, F. L. (1970, Hrsg.): Studies in Machiavellianism, New York et al.

Ciulla, J. B. (1995): Leadership ethics: mapping the territory. In: Business Ethics Quarterly, 5(1), S. 5–28.

Ciulla, J. B. (2005): The state of leadership ethics and the work that lies before us. In: Business Ethics: A European Review, 14(4), S. 323–335.

Ciulla, J. B. (2005a): Introduction. In: Ciulla, J. B./Price, T. L./Murphy, S. E. (Hrsg.): The quest for moral leaders: essays on leadership, Cheltenham/Northampton, S. 1–9.

Ciulla, J. B. (2009): Leadership and the ethics of care. In: Journal of Business Ethics, 88(1), S. 3–4.

Clements, C./Washbush, J. B. (1999): The two faces of leadership: considering the dark side of leader-follower dynamics. In: Journal of Workplace Learning, 11(5), S. 170–175.

Colby, A. L./Kohlberg, L./Speicher, B. (1987): The measurement of moral judgement, Cambridge.

Conger, J. A. (1990): The dark side of leadership. In: Organizational Dynamics, 19(2), S. 44–55.

Conger, J. A. (2005): »Oh Lord, won't you buy me a Mercedes-Benz«: how compensation practices are undermining the credibility of executive leaders. In: Ciulla, J. B./Price, T. L./Murphy, S. E. (Hrsg.): The quest for moral leaders: essays on leadership, Cheltenham/Northampton, S. 80–97.

Conger, J./Hollenbeck, G. P. (2010): What is the character of research on leadership character? In: Consulting Psychology Journal: Practice and Research, 62(4), S. 311–316.

Cook, S. D. N. (2005): That which governs best: leadership, ethics and human systems. In: Ciulla, J. B./Price, T. L./Murphy, S. E. (Hrsg.): The quest for moral leaders: essays on leadership, Cheltenham/Northampton, S. 131–143.

Crossman, B./Crossman, J. (2011): Conceptualising followership – a review of the literature. In: Leadership, 7(4), S. 481–497.

Covrig, D. (1998): Ethical dimensions of leadership (book review). In: The Leadership Quarterly, 9(2), S. 234–238.

Crevani, L./Lindgren, M./Packendorff, J. (2007): Shared leadership: a postheroic perspective on leadership as a collective construction. In: International Journal of Leadership Studies, 3(1), S. 40–67.

Dahling, J. J./Whitaker, B. G./Levy, P. E. (2009): The development and validation of a New Machiavellianism Scale. In: Journal of Management, 35(2), S. 219–257.

Dammann, G. (2007): Narzissten, Egomanen, Psychopathen in der Führungsetage: Fallbeispiele und Lösungswege für ein wirksames Management, Bern et al.

Davis, K./Blomstrom, R. L. (1971): Business, society, and environment, 3. Aufl., New York.

DeGeorge, R. (1993): Competing with integrity, New York.

Dickson, M. M. W./Ehrhart, M. (2001): An organizational climate regarding ethics: the outcome of leader values and the practices that reflect them. In: The Leadership Quarterly, 12(2), S. 197–217.

Donaldson, L./Davis, J. H. (1991): Stewardship theory or agency theory: CEO governance and shareholder returns. In: Australian Journal of Management, 16(1), S. 49–64.

Donaldson, L./Davis, J. H. (1994): Boards and company performance – research challenges the conventional wisdom. In: Corporate Governance: An International Review, 2(3), S. 151–160.

Drory, A./Gluskinos, U. M. (1980): Machiavellianism and leadership. In: Journal of Applied Psychology, 65(1), S. 81–86.

Duchon, D./Burns, M. (2008): Organizational narcissism. In: Organizational Dynamics, 37(4), S. 354–364

Duffy, M. K./Ganster, D./Pagon, M. (2002): Social undermining in the workplace. In: Academy of Management Journal, 45(2), S. 331–351.

Ebers, M./Gotsch, W. (1999): Institutionenökonomische Theorien der Organisation. In: Kieser, A. (Hrsg.): Organisationstheorien, 3., überarb. u. erw. Aufl., Stuttgart et al., S. 199–251.

Ehrlich, C./Lange, Y. (2006): Zufrieden statt motiviert. In: Personal, 58(4), S. 24–28.

Einarsen, S./Aasland, M. S./Skogstad, A. (2007): Destructive leadership behaviour: a definition and conceptual model. In: The Leadership Quarterly, 18(3), S. 207–216.

Eisenbeiß, S. A./Giessner, S. R. (2012): The emergence and maintenance of ethical leadership in organizations: a question of embeddedness? In: Journal of Personnel Psychology, 11(1), S. 7–19.

Erickson, A./Shaw, J. B./Agabe, Z. (2007): An empirical investigation of the antecedents, behaviors, and outcomes of bad leadership. In: Journal of Leadership Studies, 1(3), S. 26–43.

Fischer, L./Fischer, O. (2007): Sind zufriedene Mitarbeiter gesünder und arbeiten härter? In: Personalführung, 40(3), S. 20–32.

Flechter, J. K./Käufer, K. (2003): shared leadership: paradox and possibility. In: Pearce, C. L./ Conger, J. A. (Hrsg.): Shared leadership: refraiming the hows and whys of leadership, Thousand Oaks, S. 21–47.

Freedman, S. (2009): Binge trading: the real inside story of cash, cocaine and corruption in the city, London.

French, J. R. P./Raven, B. (1959): The bases of social power. In: Cartwright, D. (Hrsg.): Studies in social power, Ann Arbor, S. 150–165.

Frey, B. S. (1997): Markt und Motivation. Wie ökonomische Anreize die (Arbeits-)Moral verdrängen, München.

Frey, B. S./Osterloh, M. (2005): Yes, managers should be paid like bureaucrats, CESifo working paper No. 1379 (http://papers.ssrn.com/sol3/papers.cfm?abstract_id=555697, zugegriffen am 23.03.2012).

Frey, D./Faulmüller, N. S./Winkler, M./Wendt, M. (2002): Verhaltensregeln als Voraussetzung zur Realisierung moralisch-ethischer Werte in Firmen. In: Zeitschrift für Personalforschung, 16(2), S. 135–155.

Frey, B./Nikitopoulos, A./Peus, C./Weisweiler, S./Kastenmüller, A. (2010): Unternehmenserfolg durch ethikorientierte Unternehmens- und Mitarbeiterführung. In: Meier, U./Sill, B. (Hrsg.): Führung. Macht. Sinn, Regensburg, S. 637–656.

Friedman, M. (1970): The social responsibility of business ist o increase ist profits. In: The New York Times Magazin, Sept. 13 (http://www.colorado.edu/studentgroups/libertarians/issues/friedman-soc-resp-business.html, zugegriffen am 16. April 2012).

Fry, L. W. (2003): Toward a theory of spiritual leadership. In: The Leadership Quarterly, 14(6), S. 693–727.

Gable, M./Topol, M. T. (1991): Machiavellian managers: do they perform better? In: Journal of Business and Psychology, 5(3), S. 355–365.

Geis, F. (1970): The con game. In: Christie, R./Geis, F. L. (Hrsg.): Studies in Machiavellianism, New York et al., S. 106–129.

Ghoshal, S. (2005): Bad managemenmt theories are destroying good management practices. In: Academy of Management Learning & Education, 4(1), S. 75–91.

Gilbert, D. U. (2009): Ethikmaßnahmen. In: Scholz, C. (Hrsg.): Vahlens Großes Personallexikon, München, S. 318–321.

Gilbert, J. A./Carr-Ruffino, N./Ivancevich, J. M./Konopaske, R. (2012): Toxic versus cooperative behaviors at work: the role of organizational culture and leadership in creating community-centered organizations. In: International Journal of Leadership Studies, 7(1), S. 29–47.

Göbel, E. (2006): Unternehmensethik. Grundlagen und praktische Umsetzung, Stuttgart.

Greenleaf, R. K. (2002): Servant leadership: a journey into the nature of legitimate power and greatness (25th anniversary edition), New York.

Grimm, B. A. (1994): Ethik des Führens. Guter Mensch – schlechter Manager? München.

Grün, A. (2010): Wertvolle Leitbilder guter Führung. In: Meier, U./Sill, B. (Hrsg.): Führung. Macht. Sinn. Ethos und Ethik für Entscheider in Wirtschaft, Gesellschaft und Kirche, Regensburg, S. 513–524.

Haase, M./Mirkovic, S./Schumann, O. J. (2011; Hrsg.): Ethics education, München et al.

Habermas, J. (1988): Moralbewusstsein und kommunikatives Handeln, Frankfurt a. M.

Habermas, J. (1991): Erläuterungen zur Diskursethik, Frankfurt a. M.

Hamburger Stiftung für Wirtschaftsethik (2006): Ethik Monitor 2006, Hamburg.

Hare, R. D. (2005): Gewissenlos: Die Psychopathen unter uns, Wien et al.

Harms, P. D./Spain, S. M./Hannah, S. T. (2011): Leader development and the dark side of personality. In: The Leadership Quarterly, 22(3), S. 495–509.

Harris, P. (2010): Machiavelli and the global compass: ends and means in ethics and leadership. In: Journal of Business Ethics, 93(Supplement 1), S. 131–138.

Hartmann, M. (2010): Der Mythos von der leistungs- und marktgerechten Managerbezahlung. In: Spoun, S./Meynhardt, T. (Hrsg.): Management – eine gesellschaftliche Aufgabe, Baden-Baden, S. 65–82.

Hauser, M. (1999): Theorien charismatischer Führung: kritischer Literaturüberblick und Forschungsanregungen. In: Zeitschrift für Betriebswirtschaft, 69(9), S. 1003–1023.

Hershcovis, S. M./Turner, N./Barling, J./Arnold, K. A./Dupre, K. E./Inness, M./LeBlanc, M. M./Sivanathan, N. (2007): Predicting workplace aggression: a meta-analysis. In: Journal of Applied Psychology, 92(1), S. 228–238.

Hinkin, T. R./Schriesheim, C. A. (2008): An examination of »nonleadership«: from laissez-faire leadership to leader reward omission and punishment omission. In: Journal of Applied Psychology, 93(6), S. 1234–1248.

Hinterhuber, H. H. (2002): Leadership als Dienst an der Gemeinschaft. Was Unternehmer und Führungskräfte von Marc Aurel lernen können. In: Zeitschrift Führung und Organisation, 71(1), S. 40–52.

Höhler, G. (2002): Die Sinn-Macher. Wer siegen will, muss führen lernen, München.

Hochheuser, K. (2005): Überflüssig, aber auch nicht schädlich. In: Zeitschrift für Betriebswirtschaft, 75(Special Issue 5), S. 97–99

Hoerster, N. (2004): Haben Tiere eine Würde? Grundfragen der Tierethik, München.

Höffe, O. (1998): Aristoteles' universalistische Tugendethik. In: Rippe, K. P./Schaber, P. (Hrsg.): Tugendethik, Stuttgart, S. 42–68.

Homans, G. C. (1958): Social behavior as exchange. In: American Journal of Sociology, 63(6), S. 597–606.

Honecker, M. (1998): Schwierigkeiten mit dem Begriff Tugend. Die Zweideutigkeit der Tugend. In: Rippe, K. P./Schaber, P. (Hrsg.): Tugendethik, Stuttgart, S. 166–184.

House, R./Shamir, B. (1995): Führungstheorien – Charismatische Führung. In: Kieser, A./ Reber, G./Wunderer, R. (Hrsg.): Handwörterbuch der Führung, 2., neugestaltete Aufl., Stuttgart, Sp. 878–897.

Howell, J. M./Avolio, B. J. (1992): The ethics of charismatic leadership: submission or liberation? In: Academy of Management Executive, 6(2), S. 43–54.

Hunter, J. D. (2000): The death of character: moral education in an age without good or evil, New York.

Ishikawa, T. (2009): How I caused the credit crunch: an insider's story oft he financial meltdown, London.

Jäger, U. (2002): Beitrag einer »grundlagenkritischen Führungsethik« zur Führungsstilforschung. In: Zeitschrift für Personalforschung, 16(1), S. 62–89.

Jensen, M. C./Meckling, W. H. (1976): Theory of the firm: managerial behavior, agency costs and ownership structure. In: Journal of Financial Economics, 3(4), S. 305–360.

Kaiser, S./Kozica, A. (2012; Hrsg.): Ethik im Personalmanagement. Zentrale Konzepte, Ansätze und Fragestellungen, München et al.

Kalshoven, K./Den Hartog, D. N./De Hoog, A. H. B. (2011): Ethical leadership at work questionnaire (ELW): development and validation of a multidimensional measure. In: The Leadership Quarterly, 22(1), S. 51–69.

Kalshoven, K./Boon, C. T. (2012): Ethical leadership, employee well-being, and helping: the moderating role of human resource management. In: Journal of Personnel Psychology, 11(1), S. 60–68.

Kant, I. (1978): Kritik der praktischen Vernunft (1788). In: Werkausgabe Band VII, Hrsg. v. W. Weischedel, 4. Aufl., Frankfurt, S. 103–302.

Kanungo, R. N./Mendonca, M. (1996): Ethical dimensions of leadership, Thousand Oaks.

Kellerman, B. (1999): Hitler's ghost: a manifesto. In: Kellerman, B./Matusak, L. (Hrsg.): Cutting edge: Leadership 2000, College Park, S. 65–68.

Kellerman, B. (2004): Bad leadership. What it is, how it happens, why it matters, Boston.

Kelley, R. E. (1991): Combining followership and leadership into partnership. In: Kilmann, R. H./Kilmann, I. (Hrsg.): Making organizations competitive, San Francisco, S. 195–220.

Kelley, R. E. (1992): The power of followership: how we create leaders people want to follow and followers who lead themselves, New York et al.

Kelloway, E. K./Mullen, J./Francis, L. (2006): Divergent effects of transformational and passive leadership on employee safety. In: Journal of Occupational Health Psychology, 11(1), S. 76–86.

Kelly, C. M. (1988): The destructive achiever: power and ethics in the American corporation, Reading, Mass. et al.

Kets de Vries, M. F. R. (1989): Leaders who self-destruct: the causes and cures. In: Organizational Dynamics, 17(4), S. 5–17.

Kets de Vries, M. F. R. (1998): Führer, Narren und Hochstapler. Essays über die Psychologie der Führung, Stuttgart.

Kets de Vries, M. F. R./Miller, D. (1985): Narcissism and leadership: an object relations perspective. In: Human Relations, 38(6), S. 583–601.

Khurana, R. (2009): The curse of the superstar CEO. In: Harvard Business Review, 80(9), S. 60–66.
Kieser, A. (1999): Human Relations-Bewegung und Organisationspsychologie. In: Kieser, A. (Hrsg.): Organisationstheorien, 3., überarb. u. erw. Aufl., Stuttgart et al., S. 101–131.
Knights, D./O'Leary, M. (2005): Reflecting on corporate scandals: the failure of ethical leadership. In: Business Ethics: A European Review, 14(4), S. 359–366.
Kohn, A. (1999): Punished by rewards: the trouble with gold stars, incentive plans, A's, praise, and other bribes, Boston et al.
Kossbiel, H. (1990): Personalbereitstellung und Personalführung. In: Jacob, H. (Hrsg.): Allgemeine Betriebswirtschaftslehre: Handbuch für Studium und Prüfung, 5. Aufl., Wiesbaden, S. 1045–1253.
Kozica, A. (2011): Personalethik: Die ethische Dimension personalwirtschaftlicher Forschung, Frankfurt a. M.
Kratzer, N. (2003): Arbeitskraft in Entgrenzung: Grenzenlose Anforderungen, erweiterte Spielräume, begrenzte Ressourcen, Berlin.
Krebs, A. (1997, Hrsg.): Naturethik: Grundtexte der gegenwärtigen tier- und ökoethischen Diskussion, Frankfurt a. M.
Kreikebaum, H./Herbert, K.-J. (1988): Humanisierung der Arbeit, Wiesbaden.
Kuhn, T. (2000): Internes Unternehmertum. Begründung und Bedingungen einer »kollektiven Kehrtwendung«, München.
Kuhn, T. (2002): Humanisierung der Arbeit: Ein Projekt vor dem erfolgreichen Abschluss oder vor neuen Herausforderungen? In: Zeitschrift für Personalforschung, 16(3), S. 342–358.
Kuhn, T. (2009): Ethik im Personalmanagement. In: Scholz, C. (Hrsg.): Vahlens Großes Personallexikon, München, S. 315–318.
Kuhn, T. (2009a): Werte und Wertewandel. In: Scholz, C. (Hrsg.): Vahlens Großes Personallexikon, München, S. 1198–1200.
Kuhn, T./Weibler, J. (2003): Führungsethik: Notwendigkeit, Ansätze und Vorbedingungen ethikbewusster Mitarbeiterführung. In: Die Unternehmung, 57(5), S. 375–392.
Kuhn, T./Weibler, J. (2011): Ist Ethik ein Erfolgsfaktor? Unternehmensethik im Spannungsfeld von Oxymoron Case, Business Case und Integrity Case. In: Zeitschaft für Betriebswirtschaft, 81 (Special Issue 1), S. 93–118.
Kuhn, T./Weibler, J. (2012): Ethikbewusstes Personalmanagement: Erfolgsstrategische Selbstverständlichkeit oder moralische Herausforderung? In: Kaiser, S./Kozica, A. (Hrsg.): Ethik im Personalmanagement, München et al., S. 45–62.
Lafer, G. (2005): The critical failure of workplace ethics. In: Budd, J. W./Scoville, J. G. (Hrsg.): The ethics of human resources and industrial relations, Champaign/Ill., S. 273–297.
Lewin, K./Lippitt, R./White, R. K. (1939): Patterns of aggressive behavior in experimentally created »social climates«. In: The Journal of Social Psychology, 10(2), S. 269–299.
Liden, R. C. (2010): Preface. In: Schyns, B./Hansbrough, T. (Hrsg.): When leadership goes wrong: destructive leadership, mistakes, and ethical failures, Portsmouth, S. ix-xii.
Lind, G./Wakenhut, R. (1985): Testing the moral judgement competence. In: Lind, G./Hartmann, H. A./Wakenhut, R. (Hrsg.): Moral development and the social environment: studies in the philosophy and psychology of moral judgement and education, Chicago, S. 79–105.
Lipman-Blumen, J. (2005): The allure of toxic leaders: why we follow destructive bosses and corrupt politicians – and how we can survive them, New York.
Lipman-Blumen, J. (2005a): The allure of toxic leaders: why followers rarely escape their clutches. In: Ivey Business Journal, 69(3), S. 1–8.
Litschka, M./Suske, M./Brandtweiner, R. (2011): Managemententscheidungen in moralischen Dilemmasituationen. Fragen der Organisation und Kommunikation wirtschaftsethischer Konzepte, Wien.
Lubit, R. (2002): The long-term organizational impact of destructively narcissistic managers. In: Academy of Management Executive, 16(1), S. 127–138.

Ludwig, D. C./Longenecker, C. O. (1993): The Bathsheba Syndrome: the ethical failure of successful leaders. In: Journal of Business Ethics, 12(4), S. 265–273.

Luthans, F./Avolio, B. (2003): Authentic leadership: a positive development approach. In: Cameron, K. S./Dutton, J. E./Quinn, R. E. (Hrsg.): Positive organizational scholarship, San Francisco, S. 241–258.

Ma, H./Karri, R./Chittipeddi, K. (2004): The paradox of managerial tyranny. In: Business Horizons, 47(4), S. 33–40.

Maak, T./Pless, N. M. (2006): Introduction: the quest for responsible leadership in business. In: Maak, T./Pless, N. M. (Hrsg.): Responsible leadership, London et al., S. 1–13.

Maak, T./Ulrich, P. (2007): Integre Unternehmensführung. Ethisches Orientierungswissen für die Wirtschaftspraxis, Stuttgart.

Maccoby, M. (2000): Narcissistic leaders: the incredible pros, the inevitable cons. In: Harvard Business Review, 78(1), S. 69–77.

Machiavelli, N. (1990): Der Fürst, Frankfurt a. M. et al.

MacIntyre, A. (1995): Der Verlust der Tugend. Zur moralischen Krise der Gegenwart, Frankfurt a. M.

MacIntyre, A. (1998): Das Wesen der Tugenden. In: Rippe, K. P./Schaber, P. (Hrsg.): Tugendethik, Stuttgart, S. 92–113.

Marr, R./Stitzel, M. (1979): Personalwirtschaft: ein konfliktorientierter Ansatz, München.

Martinko, M. J./Harvey, P./Sikora, D./Douglas, S. C. (2011): Perceptions of abusive supervision: the role of subordinates' attribution styles. In: The Leadership Quarterly, 22(4), S. 751–764.

Maslow, A. (1971): The farther reaches of human nature, New York.

Mayer, D. M./Kuenzi, M./Greenbaum, R./Bardes, M./Salvador R. (2009): How low does ethical leadership flow? Test of a trickle-down model. In: Organizational Behavior and Human Decision Processes, 108(1), S. 1–13.

McAlpine, H./Kristjanson, L./Poroch, D. (1997): Development and testing oft he ethical reasoning tool (ERT): an instrument to measure the ethical resoning of nurses'. In: Journal of Advanced Nursing, 25(6), S. 1151–1161.

McFarlin, D. B./Sweeney, P. D. (2010): The corporate reflecting pool: antecedents and consequences of narcissism in executives. In: Schyns, B./Hansbrough, T. (Hrsg.): When leadership goes wrong: destructive leadership, mistakes, and ethical failures, Portsmouth, S. 247–283.

Milgram, S. (2004): Das Milgram-Experiment: Zur Gehorsamsbereitschaft gegenüber Autorität, 14. Aufl., Reinbek.

Mill. J. S. (1976): Der Utilitarismus, Stuttgart.

Moldaschl, M./Voß, G.G. (2002; Hrsg.): Subjektivierung von Arbeit, München et al.

Moore, G./Beadle, R. (2006): In search of organizational virtue in business: agents, goods, practices, institutions and environments. In: Organization Studies, 27(3), S. 369–389.

Moorman, R. H./Grover, S. (2009): Why do leader integrity matter to followers? An uncertainty management-based explanation. In: International Journal of Leadership Studies, 5(2), S. 102–114.

Moosbrugger, J. (2008): Subjektivierung von Arbeit: Freiwillige Selbstausbeutung. Ein Erklärungsmodell für die Verausgabungsbereitschaft von Hochqualifizierten, Wiesbaden.

Neider, L. L./Schriesheim, C. A. (2010, Hrsg.): The »dark« side of management, Charlotte, NC.

Neuberger, O. (2002): Führen und führen lassen. Ansätze, Ergebnisse und Kritik der Führungsforschung, 6., völlig neu bearb. und erw. Aufl., Stuttgart.

Neubert, M. J./Carlson, D. S./Kacmar, K. M./Roberts, J. A./Chonko, L. B. (2009): The virtuous influence of ethical leadership behavior: evidence from the field. In: Journal of Business Ethics, 90(2), S. 157–170.

Nevicka, B./Ten Velden, F. S./De Hoogh, A. H. B./Van Vianen, A. E. M. (2011): Reality at odds with perceptions: narcissistic leaders and group performance, 20(10), 1259–1264.

Nielsen, R. P. (1991): Arendt's action philosophy and the manager as Eichmann, Richard III, Faust, or institution citizen. In: Steinmann, H./Löhr, A. (Hrsg.): Unternehmensethik, 2., überarb. und erw. Aufl., Stuttgart, S. 315–327.

Nussbaum, M. C. (1999): Virtue ethics: a misleading category. In: The Journal of Ethics, 3(3), S. 163–201.

O'Reilly, C. A./Chatman, J./Caldwell, D. F. (1991): People and organizational culture: a profile comparison approach to assessing person-organization fit. In: Academy of Management Journal, 34(3), S. 487–516.

Ordonez, L. D./Schweitzer, M. E./Galinsky, A. D./Bazerman, M. H. (2009): Goals gone wild: the systematic side effects of overprescribing goal setting. In: Academy of Management Perspectives, 23(1), S. 1–16.

Padilla, A./Hogan, R./Kaiser, R. B. (2007): The toxic triangle: destructive leaders, susceptible followers, and conductive environments. In: The Leadership Quarterly, 18(3), S. 176–194.

Paine, L. S. (1991): Ethics as character development: reflections on the objective of ethics education. In: Freeman, R. E. (Hrsg.): Business ethics: the state of the art, New York et al., S. 67–86.

Paine, L. S. (1994): Managing for organizational integrity. In: Harvard Business Review, 72(2), S. 106–117.

Palanski, M. E./Yammarino, F. J. (2007): Integrity and leadership: clearing the conceptual confusion. In: European Management Journal, 25(3), S. 171–184.

Palanski, M. E./Yammarino, F. J. (2009): Integrity and leadership: a multi-level conceptual framework. In: The Leadership Quarterly, 20(3), S. 405–420.

Paulhus, D. L./Williams, K. M. (2002): The Dark Triad of personality: Narcissism, Machiavellism, and psychopathy. In: Journal of Research in Personality, 36(6), S. 556–563.

Pearce, C. L./Conger, J. A. (2003; Hrsg.): Shared leadership: refraiming the hows and whys of leadership, Thousand Oaks.

Pearce, C. L./Hoch, J. E./Jeppesen, H. J./Wegge, J. (2010): New forms of management: shared and distributed leadership in organizations. In: Journal of Personnel Psychology, 9(4), S. 151–153.

Perry, W. G. (1999): Forms of ethical and intellectual development in the college years: a scheme, San Francisco.

Peus, C./Kerschreiter, R./Frey, D./Traut-Mattausch, E. (2010): What is the value? Economic effects of ethically-orientated leadership. In: Journal of Psychology, 218(4), S. 198–212.

Pierce, J. L./Newstrom, J. W. (2008): The dark side of leadership. In: Pierce, J. L./Newstrom, J. W. (Hrsg.): Leaders and the leadership process: readings, self assessments and applications, New York, S. 427–454.

Pless, N./Maak, T. (2008): Responsible Leadership. Verantwortliche Führung im Kontext einer globalen Stakeholder-Gesellschaft. In: Zeitschrift für Wirtschafts- und Unternehmensethik, 9(2), S. 222–243.

Podsakoff, P. M./Bommer, W. H./Podsakoff, N. P./MacKenzie, S. B. (2006): Relationships between leader reward and punishment behavior and subordinate attitudes, perceptions, and behaviors: a meta-analytic review of existing and new research. In: Organizational Behavior and Human Decision Processes, 99(2), S. 113–142.

Pollmann, A. (2005): Integrität. Aufnahme einer sozialphilosophischen Personalie, Bielefeld.

Popper, K. (1992): Die offene Gesellschaft und ihre Feinde (Band 1: Der Zauber Platons; Band 2: Falsche Propheten: Hegel, Marx und die Folgen), 7. Aufl., Tübingen.

Post, J. M. (1993): Current concepts of the narcissistic personality: implications for political psychology. In: Political Psychology, 14(1), S. 99–121.

Price, T. L. (2003): The ethics of authentic transformational leadership. In: The Leadership Quarterly, 14(1), S. 67–81.

Price, T. L. (2006): Understanding the ethical failures in leadership, Cambridge et al.

Pruzan, P./Miller, W. C. (2006): Spirituality as the basis of responsible leaders and responsible companies. In: Maak, T./Pless, N. M. (Hrsg.): Responsible leadership, London et al., S. 68–92.

Reidenbach, R. E./Robin, D. P. (1990): Toward the development of a multidimensional scale for improving evaluations of business ethics. In: Journal of Business Ethics, 9(8), S. 639–653.

Reuter, E. (2010): Stunde der Heuchler: Wie Manager und Politiker uns zum Narren halten, Berlin.

Rich, A. (1991): Wirtschaftsethik, Band 1: Grundlagen in theologischer Perspektive, 4. Aufl., Gütersloh.

Rich, A. (1992): Wirtschaftsethik, Band 2: Marktwirtschaft, Planwirtschaft, Weltwirtschaft aus sozialethischer Sicht, 2., durchgesehene und verbesserte Aufl., Gütersloh.

Riggio, R. E./Zhu, W./Reina, C./Maroosis, J. A. (2010): Virtue-based measurement of ethical leadership: the leadership virtue questionnaire. In: Consulting Psychology Journal: Practice and Research, 62(4), S. 235–250.

Rippe, K. P./Schaber, P. (1998): Einleitung. In: Rippe, K. P./Schaber, P. (Hrsg.): Tugendethik, Stuttgart, S. 7–18.

Rosenstiel, L. v. (2003): Grundlagen der Führung. In: Rosenstiel, L. v./Regnet, E./Domsch, M. E. (Hrsg.): Führung von Mitarbeitern: Handbuch für erfolgreiches Personalmanagement, 5. Aufl., Stuttgart, S. 3–25.

Rosenthal, S. A./Pittinsky, T. L. (2006): Narcissistic leadership. In: The Leadership Quarterly, 17(6), S. 617–633.

Rotmann, J. M. (2000; Hrsg.): Über Freuds »Zur Einführung in den Narzissmus«, Stuttgart et al.

Roth, W. (1987): Mehr Zufriedenheit – bessere Leistung – größerer Gewinn, 2. Aufl., Landsberg a. L.

Rowold, J./Borgmann, L./Heinitz, K. (2009): Ethische Führung – Gütekriterien einer deutschen Adaption der ethical leadership scale (ELS-D) von Brown et al. (2005). In: Zeitschrift für Arbeits- und Organisationspsychologie, 53(2), S. 57–69.

Sankowsky, D. (1995): The charismatic leader as narcissist: understanding the abuse of power. In: Organizational Dynamics, 23(4), S. 57–71.

Schein, E. (1990): Organizational culture. In: American Psychologist, 45(2), S. 109–119.

Schilling, J. (2009): From ineffectiveness to destruction: a qualitative study on the meaning of negative leadership. In: Leadership, 5(1), S. 102–128.

Schneider, R. U. (2006): Das Buch der verrückten Experimente, 3. Aufl., München.

Schneider, B. (1987): The people make the place. In: Personnel Psychology, 40(3), S. 437–453.

Schreyögg, A. (2009): Abusive supervision in work organizations – als Ursache für Workstress und Burnout. In: Organisationsberatung, Supervision, Coaching, 16(4), S. 375–384.

Schreyögg, G. (1991): Kann und darf man Unternehmenskulturen ändern? In: Dülfer, E. (Hrsg.): Organisationskultur: Phänomen – Philosophie – Technologie, 2., erw. Aufl., Stuttgart, S. 201–214.

Schreyögg, G./Koch, J. (2007): Grundlagen des Managements, Wiesbaden.

Schwartz, S. (1993): Wie Pawlow auf den Hund kam: Klassische Experimente der Psychologie, München.

Schweitzer, M. E./Ordonez, L./Douma, B. (2004): Goal setting as a motivator of unethical behavior. In: Academy of Management Journal, 47(3), S. 422–432.

Schyns, B./Hansbrough, T. (2010, Hrsg.): When leadership goes wrong: destructive leadership, mistakes, and ethical failures, Portsmouth.

Shaw, J. B./Erickson, A./Harvey, M. (2011): A method for measuring destructive leadership and identifying types of destructive leaders in organizations. In: The Leadership Quarterly, 22(4), S. 575–590.

Sherman, S./Kerr, S. (1995): Stretch goals: the dark side of asking for miracles. In: Fortune, 132(10), S. 231.

Sims, R. R./Brinkmann, J. (2003): Enron Ethics (or: why culture matters more than codes). In: Journal of Business Ethics, 45(3), S. 243–256.

Sison, A. J. G. (2004): The moral capital of leaders: why virtue matters, Cheltenham et al.

Sison, A. J. G. (2006): Leadership, character and virtues from an Aristotelian viewpoint. In: Maak, T./Pless, N. M. (Hrsg.): Responsible Leadership, London et al., S. 108–121.

Skogstad, A./Einarsen, S./Torsheim, T./Aasland, M. S./Hetland, H. (2007): The destructiveness of laissez-faire leadership behavior. In: Journal of Occupational Health Psychology, 12(1), S. 80–92.

Smith, D. C. (1995): Ethics and leadership: the 1990's introduction to the special issue of the Business Ethics Quarterly. In: Business Ethics Quarterly, 5(1), S. 1–3.

Solomon, R. C. (1998): Ethical leadership, emotions, and trust: beyond ›charisma‹. In: Ciulla, J. B. (Hrsg.): Ethics: the heart of leadership, Westport.

Solomon, R. C. (2005): Emotional leadership, emotional integrity. In: Ciulla, J. B./Price, T. L./ Murphy, S. E. (Hrsg.): The quest for moral leaders: essays on leadership, Cheltenham/Northampton, S. 28–44.

Spiegel Online (2012): Der rasante Anstieg der Chefgehälter (http://www.spiegel.de/wirtschaft/unternehmen/0,1518,821327,00.html, zugegriffen am 25. März 2012)

Spielberg, J. (2005): Code of ethics – eine sinnvolle Fortentwicklung innerbetrieblicher Organisation und externer Berichterstattung? In: Zeitschrift für Betriebswirtschaft, 75 (Special Issue 5), S. 81–89.

Spreier, S. W./Fontaine, M. R. L. (2006): Leadership run amok: the destructive potential of overarchievers. In: Harvard Business Review, 84(6), S. 72–82.

Steinle, C. (1978): Führung: Grundlagen, Prozesse und Modelle der Führung in der Unternehmung, Stuttgart.

Steinmann, H./Löhr, A. (1991): Grundlagen der Unternehmensethik, Stuttgart.

Stouten, J./van Dijke, M./De Cremer, D. (2012): Ethical leadership: an overview and future perspectives. In: Journal of Personnel Psychology, 11(1), S. 1–6.

Temes, P. (2005): Dirty hands, necessary sin, and the ethics of leaders. In: Ciulla, J. B./Price, T. L./Murphy, S. E. (Hrsg.): The quest for moral leaders: essays on leadership, Cheltenham/ Northampton, S. 98–109.

Tepper, B. J. (2000): Consequences of abusive supervision. In: Academy of Management Journal, 43(2), S. 178–190.

Tepper, B. J. (2007): Abusive supervision in work organizations: review, synthesis, and research agenda, in: Journal of Management, 33(3), S. 261–289.

Tepper, B. J. (2010): When managers pressure employees to behave badly: toward a comprehensive response. In: Business Horizons, 53(6), S. 591–598.

Thielemann, U. (2006): Zwischen Neidargument und Dschungeltheorie. In: Personalführung, 39(7), S. 18–25.

Thielemann, U. (2009): System Error. Warum der freie Markt zur Unfreiheit führt, Frankfurt a. M.

Thielemann, U. (2010): Anforderungen an Vergütungssysteme von Instituten und Versicherungsunternehmen, Finanzausschuss des Deutschen Bundestages: Öffentliche Anhörung am 9. Juni 2010, (http://www.bundestag.de/bundestag/ausschuesse17/a07/anhoerungen/2010/017/Stellungnahmen/16Dr__Thielemann.pdf, zugegriffen am 12. März 2012).

Thielemann, U./Weibler, J. (2007): Betriebswirtschaftslehre ohne Unternehmensethik? Vom Scheitern einer Moral ohne Ethik. In: Zeitschrift für Betriebswirtschaft, 77(2), S. 179–194.

Thielemann, U./Egan-Krieger, T. v./Thieme, S. (2012): Für eine Erneuerung der Ökonomie: Memorandum besorgter Wisserschaftlerinnen und Wissenschaftler, Berlin (http://www.mem-wirtschaftsethik.de/memorandum–2012/das-memorandum, zugegriffen am 5. April 2012).

Tierney, P./Tepper, B. J. (2007): Introduction to The Leadership Quarterly special issue: destructive leadership, in: The Leadership Quarterly, 18(3), S. 171–173.

Toor, S./Ofori, G. (2009): Ethical Leadership: examining the relationships with full range leadership model, employee outcomes, and organizational culture. In: Journal of Business Ethics, 90(4), S. 533–547.

Tourish, D./Vatcha, N. (2005): Charismatic leadership and corporate cultism at Enron: the elimination of dissent, the promotion of conformity and organizational collapse. In: Leadership, 1(4), S. 455–480.

Treviño, L. K./Hartman, L. P./Brown, M. E. (2000): Moral person and moral manager: how executives develop a reputation for ethical leadership. In: California Management Review, 42(4), S. 128–142.

Treviño, L. K./Brown, M. E. (2004): Managing to be ethical: debunking five business ethics myths. In: Academy of Management Executive, 18(2), S. 69–81.

Türk, K. (1995): Entpersonalisierte Führung. In: Kieser, A./Reber, G./Wunderer, R. (Hrsg.): Handwörterbuch der Führung, 2. Aufl., Stuttgart, Sp. 328–340.

Ulrich, P. (1990): »Symbolisches Management«: Ethisch-kritische Anmerkungen zur gegenwärtigen Diskussion über Unternehmenskultur. In: Lattmann, C. (Hrsg.): Die Unternehmenskultur, Heidelberg, S. 277–302.

Ulrich, P. (1998): Führungsethik: Ein grundrechteorientierter Ansatz. Beiträge und Berichte des Instituts für Wirtschaftsethik an der Universität St. Gallen, Nr. 68, 2., vollständig überarb. und erw. Aufl., St. Gallen.

Ulrich, P. (2008): Integrative Wirtschaftsethik. Grundlagen einer lebensdienlichen Ökonomie, 4., vollständig neu bearb. Aufl., Bern et al.

Ulrich, P. (2010): Zivilisierte Marktwirtschaft. Eine wirtschaftsethische Orientierung, Bern et al.

Ulrich, P./Lunau, Y./Weber, T. (1998): »Ethikmaßnahmen« in der Unternehmenspraxis. Zum Stand der Wahrnehmung und Institutionalisierung von Unternehmensethik in deutschen und schweizerischen Firmen – Ergebnisse einer Befragung. In: Ulrich, P./Wieland, J. (Hrsg.): Unternehmensethik in der Praxis. Impulse aus den USA, Deutschland und der Schweiz, Bern et al., S. 121–194.

Van Buren III, H. J./Greenwood, M./Sheehan, C. (2011): Strategic human resource management and the decline of employee focus. In: Human Resource Management Review, 21(3), S. 209–219.

Velte, P. (2010): Stewardship-Theorie. In: Zeitschrift für Planung & Unternehmenssteuerung, 20(3), S. 285–293.

Verbos, A. K./Gerard, J. A./Forshey, P. R./Harding, C. S./Miller, J. S. (2007): The positive ethical organization: enacting a living code of ethics and ethical organizational identity. In: Journal of Business Ethics, 76(1), S. 17–33.

Volkan, V. D. (2006): Großgruppen und ihre politischen Führer mit narzisstischer Persönlichkeitsorganisation. In: Kernberg, O. F./Hartmann, H.-P. (Hrsg.): Narzissmus: Grundlagen – Störungsbilder – Therapie, Stuttgart et al., S. 205–227.

Volpert, W. (2002): Psychologie der frei flottierenden Arbeitskraft. In: Moldaschl, M./Voß, G. G. (Hrsg.): Subjektivierung von Arbeit, München et al., S. 261–279.

Walzer, M. (1973): Political action: the problem of dirty hands. In: Philosophy and Public Affairs, 2(2), S. 160–180.

Wang, L./Murnighan, J. K. (2011): On greed. In: The Academy of Management Annals, 5(1), S. 279–316.

Waples, E. P./Antes, A. L./Murphy, S. T./Connelly, S./Mumford, M. D. (2008): A meta-analytic investigation of business ethics instruction. In: Journal of Business Ethics, 87(1), S. 133–151.

Watzlawick, P. (1985, Hrsg.): Die erfundene Wirklichkeit. Wie wissen wir, was wir zu wissen glauben? Beiträge zum Konstruktivismus, München.

Waxenberger, B. (2001): Integritätsmanagement. Ein Gestaltungsmodell prinzipiengeleiteter Unternehmensführung, Bern et al.

Weber, M. (1980): Wirtschaft und Gesellschaft: Grundriss der verstehenden Soziologie (1922), 5. Aufl., Tübingen.
Wegge, J./Jeppesen, H. J./Weber, W. G./Pearce, C. L./Siva, S. A./Pundt, A./Jonsson, T./Wolf, S./Wassenaar, C. L./Unterrainer, C./Piecha, A. (2010): Promoting work motivation in organizations: should employee involvement in organizational leadership become a new tool in the organizational psychologis's kit? In: Journal of Personnel Psychology, 9(4), S. 154–171.
Weibler, J. (2012): Personalführung, 2., komplett überarb. und erw. Aufl., München.
Weibler, J./Rohn-Endres, S. (2010): Learning conversation and shared network leadership: development, gestalt, and consequences. In: Journal of Personnel Psychology, 9(4), S. 181–194.
Wellershoff, D. (1992): Führung zwischen Ethik und Effizienz. In: Zeitschrift für Betriebswirtschaft, 62 (Ergänzungsheft 1), S. 147–156.
Windolf, P. (2003): Korruption, Betrug und ›Corporate Governance‹ in den USA – Anmerkungen zu Enron. In: Leviathan, 31(2), S. 185–218.
Wirth, H.-J. (2006): Pathologischer Narzissmus und Machtmissbrauch in der Politik. In: Kernberg, O. F./Hartmann, H.-P. (Hrsg.): Narzissmus: Grundlagen – Störungsbilder – Therapie, Stuttgart et al., S. 158–170.
Wittmann, S. (1998): Ethik im Personalmanagement: Grundlagen und Perspektiven einer verantwortungsbewussten Führung von Mitarbeitern, Bern et al.
Woodruff, P. (2001): Reverence: renewing a forgotten virtue, New York.
Worden, S. (2003): The role of integrity as a mediator in strategic leadership: a recipe for reputational capital. In: Journal of Business Ethics, 46(1), S. 31–44.
Wright, T. A./Goodstein, J. (2007): Character is not »dead« in management research: a review of individual character and organizational-level virtue. In: Journal of Management, 33(6), S. 928–958.
Wunderer, R. (1975): Personalwesen als Wissenschaft. In: Personal, 27(8), S. 33–36.
Wunderer, R. (2011): Führung und Zusammenarbeit. Eine unternehmerische Führungslehre, 9., neu bearарb. Aufl., München.
Wunderer, R./Grunwald, W. (1980): Führungslehre, Band 1: Grundlagen der Führung, Berlin et al.
Wunderer, R./Kuhn, T. (1993): Unternehmerisches Personalmanagement, Frankfurt a. M. et al.
Yukl, G. A./Falbe, C. M. (1991): Importance of different power sources in downward and lateral relations, in: Journal of Applied Psychology, 76(3), S. 416–423.
Zimbardo, P. (2008): Der Luzifer-Effekt. Die Macht der Umstände und die Psychologie des Bösen, Heidelberg.

Stichwortverzeichnis